D1720008

Gerhard Josten (Hg.)

Lust und Last des Alterns

Eine Anthologie

Gerhard Josten (Hg.)

Lust und Last
des Alterns

Eine Anthologie

Haag + Herchen

Zum Titelbild: Das Gemälde stammt von Pompeo Batoni (1708-1787) und befindet sich in der Londoner National Gallery. Es entstand um das Jahr 1746 und trägt den Titel ›Time orders Old Age to destroy Beauty‹.

Hinweis: Sofern nichts Gegenteiliges vermerkt ist, stammen die Fußnoten vom Herausgeber. Für die dauerhafte Verfügbarkeit der dort angegebenen Webseiten kann keine Gewähr übernommen werden.

Bibliografische Information der Deutschen Nationalbibliothek
Die Deutsche Bibliothek verzeichnet diese Publikation in der Deutschen Nationalbibliografie; detaillierte bibliografische Angaben sind im Internet unter http://dnb.ddb.de abrufbar.

ISBN 978-3-89846-742-1

© 2015 by Verlag HAAG + HERCHEN GmbH,
Schwarzwaldstraße 23, 63454 Hanau
Alle Rechte vorbehalten
Satz, Layout und Umschlaggestaltung: Gerhard Josten
Herstellung: dp
Printed in Germany

Verlagsnummer 3742

Gewidmet ist dieses Buch Irmgard,
die mir seit mehr als 50 Jahren
mit unendlich viel Liebe, Rat und Tat
zur Seite steht.

INHALTSVERZEICHNIS

Hellmuth Karasek
Geleitwort

„Was? So lange ist das schon wieder her?" ist einer der üblichsten Seufzer im Alter, das ein paradoxer Zustand ist. Einerseits läuft einem die Zeit davon, andererseits scheint sie manchmal unbewegt stehen zu bleiben. Doch das täuscht, sie ist in Lauerstellung vor dem nächsten Zeitsprung.

Acht Jahre ist es inzwischen schon wieder her, dass ich mich an ein Buch über das Alter wagte, um einem Feind ins Auge zu sehen und einem Freund um den Hals zu fallen. Damals war mir ein Cartoon aus dem *New Yorker* eingefallen, als Sinnbild für eine Altershaltung, die einerseits „Augen zu und durch" heißt, und andererseits weiß, dass das Leben für jeden ein Fall ist, manchmal sogar ein freier Fall. Also: Da fällt ein Mann von einem Hochhaus, sagen wir vom 100. Stock, und er passiert gerade das 30. oder 20. Stockwerk, und er grinst fröhlich und hat eine Wortblase vor dem Mund, in der steht: „Bis jetzt ist ja alles gut gegangen!"

Das stimmt im besten Fall. Aber was der Fallende zwangsläufig verdrängt ist, dass er irgendwann landen wird und dass dies, fühlt er sich wohl und glücklich, schneller gehen wird als er gedacht hat und, wenn er von Leiden heimgesucht ist, quälend langsam „gut gehen" kann. Die merkwürdige Erfahrung bei mir ist – und da darf ich mich wirklich glücklich schätzen –, dass bis jetzt wirklich alles gut gegangen ist. Und dabei macht man dann die Erfahrung, dass man das Ende (Wilhelm Busch: „Wehe, wehe, wenn ich auf das Ende sehe!") besser verdrängt und aus der Wahrnehmung in einen dunklen Winkel drängt, von Spinnweben verhangen und also nur schemenhaft sichtbar.

Das, was wir uns angewöhnt haben Schicksal oder Zufall zu nennen, sorgt ja dafür, dass der Tod allgegenwärtig ist. Ich bin in einer Zeit groß geworden – oder besser: klein gewesen, in der der Tod kein Alter kannte. Es war Krieg, an den Fronten verblutete die Jugend und in der Heimat wurden auch Frauen und Kinder durch den Lufttod nicht verschont. Der Tod liebt Euphemismen, so sprach man nicht von Gemetzelten und Gemordeten, sondern von Gefallenen. In normalen Zeiten wird der Tod gern als Bruder des Schlafs gesehen, und „sanft entschlafen", das ist das, was die Angehörigen dem Verstorbenen gerne nachsagen. Da er sich, wiederum euphemistisch, laut Shakespeares *Hamlet* in ein Land verabschiedet hat, „aus dem kein Wanderer wiederkehrt", gibt es keine verlässlichen Aussagen darüber, umso mehr dumme Scherze.

Einer dieser Witze, den ich neulich von einem Schiffsarzt erzählt bekommen habe, geht so: Ein altes Ehepaar, beide neunzig, findet die Gnade gemeinsam zu sterben und kommt an die oft zitierte Himmelspforte. Dort steht Petrus und sagt: „Wo möchtet ihr denn hin?", und die beiden antworten unisono: „Wenn's geht, ins Paradies." „Da habt ihr Glück", sagt Petrus, „da sind gerade zwei Plätze frei." Und die beiden erleben das Paradies wie in einem Urlaub in einem Fünf-Sterne-Hotel, mit allem Komfort und allem Luxus. Nach einem Vierteljahr sagt die Frau glücklich zu ihrem Mitverstorbenen: „Haben wir es nicht herrlich hier?" Und er antwortet missmutig: „Wenn du mich nicht dauernd zum Arzt geschleppt hättest, könnte ich schon zehn Jahre hier sein."

Das ist, wenn wir die Verlängerung des Alters durch den medizinischen Fortschritt und die Rehabilitationsmedizin bedenken, die Situation einer immer länger, viel länger lebenden Menschheit. Von meinen Großeltern erreichte keiner das 61. Lebensjahr. Ich werde, inzwischen über achtzig, trotzdem immer einsamer an Generationsgenossen.

Damit verliert man die wichtigste Verbindung zum Leben, das ge-
meinsame Erleben mit einer Generation. Man verliert auch Kum-
panei und Freundschaft, und damit auch Einfluss.
Jeder von uns ist eine Art König Lear, der so wirkt, als hätte er sein
Erbe zu früh geteilt. Jeder von uns ist in Gefahr, dabei auch die
Würde einzubüßen.

Das ist der gefährliche Felsen, den das Alter im Verströmen um-
schiffen muss – wenn es kann. Es war Joachim Fuchsberger, der
gesagt hat: „Das Alter ist nichts für Feiglinge." Da ich eher zum
Feigsein neige, möchte ich sagen, ob Feigling oder nicht: Es gibt
keine Alternative. Und Garnichts ist schlimmer als Etwas. Da
bleibt einem nicht einmal der Trost vom Paradies, ja nicht einmal
der vom Fegefeuer und auch nicht der von der Hölle. Das Wort
Nichts ist es, das wir beim Sturz vom Wolkenkratzer verdrängen.[1]
Oder wie sagt es Brecht?

Lasst Euch nicht verführen
Zu Fron und Ausgezehr!
Was kann Euch Angst noch rühren?
Ihr sterbt mit allen Tieren
Und es kommt nichts nachher.

---

[1] Hellmuth Karasek ist ein deutscher Journalist, Buchautor, Film- und Litera-
turkritiker und Professor für Theaterwissenschaft. Karasek schrieb auch drei
Theaterstücke unter dem Pseudonym ‚Daniel Doppler'. (Diese Information
wurde vom Herausgeber hinzugefügt.)

GERHARD JOSTEN
EINLEITUNG

Der Herausgeber dieses Buchs, der in seinen jungen Jahren durch die Schule eines recht strengen Elternhauses gehen musste, genießt in seinen fortgeschrittenen Jahren die willkommene Freiheit, nicht mehr allen äußeren Zwängen folgen zu müssen. Und daher weicht er hier auch von der oft empfohlenen Regel ab, die Einleitung zu einem Buch erst ganz am Ende einer Arbeit zu verfassen. Der Grund liegt auf der Hand: Da es sich bei diesem Projekt um eine Anthologie handelt, in der eine themenbezogene Zusammenstellung aus literarischen Werken verschiedener Autoren erfolgt, soll den Mitwirkenden vorab derjenige Rahmen aufgezeigt werden, in dem sie sich bewegen können, sofern sie sich denn noch unter den Lebenden befinden.

Diese Vorgehensweise begründet auch eine zweite Ausnahme von dieser Regel: In dieser Einleitung werden neben den sonst üblichen Elementen bereits Erkenntnisse aus der persönlichen Erfahrung des Herausgebers eingebracht, die ansonsten in einem separaten Artikel hätten untergebracht werden müssen. Damit reiht er sich sogleich in die vorliegende Blütenlese, wie Anthologien auch gern genannt werden, mit einem persönlichen Bekenntnis ein.

Das Älterwerden ist in Abhängigkeit von der Betroffenheit eines einzelnen Menschen ganz unterschiedlichen Beurteilungen und Empfindungen unterworfen. Daher käme wahrscheinlich auch ein junger Mensch in seiner Sturm- und Drangperiode kaum auf die Idee, ein Buch über das Altern zu verfassen, fehlte ihm doch dabei die notwendige Erfahrung und damit auch die Kompetenz für ein solches Unternehmen, wenn er nicht schon in jungen Jahren ein gewisses Maß an Weisheit erreicht hätte. So kann es nicht sonderlich verwundern, wenn der Organisator des vorliegenden Buchs auf eine stattliche Anzahl von Lebensjahren zurückblicken kann, denn er befindet sich bereits im letzten Viertel seiner Existenz.

An Hilfestellungen für den Umgang mit dem Altern fehlt es wahrhaftig nicht. Der nahe Familien- und Freundeskreis tröstet oder unterhält gern mit eigenen positiven Erfahrungen, Strategien oder Erfolgen. Die Vorzüge des Alterns und auch seine Bewältigung werden darüber hinaus an vielen anderen Stellen gepriesen. Und daher bleibt es nicht aus, dass auch das Internet gut gemeinte Ratschläge offenbart, wie die folgende Aufzählung zeigt.[2]
Erfolgreich altern kann folgendermaßen beschrieben werden:
• *sich seinen Stärken und Schwächen bewusst zu sein (Selektion),*
• *die Stärken durch Übung optimieren (Optimierung),*
• *die Schwächen durch neue Strategien kompensieren (Kompensation).*
Dieses Buch will die Leserschaft weder belehren, glücklich machen noch gar erschrecken. Es will ferner nicht aufklären, besänftigen oder animieren. In diesem Buch geht es vielmehr ganz allein darum, der außerordentlich großen Vielfalt des Alterungsprozesses einen angemessenen Platz zu verschaffen und damit so etwas wie ein kunterbuntes Kaleidoskop anzubieten. Die vielen Mitwirkenden stammen aus beiderlei Geschlechtern, sie sind entweder jung oder alt an Jahren, sie erforschen das Alter oder genießen es einfach, sie stammen aus unterschiedlichen Bildungsschichten, sie weilen noch unter den Lebenden oder sind bereits verstorben, sie betreiben Wissenschaft oder folgen alten Volksweisheiten und sie erfreuen sich ihres Alters oder beklagen es.
Klagelieder aller Art begleiten die Menschheit seit urdenklichen Zeiten. Schon Gilgamesch, nach der sumerischen Königsliste Anfang des 3. Jahrtausends v. Chr. ein König der ersten Dynastie der sumerischen Stadt Uruk, hatte den schmerzlichen Verlust seines Freundes Enkidu und – gar schlimmer noch – seiner fast schon errungenen Unsterblichkeit zu beklagen, ehe eine hinterlistige Schlange ihn dieses heiß ersehnten Glücks beraubte.[3]

---

[2] Quelle: http://www.ahano.de/images/senioren/bilder_Inhalte/
gedaechtnis/faktoren_alter.gif:
[3] Siehe hierzu auch den Abschnitt ‚Gilgamesch-Epos‘.

Die Natur schiebt einen mehr oder weniger starken Riegel vor, dem Prozess der Alterung erfolgreich zu begegnen, denn alle noch so gut gemeinten Ratschläge und Versuche der Überlistung sind nur in sehr begrenztem Umfang zu realisieren, wie im Schlusswort noch gezeigt wird. Recht anschaulich wird der durch die Alterung verursachte Verfall der Tatkraft im folgenden Bild schematisch veranschaulicht:

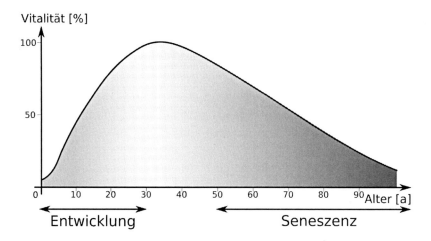

Abb. 1: Verlauf der menschlichen Vitalität[4]

Danach beginnt die Vergreisung des Menschen ungefähr ab dem 50. Lebensjahr und sie steigert sich unaufhaltsam bis zu seinem Tod. Die Wissenschaft hat sich ausführlich mit diesem Thema beschäftigt – ein beredtes Zeugnis für die große Bedeutung dieses Phänomens.

Eine der Co-Autorinnen dieses Buchs machte darauf aufmerksam, dass mit der Abbildung 1 der Verlauf der menschlichen Vitalität mit einer negativen Aussage endet und damit also als eine recht einseitige Darstellung zu sehen ist.

---

[4] Quelle: http://de.wikipedia.org/wiki/Datei:Vitality_vers_age_1.svg

Um diese offenkundige Einseitigkeit der Aussagen zu relativieren, seien hier zusätzlich die Ergebnisse einer repräsentativen Meinungsbefragung über die soziale Wahrnehmung des Alters wiedergegeben, die 1975 vom ‚National Council on the Aging' von Louis Harris in den USA durchgeführt wurde, auch wenn die Anordnung der Elemente umkehrbar ist und daher nicht wirklich von einer aufsteigenden Tendenz gesprochen werden kann. Dennoch mag das Diagramm erfreuen:

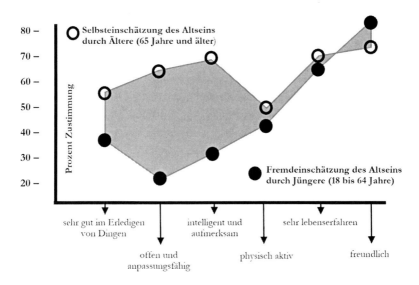

Abb. 2: Soziale Wahrnehmung des Alters[5]

Die Einschätzung der intellektuellen Verhaltenseffektivität älterer Menschen (65 Jahre und älter) durch jüngere Erwachsene (18 bis 64 Jahre) ist recht negativ. Wenn ältere Erwachsene sich dagegen selbst einstufen, sind diese Selbsteinschätzungen recht positiv und

---

[5] Quelle: https://www.mpib-berlin.mpg.de/en/institut/dok/full/Baltes/intellig84/image2.gif

durchaus dem Selbstbild jüngerer Erwachsener vergleichbar. Die Differenz ist vorn im Bild als graue Fläche markiert.

Die Enzyklopädie Wikipedia gibt im Internet unter dem Titel „http://de.wikipedia.org/wiki/Altern" eine äußerst umfangreiche Darstellung zum Thema des Alterns wieder. Dort ist zu u.a. auch zu lesen:

Das Altern ist ein fortschreitender, nicht umkehrbarer biologischer Prozess der meisten Organismen, der mit ihrem Tod endet. Die maximale Lebenszeit, die ein Individuum erreichen kann, wird durch das Altern maßgeblich bestimmt. Altern ist als physiologischer Vorgang ein elementarer Bestandteil des Lebens aller höheren Organismen und eines der am wenigsten verstandenen Phänomene der Biologie. Allgemein ist die Annahme akzeptiert, dass eine Reihe verschiedener hochkomplexer, vielfach noch ungeklärter Mechanismen für das Altern verantwortlich ist. Sie beeinflussen und begrenzen die Lebensdauer von biologischen Systemen wie Zellen, den daraus aufgebauten Organen, Geweben und Organismen. Auf die Frage, warum Organismen altern, gibt es eine Vielzahl unterschiedlichster Antworten, die sogenannten Alternstheorien, aber bis heute keine wissenschaftlich akzeptierte umfassende Antwort…

Für das Altern selbst gibt es keine allgemein akzeptierte wissenschaftliche Definition. Eine weiter gefasste neuere Definition sieht jede im Laufe des Lebens eines Organismus stattfindende zeitgebundene Veränderung als Altern an. Darunter fallen sowohl die als „positiv" bewerteten Reifungsprozesse in der Kindheit als auch die negativ gesehenen degenerativen Erscheinungen bei alten Erwachsenen. Aus dieser Definition abgeleitet beginnt das Altern höherer Organismen unmittelbar nach der Vereinigung von Samenzelle und Eizelle und endet mit seinem Tod. Andere Gerontologen definieren das Altern nur über die negativen zeitlichen Veränderungen eines Organismus, beispielsweise den Funktionsverlust von Organen oder die Vergreisung (Seneszenz) nach dem Erwachsenwerden (Adoleszenz). Der deutsche Mediziner und Begründer der Gerontologie, Max Bürger, definierte 1960 das Altern als eine irreversible zeitabhängige Veränderung von Strukturen und Funktionen lebendiger Systeme. Die Gesamtheit der körperlichen und geistigen Veränderungen von der Keimzelle bis zum Tod wird nach Bürger Biomorphose genannt.

Auch die Überzeugung des einfachen Volks kommt zu einem ganz ähnlichen Ergebnis wie die Wissenschaft. Betrachten wir hier ein Beispiel. Bildhafte Lebenstreppen waren ab dem 17. Jahrhundert sehr populär. Ausgehend von den durch Solon eingeführten Lebensjahrsiebten wurde der menschliche Lebenslauf dabei meist in zehn Stufen zu je zehn Jahren unterteilt und dargestellt. Der Höhepunkt des Lebens wurde in vielen Fällen auf die fünfte Dekade gesetzt, da man davon ausging, dass der Mensch in diesem Alter „der Vollendung am nächsten komme".[6] So finden wir beispielsweise die folgende Lebenstreppe aus dem 19. Jahrhundert, die das Stufenalter des Menschen in zehn Phasen darstellt:

Abb. 3: Eine Lebenstreppe aus dem 19. Jahrhundert[7]

---

[6] Quelle: http://de.wikipedia.org/wiki/Lebenstreppe
[7] Quelle: http://www.mpg.de/bilderBerichteDokumente/dokumentation/jahrbuch/2009/europ_rechtsgeschichte/forschungsSchwerpunkt/pdf.pdf

Der Höhepunkt des Lebens wurde auf die fünfte Dekade gesetzt, da man davon ausging, dass der Mensch in diesem Alter seiner Vollendung am nächsten käme.

Abb. 4:
Die Lebensalter und der Tod **von Baldung**

Das Thema des Alterns verfolgt die menschliche Kultur von ihren Anfängen an. Nach der Bibel soll Methusalem 969 Jahre alt geworden und damit dem Tod für eine außergewöhnlich lange Zeit entronnen sein.

Auch in vielen Kunstbereichen wie beispielsweise der Malerei ist das Thema des Alterns nicht übergangen worden. So konfrontiert uns das um 1540 entstandene Gemälde mit dem Titel *Die Lebensalter und der Tod* von Hans Baldung mit dem menschlichen Werdegang von der Geburt bis zum Tod. Das Ölgemälde misst 59 x 151 cm und befindet sich im Madrider Museo del Prado. Die Eule links unten im Vordergrund soll wahrscheinlich an die Weisheit erinnern, mit der wir Menschen dem Leben und dem Tod begegnen sollen.

Der wissenschaftliche Höhepunkt der Vitalität um das 35. Lebensjahr gemäß Abb. 1 und das Maximum der Lebenstreppe um das 50. Lebensjahr gemäß Abb. 3 differieren in nicht unerheblichem Maß.

Allerdings dürfte es trotz aller solcher Differenzen zwischen der Wissenschaft und der Volksweisheit eine verlorene Liebesmüh´ bedeuten, einem jungen Menschen nach Überwindung seiner Pubertät klar zu machen, dass sein eigener Höhepunkt erst später im Leben noch auf ihn wartet.

Hier seien drei Beispiele aus eigener Erfahrung genannt, in denen das Glück des Alterns aus recht unterschiedlichen Gründen keine Zukunft mehr hatte. Mein einstiger Schulfreund Bernhard aus der zweiten Klasse einer Volksschule glänzte nachmittags stets durch seine brillanten Fahrkünste mit seinem Roller, bis er einmal unachtsam eine Straße überquerte, vor einen Lastkraftwagen geriet und dabei sofort zu Tode kam. Mein lieber Klassenkamerad Hugo verstarb als Student an einer Leuchtgasvergiftung (Kohlenoxid), wie mir unser einstiger Klassensprecher mitteilte. Ob es sich um einen Suizid handelte, bleibt fraglich. Mein Schwager Herbert stand schon im Beruf und war gerade Vater geworden, als die Leukämie ihn dahin raffte. Ein zu früher Tod nahm diesen drei Menschen das Altern.

Ich selber hatte das vielleicht unverdiente Glück, diese dritte Phase des Lebens zu erreichen, obgleich ich mehrfach am Abgrund stand. Auch dazu will ich drei eigene Beispiele geben. Im Höhepunkt meiner Vitalität gemäß Abb. 1 sah ich mich von einem Krebsleiden befallen und bereitete mich innerlich auf das Ableben vor, doch meine Angst erwies sich im Nachhinein als unbegründet. Ein selbst verschuldeter Fahrradunfall ließ mich dann zwanzig Jahre später zehn Meter durch die Luft fliegen und bewusstlos im Krankenhaus landen. Schließlich befiel mich kurz darauf auch ein Herzinfarkt, dem ich nur dank ärztlicher Hilfe in letzter Sekunde entkam.

Natürlich ist im Kulturbereich die verpasste Chance des Alterns ebenfalls keine ganz unbekannte Größe. So hat beispielsweise der erst 25-jährige Johann Wolfgang von Goethe ‚Die Leiden des jungen Werthers‘ verfasst. Seine Gedanken und Handlungen hielt er in den Briefen an seinen Freund Wilhelm fest. Werther ist ein junger Mann, der noch kein richtiges Lebensziel gefunden hat und sich in Lotte verliebt, die verheiratet ist. Am Ende nimmt Werther sich das Leben.

Abb. 5: Original-Titelseite des Briefromans von Goethe

Wahrscheinlich gehöre ich selbst zu den Spätzündern dieser Welt, denn das Thema des Alterns erreichte mich zu einem sehr späten Zeitpunkt. Nach dem vorn erwähnten Fahrradunfall, dessen körperliche und geistige Folgen mich noch über viele Monate hinweg sehr schmerzvoll begleiten sollten, beschloss ich, meine berufliche Tätigkeit zu beenden, denn ich wollte nach meiner Genesung nicht mehr als vermeintlicher Krüppel dort wieder auftauchen, wo ich durch Kraft und Energie zu glänzen geglaubt hatte.

Dieser Entschluss des Ausscheidens aus dem Dienst war schnell gefasst, aber seine Folgen blieben dabei unberücksichtigt. Und so überraschte mich die gähnende Leere des neuen Alltags wie ein Blitz aus heiterem Himmel. Zwar bot mir meine Familie weiterhin den gewohnten Halt und auch die alten Freundschaften hatten darunter nicht zu leiden, aber die Anerkennung von außen her, wie sie beruflich über Jahrzehnte hinweg genossen werden konnte, war schlagartig wie weggeblasen. Eine unendlich große Leere überfiel mich nach vierzig Jahren beruflicher Tätigkeit. Um zwei Jahre lang benötigte ich, um endlich wieder Boden unter den Füßen zu bekommen, nachdem ich doch einige vergebliche Versuche der Selbstorganisation unternommen hatte, die im Einzelnen aufzuzählen ich mich hier schäme.

Paul Baltes, der in diesem Buch später noch zur Rede kommen wird, überschrieb eine seiner Arbeiten zum Alterungsprozess des Menschen mit dem Titel ‚Mehr Bürde oder Würde‘. Damit bezeichnete er die Janusköpfigkeit, die das Altern in aller Regel begleitet. In Anlehnung an diese Wortwahl wurde der Titel dieses Buchs mit den Worten ‚Lust und Last des Alterns‘ gewählt. In der Literatur überwiegt die Auseinandersetzung mit der Last des Alterns alle anderen Aspekte. Gute Ratschläge zur erfolgreichen Bewältigung des Alters werden in Hülle und Fülle angeboten oder empfohlen, während die Lust dort generell zu kurz kommt.

Mir selbst ist die Lust des Alterns noch nicht abhandengekommen und die sie natürlich begleitende Last hält sich in Grenzen. Bildlich habe ich mein aktuell geprägtes Verhältnis zwischen Lust und Last des Alterns am Ende des Schlussworts über eine Waage dargestellt. Es wäre ja auch geradezu als absonderlich zu bezeichnen, wenn diese Last sich überhaupt nicht bei mir meldete. Auch gehöre ich nicht zu denjenigen Menschen, die über das Klagen gut gesonnene Leidensgenossen oder Freunde zu finden trachten. Ja, ich erfreue mich meines Alters!

Ganz allmählich gelang es mir nach der Pensionierung, meine alten Freizeitbeschäftigungen zurückzurufen, die wegen der beruflichen Belastungen einfach verschollen waren und sich dann doch wieder bei mir meldeten. Allmählich fand ich zurück zur Malerei und Schriftstellerei, die über viele Jahre hinweg zu ruhen hatten und dann zu neuen Leben gebracht wurden.[8, 9] Damit fand ich auch wieder den häuslichen Frieden, den ich in meinem ‚Unruhestand' zunächst erheblich gestört hatte.

Gerhard Josten (Hrsg.)

Warum Tandem?

Verlag Helmut Ladwig

Abb. 6:	Abb. 7:
Eines meiner Ölgemälde:	**Eines meiner Bücher:**
Enkel Niklas (2012)	*Warum Tandem?* (2011)

---

[8] Einzelheiten sind auf meiner Internetseite www.gerhardjosten.de aufgeführt.
[9] Auf der oben angegebenen Seite sind unter dem Stichwort „Schriftstellerei" alle meine Veröffentlichungen aufgelistet. Vom Schach habe ich mich in 2014 auch schriftstellerisch mit der Anthologie ‚Wolfgang Unzicker' und dem Buch ‚Auf der Seidenstraße zu den Quellen des Schachs' verabschiedet.

Zu körperlichen Ertüchtigungen pflege ich seit vielen Jahren das Radeln mit meiner Frau Irmgard. Im Anhang dieses Buches sind einige unserer Touren aufgelistet. Und auch das alte Schachspiel, dessen Herkunft ich in Gemeinschaft mit Forschern aus aller Welt zu klären versuchte, holte mich zunächst wieder ein, nachdem ich die Mitgliedschaft in einem Verein hatte aufgeben müssen, weil meine Familie ihren zeitlichen Tribut gefordert hatte. Ich wandte mich daher den Schachkompositionen zu, die in häuslicher Kleinarbeit entstehen konnten. Mehr als 300 meiner Kompositionen wurden in den folgenden Jahren veröffentlicht und das folgende Stück stand am Beginn meiner Schacharbeiten:

Abb. 8: Matt in vier Zügen

Lösung:
1.Sfe6+ Kd6 [1...Kb6 2.Tb2+ cxb2 3.c4 b1D 4.c5+] [1...Kc4 2.f7 Kb4 <u>3.f8D</u>+ Kc4 4.Dc5+] [1...Kb4 2.f7 Kc4 <u>3.f8T</u> Kb4 4.Tf4+] **2.f7 Kd7** [2...Ke5 <u>3.f8S</u> Kd6 4.Sf7+] [2...Ke7 3.f8D+ Kd7 4.Dd8+] <u>3.f8L</u> **Ke8 4.Lc6#**

Das Thema ist hier die Allumwandlung eines Bauern. Um in vier Zügen mattzusetzen, muss der weiße f-Bauer sich alternativ in Dame, Turm, Läufer oder Springer umwandeln. Diese Züge sind in der Notation unterstrichen.

Kehren wir aber zum eigentlichen Thema zurück. Wahrscheinlich könnte man eine Bibliothek errichten, die sich ausschließlich dem Problem des Alterns widmet. Dort fände beispielsweise auch das Buch von Hellmuth Karasek „Süßer Vogel Jugend" oder „Der Abend wirft längere Schatten" seinen Platz. Ein Rezensent schrieb dazu: „Wer alt wird, hat Glück – schon allein weil er erlebt und erkennt, welches Unglück das Alter ist: Ein Fluch, den man zum Segen erklären muss; nichts anderes bleibt einem übrig. Wie will man auch unabwendbarem Verfall und unaufhaltsamer Zerstörung anders begegnen als mit Trotz? Oder ist der glücklicher, dem das Alter erspart bleibt? Und was ist mit den Jungen, denen eine stetig wachsende Zahl von Alten im Weg steht?" Und Hellmuth Karasek selbst äußerte sich so: „Ich betrete ein Land, das ich mir vorher so nicht vorgestellt habe." Zwar seien schon viele Bücher über die Problematik des Alterns und Alters verfasst worden, aber inzwischen gebe es eine neue Qualität: Das medizinisch verlängerte Leben. Karasek nannte es „das zweite Altern".

Wer aber würde es wagen, ein solches Unternehmen wie eine Altersbibliothek zu starten, das wahrscheinlich den Ruch des ziemlich Abseitigen in sich trüge und möglicherweise sogar der Lächerlichkeit ausgesetzt wäre? Für eine umfassende Übersicht liefern zum Beispiel schon die Wissenschaftlichen Bände 1 bis 8 der Akademiengruppe „Reihe Altern in Deutschland" genügend Stoff.[10] Unter den thematischen Schwerpunkten

1: Bilder des Alterns im Wandel.
2: Altern, Bildung und lebenslanges Lernen.
3: Altern, Arbeit und Betrieb.
4: Produktivität in alternden Gesellschaften.

---

[10] Die Deutsche Akademie der Naturforscher Leopoldina – Nationale Akademie der Wissenschaften hat seit mehreren Jahren einen ihrer thematischen Schwerpunkte auf den demografischen Wandel gelegt. Gemeinsam mit der Deutschen Akademie der Technikwissenschaften (acatech) berief sie die Akademiengruppe „Altern in Deutschland".

5: Altern in Gemeinde und Region.
6: Altern und Technik.
7: Altern und Gesundheit.
8: Altern: Familie, Zivilgesellschaft, Politik.

werden alle relevanten Aspekte mit aktuellen wissenschaftlichen Erkenntnissen beleuchtet. Der demografischen Entwicklung folgend hat sich aber mittlerweile doch der Umfang der zugehörigen Literatur ganz erheblich vergrößert und es hat sich ein Markt aufgetan, der finanzielle Erfolge verspricht.

Einen solchen Zweck verfolgt dieses Buch überhaupt nicht. Der Charakter einer Anthologie, wie er im vorliegenden Buch verwendet wird, bringt es mit sich, dass nicht alle Meinungen und Tendenzen der Co-Autoren übereinstimmen. Das ist aber auch genau so gewollt, denn gerade die inhaltliche Vielfalt und die Art der Darstellung aufzuzeigen ist hier beabsichtigt.

Man möchte eigentlich annehmen, dass das Thema des Alterns dem hohen Alter vorbehalten ist, wie ich weiter vorn bemerkte, denn die Jugend zeichnet sich dadurch aus, dass sie dieses Thema praktisch ignoriert. Diese Annahme hatte in der Vergangenheit gewiss ihre Berechtigung. Doch inzwischen bemühen sich angesichts einer fallenden Geburtenrate und einer steigenden Lebenserwartung vermehrt einige Lehrstühle um Studenten für das Fach der Gerontologie. So hat z.B. der Bachelorstudiengang Gerontologie an der Universität Vechta das menschliche Altern und den damit einhergehenden gesellschaftlichen Wandel zum Gegenstand. Die junge Wissenschaft der Gerontologie thematisiert dort die gesellschaftlichen, organisatorischen und die individuellen Dimensionen des Alterns. An der Universität Heidelberg kann das Diplom im Bereich der Gerontologie erworben werden und mit dem Zusatzangebot des ISAG reagieren die Katholische Hochschule Freiburg und die Evangelische Hochschule Freiburg auf die mit dem demographischen Wandel verbundenen Herausforderungen und Veränderungen vieler Arbeitsfelder.

Bei den Vorbereitungen zu dieser Anthologie erhielt ich Kenntnis von einem Buch aus der Feder von Frank Spitzer mit dem Titel ‚Kaleidoskop des Alters'. Der Untertitel lautet ‚Alt werden mit Risiken und Nebenwirkungen'.[11] Über den Autor war im Internet nicht viel mehr zu erfahren, als dass er bei der Berliner Polizei das Beschwerdemanagement führt oder führte.

Der Verlag schreibt zu diesem Buch:

Jeder möchte alt werden, dabei auch gesund und fit bleiben. Leider gelingt das nicht allen Menschen. Der Autor möchte mit diesem Buch Ratschläge erteilen und Lebenshilfe für all' diejenigen anbieten, die unter den Erscheinungen des Alters leiden oder daran zu zerbrechen drohen. Mit kleinen Geschichten und lustigen Anekdoten macht der Autor deutlich, dass man Hindernisse überwinden kann und nie den Mut verlieren darf. Das Hier und Jetzt zu leben, im Bewusstsein des Vergänglichen die Hoffnung auf das Vorstellbare nicht aufgeben, an das Glück bis zum Ende des Seins glauben und den Weg dorthin zu genießen, das möchte der Autor mit seinen unterhaltsamen Geschichten in das Bewusstsein der Leser rücken. Das nahende Ende muss seinen Schrecken verlieren, die Angst vor dem Tod darf nicht unser Denken bestimmen. Denn wer keine Angst vor dem Tod hat, der lebt entspannter.

Das Buch, das der Leserschaft Mut machen will, weist immerhin 18 Kapitel auf und der Autor überrascht gleich im ersten Kapitel mit einem Geständnis, indem er dort schreibt: „Mit 37 Jahren habe ich zum ersten Mal ein ernstes Problem bekommen. Mit dem Alter!" Mit dieser Feststellung steht er also wohl nicht ganz allein auf weiter Flur. Hin und wieder scheint sich doch auch die Jugend mit dem Alter zu befassen. In diesem Zusammenhang sei nochmals auf das Alte Testament der Bibel verwiesen, in dem Moses die zehn Gebote erhält. Nach den vorn rangierenden drei Gottesgeboten folgt sogleich das vierte Gebot, das die Alten in den Vordergrund

---

[11] Im Mai 2009 erschien die 4. Auflage. Das deutet immerhin auf ein großes Leserinteresse hin.

stellt: „Du sollst Vater und Mutter ehren, auf dass es dir wohl ergehe und du lange lebest auf Erden!"

Werfen wir hier einen Blick zurück in die griechische Mythologie, die uns das Altern in einem furchterregenden Drama schildert. Als Eos mit dem Kriegsgott Ares, dem Geliebten der Aphrodite, anbändelte, war es so weit. Aphrodite belegte Eos mit dem Fluch, sich immer wieder in sterbliche Jünglinge zu verlieben. Die Liste der von ihr verfolgten Jünglinge sollte recht lang werden. Eos selbst wurde dabei immer unglücklicher – kein Wunder. Sterbliche Jünglinge sind halt – im Vergleich zu den Jahrmillionen, die frau als Göttin auf dem Buckel hat, nur wenige Augenblicke schön. Sehr bald schon altern sie, die Zähne fallen aus, die Gebeine werden klapprig und die Tragödie des normalen Menschen läuft ab.

Abb. 9:
Eos verfolgt Tithonos.

Berühmt ist besonders die Tragödie von Eos und dem schönen Jüngling Tithonos geworden. Ein schöner Jüngling war Tithonos, wie die anderen auch. Eos, um ihn nicht zu verlieren, erbat von Zeus die Unsterblichkeit für ihren jungen schönen Mann. Zeus erfüllte die Bitte der Eos und machte Tithonos unsterblich. Jung aber blieb Tithonos nicht, sondern alterte wie jeder normale Mensch vor den Augen seiner verzweifelten göttlichen Frau.

Tithonos´ Körper schrumpfte. Seine Stimme wurde dünn und schrill – eine grauenhafte Lage. Schließlich verwandelte Zeus den unglücklichen Gatten der schönen Göttin Eos in eine zirpende Zikade, die Eos seither ständig auf ihren Wegen begleitet.

Diese einleitenden Zeilen sind neben der Vorbereitung des Lesers auch dazu gedacht, den Co-Autoren Mut zu machen und ihnen die natürliche Scheu zu nehmen, von ihrem eigenen Weg in das Altern zu berichten. Nicht immer aber ist dieser steinige Weg von hellem Glanz und stolzem Erfolg geprägt.

Zum Thema des Alterns seien hier noch kurz einige dichterische Einlassungen wiedergegeben:

Johann Wolfgang von Goethe:	*Das Alter ist ein höflicher Mann:* *Einmal übers andre klopft er an,* *aber nun sagt niemand: Herein!* *Und vor der Türe will er nicht sein.* *Da klinkt er auf, tritt ein so schnell,* *und nun heißt's, er sei ein grober Gesell.*
Victor Hugo:	*Vierzig Jahre sind das Alter der Jugend,* *fünfzig die Jugend des Alters.* *Ich hör es gern, wenn auch die Jugend plappert,* *das Neue klingt, das Alte klappert.*
Wolfgang Menzel:	*Unter der Schneelast unseres Alters grüne das Immergrün eines guten Gewissens, sprosse das Schneeglöckchen, die Botin des ewigen Frühlings.*
Jean Paul:	*O ihr gedrückten Menschen, wie überlebt ihr Müden es, o wie könnt ihr denn alt werden, wenn der Kreis der Jugendgestalten zerbricht, und endlich ganz unterliegt, wenn die Gräber eurer Freunde wie Stufen zu euern eigenen hinuntergehen, und wenn das Alter die stumme, leere Abendstunde eines erkalteten Schlachtfeldes ist; o ihr armen Menschen, wie kann es euer Herz ertragen!*

Auch die Malerei hat das Altern zu einem Thema gemacht, wie bereits vorn einmal gezeigt wurde.

Abb. 10: Lucas Cranach d. Ä.: *Der Jungbrunnen*

‚Der Jungbrunnen' ist der Titel eines Gemäldes von Lucas Cranach dem Älteren von 1546. Das Bild stellt ein Bad dar, in dem von der linken Seite her gealterte Frauen ins Wasser steigen, das sie auf der rechten Seite verjüngt verlassen. Das Werk befindet sich in der Gemäldegalerie Berlin. Welchen sagenhaften Traum und welche Lust des Alterns bietet uns dieses Gemälde!

Der Alterung wird ein malerisches Schnippchen geschlagen. Auch wenn das Bild zur Aufenthaltsdauer im Bad nichts aussagt, so geschieht die Verjüngung hier gewiss wesentlich schneller als die Alterung der Patienten. Es bleibt jedoch ein wohl unlösbares Rätsel, weshalb der Künstler nur dem weiblichen Geschlecht die Verjüngung gönnt und dem männlichen Geschlecht den anschließenden Erfolg genießen lässt.

Abb. 11:
Rembrandt Harmenszoon van Rijn
Alter Mann im Lehnstuhl

Dagegen zeigt uns der niederländische Künstler Rembrandt (1606-1669) mit seinem hier gezeigten Gemälde eine gar traurige oder auch nachdenkliche männliche Gestalt. Da ist von Lust nichts mehr zu spüren: Die Last des Alters steht dagegen ganz im Vordergrund. Auch in der Malerei begegnen wir also den beiden gegensätzlichen Seiten des Alters. Dass dabei das Geschlecht der Betroffenen eine gewisse Rolle spielen könnte, ist von untergeordneter Bedeutung.

Kommen wir mit einer Scheinfrage zum Schluss dieser Einleitung: Welche Nation auf dieser Welt kann sich rühmen, so intensiv das Leben zu organisieren wie Deutschland? Hier seien zwei Beispiele genannt, die das Thema des Alterns behandeln.

Das Deutsche Zentrum für Altersfragen ist ein auf dem Gebiet der sozial- und verhaltenswissenschaftlichen Gerontologie tätiges wissenschaftliches Forschungsinstitut, dessen Zweck es laut Satzung ist, „Erkenntnisse über die Lebenslage alternder und alter Menschen zu erweitern, zu sammeln, auszuwerten, aufzubereiten und zu verbreiten, damit dieses Wissen mit Blick auf die mit dem Altern der Bevölkerung einhergehenden gesellschaftlichen und sozialpolitischen Herausforderungen im Sinne einer wissenschaftlich unabhängigen Politikberatung nutzbar gemacht werden kann".

Sogar Bundesministerien befassen sich mit der Bedeutung von Altersbildern. Unter dem genannten Titel legte beispielsweise die Sachverständigenkommission den sechsten – im Auftrag der Bundesregierung erstellten – Bericht zur Lage der älteren Generation in der Bundesrepublik Deutschland vor (kurz: 6. Altenbericht). Das Kabinett behandelte den Bericht am 17. November 2010. Darin werden auf insgesamt 500 Seiten (zzgl. der 20 Seiten für Vorwort, Nennung der Kommissions-Mitglieder usw. und des Literaturverzeichnisses) untergliedert in 15 Kapitel und der Empfehlung Altersbilder aus verschiedenen Perspektiven betrachtet.[12]

Für mich persönlich rangiert die Lust am Altern noch deutlich vor der damit verbundenen Last. Daher rangiert sie im gewählten Titel auch vor der Last. Wer aber weiß, wie lange diese Beurteilung noch zutreffen wird? Würde der Begriff ‚Frust‘ nicht eher dem umgangssprachlichen Bereich zugeordnet werden, dann hätte der Titel sogar noch schöner im Gleichklang schwingen können: ‚Lust und Frust des Alterns‘.

Eine unerwartete Erfahrung bei der Suche nach Co-Autoren für dieses Buch soll an dieser Stelle nicht verschwiegen werden. Meine Kandidaten aus den weiten Kreisen der Familie und der Bekannten konnte ich nur ausnahmsweise dafür gewinnen, eigene Beiträge zu liefern. Bei den Absagen überwog das Argument, man habe keine Zeit für ein solches Unternehmen. Vornehmlich aber sagen diese Auskünfte wahrscheinlich eher aus, dass die jeweils gesetzten eigenen Ziele ihre Priorität behalten sollen.

---

[12] Siehe: Sechster Bericht zur Lage der älteren Generation in der Bundesrepublik Deutschland – Altersbilder in der Gesellschaft – Bericht der Sachverständigenkommission an das Bundesministerium für Familie, Senioren, Frauen und Jugend, Berlin, im Juni 2010

Tatsächlich aber gibt es mehrere, unterschiedliche Gründe für diese Absagen. Vor allem bei jüngeren Kandidaten mag die Sorge Pate gestanden haben, man würde sich mit einer Beteiligung unbewusst einem Lebensalter nahe verbunden aussetzen, wie es im folgenden Foto dargestellt ist.

Abb. 12: Das nebenstehende Bild zeigt uns ein Foto auf Glas. Es stammt aus den 1860er-Jahren und zeigt einen Veteran mit seiner Frau in hohem Alter.

Ferner mag ein erhebliches Hindernis für mögliche Kandidaten darin bestanden haben, dass im Konzept des Buchs bereits solche Beiträge existierten, die eher einen wissenschaftlichen Charakter in sich trugen, mit denen man sich scheinbar wohl nicht messen wollte oder konnte. Und schließlich ist es einfach nicht jedermanns Sache, trotz ausreichender eigener Erfahrungen zur Feder zu greifen und seine Gedanken schriftlich niederzulegen. Das ist zu respektieren.

Nicht unerwähnt bleiben soll hier aber noch eine besondere Kategorie von eigentlich geeigneten und bekannten Autoren, die sich deshalb an dieser Anthologie nicht beteiligen wollte, weil sie sich nicht in den einfachen Niederungen einer weniger prominenten Gesellschaft begeben konnte. Man wollte sich offenbar nur unter seinesgleichen wiederfinden und das deutsche Urheberrecht stand ihnen dabei mit Rat und Tat zur Seite. Die wahre Prominenz wie zum Beispiel Johann Wolfgang von Goethe genießt diesen Schutz nicht mehr, weil sein Tod länger als 70 Jahre zurück liegt.

Der Begriff der Prominenz stammt aus dem lateinischen Begriff *prominentia* und bedeutet ‚das Hervorragende‘.

Abb. 13: König Richard III.

Für hervorragend hielt sich auch der Held von Shakespeare in dessen Drama ‚Die Tragödie von König Richard III‘. Kurz vor seinem kriegerischen Untergang fallen die letzten Worte des Königs: „Ein Pferd! Ein Pferd! Mein Königreich für ein Pferd!" Das Pferd war nicht aufzutreiben und der König starb auf dem Schlachtfeld. Auch in diesem Buch wird der vermeintlichen Prominenz kein Pferd und damit auch kein hohes Ross angeboten. (Siehe hierzu Anhang 5).

Wohl aber geht ein herzlicher Dank an alle noch lebenden Mitwirkenden dieser Anthologie. Sie haben ganz erheblich zu der beabsichtigten Darstellung der Vielfalt der Auseinandersetzungen mit dem Altern beigetragen.

Ein besonderes ‚Dankeschön‘ geht aber an Dörthe Emig-Herchen, die Geschäftsführerin des gewählten Verlags, die mir eine sehr gute fachliche Beratung vermittelte und ferner das Lektorat mit einer unendlich intensiven Hingabe und Sorgfalt besorgte. Ohne diese ihre Mitwirkung wäre das Buch ein Torso geblieben.

GISBERT LÖCHER
ICH WERDE 100 GUTE JAHRE LEBEN

Eine in verschiedenen Versionen überlieferte islamische Ge-schichte erzählt von der Antwort des Propheten Mohammed auf die Frage: „Soll ich mein Kamel vorsichtshalber anbinden oder auf Allah vertrauen, dass es mir nicht fortläuft?" Mohammed antwor-tete: „Binde das Kamel an und vertraue auf Allah" (Wikipedia, 2012, zitiert nach al-islam.de).

Mohammeds Rat verband das Vertrauen des Menschen in sich selbst mit dem Vertrauen in Allah.

Ich möchte gern 100 gute Jahre leben. Warum? Zum einen wün-sche ich mir ein langes Leben und will körperlich und geistig ge-sund bleiben. Ein ‚sportlicher' Ehrgeiz ist auch dabei: Ich will wis-sen, ob ich die 100 Jahre schaffe. Zum andern will ich mein Le-bensende so weit wie möglich hinausschieben, da ich mich fürchte; nicht so sehr vor dem Tod, aber vor einem Sterben mit Schmerzen. Wie viel eigenes Tun und Gottvertrauen brauche ich, um 100 Jahre alt zu werden?

Die meisten Menschen sind bei der Frage nach der erhofften Le-bensdauer bescheidener und wahrscheinlich realistischer als ich. Paul Baltes (2007) führte einmal in einem Vortrag eine Untersu-chung an, in der junge und alte Menschen auf die Frage antworte-ten, wie alt sie werden wollten. Bei allen gefragten Personen lag die gewünschte Lebensdauer bei durchschnittlich 80-85 Jahren. Diese Lebenszeit sagen Wissenschaftler auch für die nächsten Jahrzehnte voraus. Bomsdorf (2011) schätzt, dass bis zum Jahre 2111 mit ins-gesamt acht Millionen Hundertjährigen zu rechnen sei.

Die moderne Alterswissenschaft unterteilt die Gruppe der Men-schen ab 60 Jahren in junge Alte (60 bis 80) und alte (Hochaltrige). Wissenschaftler sprechen vom dritten und vierten Alter. Die jun-gen Alten leben heutzutage meist aktiv und einigermaßen gesund. Erst in der vierten Lebensphase erleben sie dann häufiger, dass sie körperlich und geistig weniger leisten können. Sie werden im

Durchschnitt öfter dement und leiden an mehreren Krankheiten. Im Jahre 2012 vollende ich mein 60. Lebensjahr und gehöre dann zu den jungen Alten.

Margret Baltes und Laura Carstensen (1996) nennen aus der Entwicklungspsychologie der Lebensspanne drei psychologische Grundbedürfnisse der Menschen – sie bezeichnen sie als Entwicklungsaufgaben: Selbstverwirklichung, Selbstbestimmung und soziale Einbindung. In allen Lebensphasen wünschen sich Menschen, diese Sehnsüchte zu stillen.

Ich altere erfolgreich, wenn ich meine Grundbedürfnisse auch im Alter weitgehend erfüllen kann.

Dies geschieht, indem ich meine Umwelt gestalte oder mich an sie, falls nicht anders möglich, anpasse. Aber woran messe ich meinen Erfolg? Wie äußert sich gelingendes Altern? Antworten finde ich in der Definition von Rowe & Kahn: ein Mensch altert erfolgreich, wenn er

> – erstens körperlich und geistig möglichst gesund ist
> – sich zweitens mit Einsatz und Sorgfalt davor schützt, zu erkranken oder Pflege zu brauchen
> – sein Leben gestaltet, indem er persönliche Ziele verfolgt, mit anderen Menschen Kontakt aufnimmt, sich für das Geschehen in seinem Umfeld interessiert und sich daran beteiligt (Wahl, Diehl, Kruse, Lang und Martin, zitiert nach Rowe & Kahn, 2008).

Wenden wir uns zunächst den ersten beiden Antworten zu: körperlich und seelisch gesund sein und sich vor Krankheit schützen. Damit sollte man spätestens ab dem 30. Lebensjahr beginnen. Dazu braucht es Disziplin und Geld. Patienten müssen einen Teil der Kosten von Untersuchungen zur Vorsorge und Früherkennung selber bezahlen. Dies gilt auch für Angebote zur geistigen Gesundheit wie etwa Volkshochschulkurse oder Gedächtnisübungen.

Allein, warum sollte ich mich diesen Mühen unterziehen, wenn – wie manche glauben – das Leben und die Todesstunde vorbestimmt sind? Ist es dann nicht gleichgültig, was ich für meine Gesundheit tue? Verlöscht die Kerze meines Lebens nicht so oder so zur vorbestimmten Stunde? Und führt Gott mich nicht in jedem Fall auf meinem vorgezeichneten Weg und macht mit mir, was er ohnehin vorhatte?

Oder macht es wirklich einen Unterschied, wenn man die körperliche und geistige Gesundheit schützt? Rowe & Kahn haben gezeigt, wie eigenes Tun aussehen könnte. Ausgangspunkt sind die allgemeine Gesundheitsvorsorge und die regelmäßige Überprüfung bereits bestehender Erkrankungen.

Ich bin vorbelastet mit chronischen Erkrankungen. Werde ich eines Tages hundert Kerzen auf meiner Geburtstagstorte ausblasen? Ab fünf Erkrankungen spricht die Wissenschaft von der Multimorbidität. Im Alter erkranken Menschen häufiger. Die Kapazitätsreserven des Körpers schwinden und im Schlepptau bestehender Leiden kann der Körper weitere Krankheiten entwickeln. Eigentlich hatte ich die Hoffnung auf ein langes Leben vor Jahren bereits aufgegeben. Doch begegneten mir Menschen, die sehr oft in ihrem Leben erkrankten und trotzdem ein hohes Alter erreichten. Um mich gegen weitere Erkrankungen zu wappnen, habe ich einen Generalstabs-Plan aufgestellt. Seine Grundregeln lauten: vorwiegend vegetarisch ernähren, keine Zigaretten, wenig Alkohol, Sport, möglichst viele Wege zu Fuß erledigen.

Die zehn Minuten Busfahrt vom Bahnhof zur Firma stehen anstatt sitzen. Die Mittagspause zu einem Spaziergang nutzen anstatt wie im Büro auch im Restaurant wieder zu sitzen. Besuche beim Zahnarzt zweimal im Jahr, mit professioneller Zahnreinigung, Zähne putzen mit elektrischer Zahnbürste. Alle drei bis vier Jahre Darmspiegelung; mein Vater starb an Darmkrebs. Jährliche Krebsvorsorge beim Urologen mit Zusatztests auf Prostata- und Blasenkrebs. Jährliche Augenkontrolle mit Untersuchung auf Makula-Degeneration und Grünem Star (Glaukom). Der Arbeitgeber zahlt für die jährliche Grippeschutzimpfung im Betrieb. Chronisch Kranke wie ich können Grippeviren weniger widerstehen. Zur Vorsorge gehört Fitnesstraining. Damit will ich beweglich und kraftvoll bleiben, um die körperlichen Leistungsreserven zu stärken. Zwei Trainingsstunden in der Woche stehen auf dem Plan. Die Trainer sagen, mit nur einer Trainingseinheit in der Woche bleibe man auf dem gleichen Leistungsstand, erst ab zwei Trainings gewinne der Körper an Kraft und Ausdauer.

Könnte, müsste ich mehr zur Gesundheitsvorsorge tun? Mit dieser umfangreichen ärztlichen Vorsorge gehöre ich unter Männern wahrscheinlich schon zu einer Minderheit. Ich bin ein Neunmalkluger, aber der hat auch seine Vorzüge. Die mangelnde Vorsorge und Bereitschaft zum riskanten Leben ist vermutlich ein wesentlicher Grund dafür, dass Männer im Durchschnitt früher sterben als Frauen. Manchmal frage ich mich allerdings, ob ich mit meiner Vorsicht und Vorsorge nicht übertreibe.

Meine geistige Beweglichkeit fördere ich zum einen durch meinen Beruf als Programmierer. Die betriebsinterne IT-Landschaft verändert sich ständig. Ich muss mich anpassen und bleibe in meiner beruflichen Entwicklung nicht stehen. Meine Kollegen sind alle viel jünger als ich, so dass ich von ihrem moderneren Wissen lerne. In meinem berufsbegleitenden Studium der Alternswissenschaften schaue ich mich dagegen in einer ganz anderen Welt um. Mein Gehirn findet weitere Nahrung. So sehr der zusätzliche Zeitaufwand, den das Studium fordert, mich Kraft kostet, so sehr entsteht mit dem Appetit aufs Lernen neue Energie. Ich will es mir und anderen beweisen, dass ich noch einmal einen Universitätsabschluss schaffen kann.

Spätestens nach dem Erreichen des Ruhestandes will ich in einer zweiten Karriere als freiberuflicher Seniorenberater und Alterspsychologe arbeiten, um Menschen beim gelingenden Altern zu unterstützen. Mir selber würde ich dabei durch die geistige und soziale Beschäftigung auch Gutes tun. Dass mir jemand eine reizvolle Angestelltenposition anbieten wird, erwarte ich nicht. Schließlich bin ich dann 65. Einem freiberuflichen Berater dagegen nehmen die Kunden sein Alter nicht übel. Im Gegenteil: Ältere Menschen fühlen sich wahrscheinlich bei einem selber ergrauten Berater besser aufgehoben.

Früher habe ich bereits lange freiberuflich als Unternehmensberater gearbeitet. Warum nicht auch in diesem Bereich – neben der Alterspsychologie – selbstständig weiterarbeiten? Es geht beide Male um Beratung; das Arbeitsgefühl wäre ähnlich.

Geistig in Bewegung bleiben ist auch in meiner Hospizarbeit und im Besuchsdienst möglich. Dabei erlebe ich mitunter hochaltrige, bewundernswerte Menschen: Sie strahlen Weisheit, Optimismus, Humor, Liebe zu den Menschen aus. Fragen nach dem Befinden beantworten sie ehrlich, doch ohne Selbstmitleid oder Jammern.

Baltes (2007) wies darauf hin, dass körperliches und geistiges Training helfen, im Kopf klar und beweglich zu bleiben. Insofern steigen meine Aussichten beträchtlich, der Demenz durch das Durchziehen meines Generalstabs-Plans ein Schnippchen zu schlagen. Vielleicht reicht es aber wenigstens dazu, erst einige Jahre später in das Reich hinüber zu wechseln, wo ich mich selber verliere. Manchmal versuche ich mir vorzustellen, wie mein Leben in Demenz aussähe. Ab dem 60. Lebensjahr taucht sie zunehmend in den Krankheitsstatistiken auf. Baltes stellte ein Ergebnis der Berliner Altersstudie heraus, nach dem im Alter die Anzahl dementer Menschen rasant ansteigt: Beinahe 5% aller 70-Jährigen sind betroffen, bei 80-Jährigen nähert sich der Anteil bereits der 15% - Marke und wächst bei 90-Jährigen auf annähernd 50%.

In den vergangenen Monaten plagten mich Zweifel. Klopfen mit meinen häufigeren Gedächtnisaussetzern die Vorboten der Demenz bereits bei mir an? Oder arbeite ich einfach zu viel? Sind zunehmende Gedächtnislücken mit 60 normal? Ich gehe dem Thema Demenz gern aus dem Weg.

Ich verstaue es in der dunkelsten Kellerecke oder ich beruhige mich damit, dass das Kurzzeit-Gedächtnis, auch als flüssige (fluide) Intelligenz bekannt, bei Älteren generell nachlässt. Daneben gibt es noch die feste, kristalline Intelligenz, das Langzeit-Gedächtnis. Um den Zusammenhang von Kurz- und Langzeit-Gedächtnis zu verstehen, hilft mir übrigens mein Job: Vereinfacht gesagt ist das Kurzzeit-Gedächtnis der stromdurchflossene Hauptspeicher. Hier verarbeitet der Computer die Daten, die er eben von der stromunabhängigen Festplatte (Langzeit-Gedächtnis) geholt hat. Nach der Verarbeitung der Daten schickt der Hauptspeicher diese wieder zurück auf die Festplatte. Fällt der Strom einmal aus, bricht das Kurzzeit-Gedächtnis des Computers zusammen, doch sein Langzeit-Gedächtnis, die Festplatte, weiß noch alles.

Die dritte Antwort von Rowe & Kahn auf die Frage, wie man erfolgreich altert, lautet: soziale Kontakte und sich engagieren. Dies scheint mir leicht und schwer zugleich. Als junger Mann war ich ein einsamer Wolf. Ich warf einen Blick über den Zaun in meine Zukunft: Da saß ein Mann in seinem Garten und war allein. Im Laufe der Jahre wandelte sich mein persönliches Altersbild. Heute halte ich mein seelisches Gleichgewicht in einem Netz sozialer Beziehungen, das zwischen Freundin, Kindern, Bekannten, Arbeit, Studium und Ehrenamt schwingt. Die Gefahr, dass ich im Alter vereinsame, droht nicht mehr so wie früher. Mich mal für Stunden zurückzuziehen, dabei zu lesen oder im Internet zu stöbern, macht mir weiterhin Spaß. Aber eines ist klar: Im Alter will ich nicht allein leben.

Kürzlich habe ich mir eine Eigentumswohnung in einer ehemaligen Fabrik reserviert, in der ich vom Geländezugang bis zu meiner Wohnung im ersten Stock und weiter bis in meine Dusche gelangen kann, ohne auf unüberwindbare Hindernisse zu stoßen. Sollte die neue Wohnung mein letztes Zuhause sein, will ich nicht ausziehen müssen, nur weil ich Barrieren nicht mehr überwinden kann. Im Alter werde ich alles daran setzen, weiterhin technisch auf dem neuesten Stand zu bleiben. Internet, Smartphone, Pad, ein Roboter zu Hause, und was es dann sonst noch an intelligenter Technik zu Hause geben mag, will ich nutzen können. Diese Hilfsmittel sollen mir helfen, möglichst lange zu Hause selbstbestimmt und unabhängig zu leben. Mit anderen Menschen will ich in Kontakt bleiben, auch wenn der Körper nicht mehr so kann wie heute. Das alles verlangt ausreichende finanzielle Mittel. Kann ich mir diesen Lebensstil im Alter leisten? Ich weiß, dass mir Bildung und Einkommen Privilegien verschaffen, die ein längeres, gutes Leben möglich machen.

Wie stehen nun meine Chancen, mich am Ende meines Lebensweges umdrehen und auf 100 gute Jahre zurück blicken zu können? Meine spontane Antwort ist: Ich tue eine ganze Menge, um mein Altern zu meistern. Vielleicht würde Mohammed mir nahelegen, das Kamel mit der Leine nicht zu strangulieren. Als Neunmalkluger übertreibe ich es mit der Vorsicht und Kontrolle ab und zu. Meine chronischen Krankheiten raunen mir zu, dass ich es nicht so lange machen werde.

Auf Gott vertrauen? Mir ist klar, dass ich mein Leben nur teilweise selbst in der Hand habe. Der Mensch denkt und Gott lenkt; darauf läuft es hinaus. Von heute auf morgen kann ‚der da oben' mein bisheriges Leben aus der Bahn und den Generalstabs-Plan in den Papierkorb werfen. Ich müsste dann auf meinem Lebensweg eine andere Richtung einschlagen oder wäre am Fluss Styx angekommen. Vielleicht wartet der Weltenlenker aber erst einmal gespannt ab, wie ich mit seinem Geschenk leben zu dürfen umgehe. Warum sollte Gott mir die Freiheit zugestanden haben, selber über mein Leben zu entscheiden, wenn meine Beschlüsse keine Wirkung hätten? Das machte keinen Sinn.

Vielleicht kann man unser Verhältnis als Team beschreiben, wie das zwischen dem Trainer und seinen Spielern, oder dem Lehrer und seinem Schüler. In dieser Hierarchie gibt der Lehrer den Lehrplan als Rahmen vor, aber der Schüler entscheidet, ob und wie er die ihm gestellten Aufgaben löst. In diesem Rahmen finde ich meine Freiheit. Die Aufgabe wäre, das Altern zu meistern und gut mit mir umzugehen, um ein gutes langes Leben zu ermöglichen. Meine Freiheit besteht darin, die Aufgabe anzunehmen und sie in meinem Sinne auszugestalten.

Das gesetzte Ziel ist, 100 gute Jahre zu leben, besser gesagt: ein langes, gutes Leben zu leben. Ob ich 90, 98 oder 102 Jahre alt werde, ist nicht entscheidend. Lieber zu Hause die letzten Lebensjahre in ziemlich guter Verfassung erleben und mit 90 sterben als mit 100 ‚nach langer, schwerer Krankheit'.
In jedem Fall werde ich für mein Kamel ein neues Zuhause finden müssen.[13]

Dieser Senior hat bereits ein Zuhause reserviert[14]

---

[13] Gisbert Löcher gehört zum Jahrgang 1952. Weitere Informationen zu seiner Person sind im Internet unter der Adresse http://www.gelingend-altern.eu/ nachzulesen.
[14] Hinzugefügt vom Herausgeber. Das Foto mit dem Hinweis ‚Reserviert' in der Hand zeigt allerdings nicht den Autor dieses Artikels!

DIVERSE AUTOREN
ZITATE ZUM ALTERN

Jean-Jacques Rousseau (1712-1778)
„Die Jugend ist die Zeit, die Weisheit zu lernen. Das Alter ist die Zeit, sie auszuüben."

Simone de Beauvoir (1908-1986)
„Der Trost ist die Kunst des Alters."

Ernest Hemingway (1899-1961)
„Die Altersweisheit gibt es nicht. Wenn man altert, wird man nicht weise, sondern vorsichtig."

Stefan Heym (1913-2001)
„Es gehört zu den vielen Merkwürdigkeiten des Lebens, dass ein Mensch umso bissiger wird, je weniger Zähne er hat."

Burt Lancaster (1913-1994)
„Solange man neugierig ist, kann einem das Alter nichts anhaben."

Alexander Mitscherlich (1908-1982)
„Viele möchten leben, ohne zu altern, und sie altern in Wirklichkeit, ohne zu leben."

Hans Moser (1880-1964)
„Die Menschen verlieren zuerst ihre Illusionen, dann ihre Zähne und ganz zuletzt ihre Laster."

Charlie Chaplin (1889-1977)
„Ein großer Vorteil des Alters liegt darin, dass man nicht länger die Dinge begehrt, die man sich früher aus Geldmangel nicht leisten konnte."

Jonathan Swift (1667-1745)
„Kein kluger Mensch hat jemals gewünscht, jünger zu sein."

Alfred Polgar (1873-1955)
„Das Gute an der Senilität ist, dass sie einen selbst hindert, sie zu bemerken."

Charles Tschopp (1899-1982)
„Dein Alter sei nicht Verrat an deiner Jugend."

Doris Day (*1922)
„Das wirklich Erschreckende am mittleren Lebensalter ist die Erkenntnis, dass man es hinter sich lassen wird."

Gustav Knuth (1901-1987)
„Alle wollen alt werden, aber keiner will es sein."

Michel Eyquem de Montaigne (1533-1592)
„Das Alter zieht noch mehr Runzeln in unseren Verstand als in unserem Antlitz."

Solon (640-560)
„Älter werde ich stets, nimmer doch lerne ich aus."

Arthur Schopenhauer (1788-1860)
„Die ersten vierzig Jahre unseres Lebens liefern den Text, die folgenden dreißig sind Kommentar dazu, der uns den wahren Sinn und Zusammenhang des Textes, nebst der Moral und allen Feinheiten desselben, erst recht verstehen lehrt."

Marie Luise Kaschnitz (1901-1974)
„Das Alter ist für mich kein Kerker, sondern ein Balkon, von dem man zugleich weiter und genauer sieht."

Marie von Ebner-Eschenbach (1830-1916)
„Das Alter verklärt oder versteinert."

Rainer Maria Rilke (1875-1926)
„Ich glaube an das Alter, lieber Freund, Arbeiten und Altwerden, das ist es, was das Leben von uns erwartet. Und dann eines Tages alt sein und noch lange nicht alles verstehen, nein, aber anfangen, aber lieben, aber ahnen, aber zusammenhängen mit Fernem und Unsagbarem, bis in die Sterne hinein."

Thornton Wilder (1897-1975)
„Mit 40 fängt man an, das Wertvolle zu suchen, und mit 50 kann man anfangen, es zu finden."

Jean Paul (1763-1825)
„Das Alter ist nicht trübe, weil darin unsere Freuden, sondern weil darin unsere Hoffnungen aufhören."

Ursula Lehr (*1930)
„Es kommt nicht darauf an, wie alt man wird, sondern wie man alt wird."

Johann Wolfgang von Goethe (1749-1832)
„Älter werden heißt: selbst ein neues Geschäft antreten; alle Verhältnisse verändern sich, und man muss entweder zu handeln ganz aufhören oder mit Willen und Bewusstsein das neue Rollenfach übernehmen."

Leonardo da Vinci (1452-1519)
„Was man in seiner Jugend erwirbt, dient im Kampf gegen das Elend des hohen Alters.
Und wenn du willst, dass dein Alter sich aus Weisheit nähre, so sorge dafür, solange du jung bist, dass es in deinem Alter nicht an Nahrung mangelt."

OTTO BUCHEGGER
ERFAHRUNGEN

Will man über alte Menschen was Nettes sagen, dann erklärt man sie als ‚erfahren'. Ich frage mich hier, was denn diese Erfahrung tatsächlich wert ist und wie man sie z.b. in der Berufswelt so einsetzen kann, dass das Alter andere Defizite (wie verminderte Leistungsfähigkeit und Lernfähigkeit) ausgleichen kann.

Die Erfahrung, die man den Seniorinnen und Senioren zuspricht, ist die Summe aller aus Wahrnehmungen, Sinneseindrücken und kognitiven Prozessen der Auseinandersetzung mit der Umwelt und sich selbst erworbenen Kenntnissen, Fähigkeiten und Fertigkeiten, also das, was im Gedächtnis haften bleibt, abrufbar ist und schließlich angewendet werden kann.

Je länger nun jemand lebt, je aktiver er oder sie sich mit der Umwelt auseinandergesetzt hat, je abwechslungsreicher der Lebenslauf war, je anerkannter seine Fertigkeiten, vielleicht sogar seine Meisterschaft war, je besser das Gedächtnis ist, umso größer wird seine Erfahrung sein.

Je besser jemand nun diese kommunizieren kann, sie als abstrakte und damit übertragbare Lernerfahrung oder Wissen vermitteln kann, je sympathischer er oder sie und je glaubwürdiger damit jemand ist, umso höher wird der Wert dieser Erfahrung angesetzt werden können.

Hat sich aber die Umwelt stark verändert, dann ist die gewonnene Erfahrung nicht mehr viel wert. Zumindest glaubt unsere Gesellschaft dies, weil sie nur den augenblicklichen, lokalen Nutzen sieht. Aber selbst in diesem Fall sollte man auf diese Erfahrung nicht verzichten, wie ich zum Schluss noch zeigen werde.

Was macht die Erfahrung alter Menschen so kostbar? Ich sehe viele verschiedene Aspekte und es wird eine lange Liste dazu folgen. Personalchefs sollten sie sich genau anschauen. Es wird ihre Wahrnehmung von Alter schärfen, vielleicht sogar verändern.

Auch Menschen, die ab 50 nochmals ein neues Betätigungsfeld suchen, finden damit Anregungen, wo ihre Stärken liegen könnten. Immer genannt werden Arbeitsmoral, Disziplin und Loyalität. Aber meiner Meinung sind andere Facetten viel wichtiger.

Der wichtigste Zugewinn ist sicherlich die Menschenkenntnis. Menschen als Spezies verändern sich – selbst in historischen Zeiträumen gesehen – nur wenig, sind aber komplizierte Wesen und nicht unbedingt leicht zu verstehen. Je länger sich nun jemand in dieser Kunst übt, umso mehr wird er darüber wissen.

Eine andere wichtige Erfahrung ist das Erkennen von Zyklen. Alte Menschen haben so viele Entwicklungen gesehen, die erfolgreich gestartet sind, Höhepunkte hatten und nach gar nicht so langer Zeit dann wieder in der Versenkung verschwunden sind. Sie werden damit zu neutraleren Beobachtern, können bessere Prognosen stellen und vor großem Schaden bei Falscheinschätzungen bewahren.

Das Identifizieren von Zyklen ist nur ein Beispiel von Systemwissen, für das Ältere viel besser gerüstet sind. Sie können Lösungen besser verstehen, weil sie auch die Probleme schon gehabt haben. Selbst hochintelligente Junge haben Schwierigkeiten, abstrakt, ohne Lebenserfahrung, sich dieses wichtige Wissen anzueignen.

Alte Menschen, die lange berufstätig waren, haben oft ein ausgeprägtes Verständnis für Qualität. Sie wollen auf ihre Arbeit stolz sein und fühlen damit viel mehr Verantwortung, dass sie das Richtige auch richtig machen. Alte Menschen sehen zwar schlechter als junge, aber dennoch haben sie meist den besseren Durchblick, weil sie wissen, worauf sie achten müssen. Ihre vielen Fehler in der Vergangenheit erweisen sich als gut angelegtes Lehrgeld.

Eine weitere wichtige Eigenschaft, die fast jeder alte Mensch erwerben muss, ist das Management des Wechsels (*Change Management*). Jeder Umzug, jeder Berufswechsel, jeder Familienzuwachs, jeder Todesfall, jede Krise, jede Chance hat diese Fähigkeit u. U. auch zu improvisieren verbessert.

Manche Probleme löst man am besten durch Aussitzen. Dazu haben Junge oft einfach nicht die Nerven, es fehlt ihnen auch an Erfahrung, wann diese Strategie optimal ist. Alte Haudegen tun sich da viel leichter. Alte Menschen tun sich zwar schwer, neue Sprachen zu lernen, aber in einem langen Leben haben viele von ihnen große Sprachkenntnisse angesammelt. So ist es nicht ungewöhnlich, bei ihnen zumindest rudimentäre Kenntnisse von mehreren Sprachen anzutreffen. Viele Auslandsreisen, Urlaube, Dienstabordnungen, aber auch Auswandern, Flucht und Vertreibung haben dazu beigetragen.

Alte Menschen sind oft unterhaltsame Plauderer und die glaubwürdigeren Erzähler. Man unterstellt ihnen eher, dass sie – mit tiefer Stimme, breiten Schultern und mehr Autorität – authentisch berichten. Junge müssen schon sehr viel mehr schauspielerisches Talent aufbringen, um ähnliche Effekte zu erzielen.

Ein großer Vorteil kluger Alter ist eine bessere Selbsteinschätzung. Sie kennen ihre Grenzen besser, wissen was gut, auch was schlecht für sie ist und sie haben so eine bessere Basis für Zufriedenheit.

Ältere als Partner sind meist stabiler, leichter einschätzbar, man weiß, was man bekommt. Sie können geduldiger, großzügiger, offener und ehrlicher sein. Für blöde Spielchen fehlt es ihnen inzwischen an Motivation. Kontakt zu ihnen ist so leichter und weniger anstrengend, aber auch weniger aufregend und spannend.

Viele alte Menschen verfügen über hervorragende Umgangsformen, sind kluge Diplomaten und sie werden damit geachtete Vermittler, Schiedsrichter, Moderatoren oder Schlichter.

Manche Senioren sind erstaunlich ungebunden. Keine Kinder und keine Eltern mehr zu versorgen, eine Wohnung, die man zusperren kann und die keine Betreuung braucht. Auch auf längsten Dienstreisen kann der Ehepartner mitfahren oder wenn Überstunden gebraucht werden, können sie viel flexibler reagieren. Auch die Ausfälle durch Krankheit sind niedrig Da Senioren nicht mehr auf jeden Modegag reinfallen, werden sie zu besseren Beurteilern dafür, was praktisch ist.

Da praktische Lösungen auf die Dauer alles andere überleben, ist dies eine sehr wichtige Fähigkeit.

Auch für Vereinfachungen können sie zu den besseren Experten werden. Lange Beobachtung findet leichter den Sinn einer Einrichtung und langer Frust hat alle Schwierigkeiten des bestehenden Systems offenbart. So kann aus der Analyse bei kreativen Menschen auch leicht eine glückliche Synthese werden.

Alte Menschen sind meist die besseren Bewahrer von Kultur. Sie haben alle ihre Facetten erlebt, vielleicht auch manchmal sogar selbst experimentiert und wissen, was die kulturellen Bedürfnisse ihrer Mitmenschen befriedigt.

Dazu gehört auch, dass sie, falls sie musikalisch tätig waren, im Alter oft erst zu ihrer größten Meisterschaft auflaufen. Solange sie noch körperlich in der Lage sind, ihr Instrument zu bedienen, wird jedes Jahr zusätzliche Kenntnisse und Fertigkeiten bringen.

Auch wenn sie selbst nicht mehr in der Lage sind zu spielen, ihre Urteilskraft wird über die Jahre ebenfalls zunehmen. Das Nachlassen der Sinne im Alter (wie Schwerhörigkeit oder schlechtes Sehen) kann lange Zeit mit Hilfen gut kompensiert werden.

Alte Menschen sind gute Archivare. Viele von ihnen können noch problemlos altdeutsche Schriften (Kurrent, Sütterlin) lesen. Ihr umfangreiches Wissen über vergangene Zeitabschnitte, vielleicht sogar als Zeitzeuge erworben, macht es ihnen leichter, Daten und Fakten richtig einzuordnen.

Alte Sammler wissen unheimlich viel über ihr Sammelgebiet, Details, die man in keinem Katalog oder Sachbuch finden wird. Auch der Umfang ihrer Sammlungen ist oft beachtlich. Sie haben lange Zeiträume gut genutzt, um ihr Gebiet zu ergänzen, zu erweitern und auch zu beschreiben.

Kontaktfreudige alte Menschen können sehr viel in Netzwerken beitragen. Ihre vielen Kontakte, gepaart mit Fachwissen, ermöglichen oft Projekte, die ohne sie kaum möglich wären.

Alte Menschen können leichter diskret sein als junge. Sie müssen nicht mit jedem Wissen gleich herausplatzen, sie haben die Vorteile von Diskretion und Verschwiegenheit selbst erfahren und gelernt und sind oft besser in der Lage damit umzugehen. Geheimnisse belasten sie weniger.

Last but not least können alte Menschen die besseren Experten für andere alte Menschen werden, wenn sie in der Lage sind, über den eigenen Tellerrand zu schauen. In einer Gesellschaft, die ganz dringend nach Experten zu diesem Thema sucht, wird dies die wichtigste Erfahrung werden, die kommerziell von Bedeutung ist.

Die negativen Erfahrungen

Leider ist der langen Liste der positiven Effekte der Erfahrung auch ein Gegenstück an negativen Aspekten gegenüber zu stellen. Nicht nur Erfolge und Lernerfahrungen haben ein Leben geprägt, sondern auch Misserfolge, Verluste und Schmerzen.

Einige davon haben zu Vermeidungsstrategien geführt, manche vielleicht auch zu Bösartigkeit und Rache. Auf jeden Fall ist damit eine Schwächung eingetreten, das lange Leben hat sie nicht stärker, sondern schwächer werden lassen und manche werden deshalb den besonderen Schutz der Gesellschaft benötigen.

Richtig eingeschätzt kann auch diese Erfahrung einen großen Wert für die Gesellschaft bekommen. Man benutzt sie als Seismograph für die Auswirkung von Veränderungen. Die besondere Sensibilität der Schwachen kann frühzeitig, oft vielleicht gerade noch rechtzeitig, größer werdende Probleme aufzeigen.

Man sollte also nicht nur die oft geäußerten Probleme der Alten als Jammern oder Pessimismus abtun, sondern immer auch hinterfragen, wo sie vielleicht früher als andere erkennen, dass sich hier ein Problemchen zu einem ausgewachsenen Problem entwickelt.

Wenn die Erfahrung zum Problem wird

Die Erfahrung der Alten sollte als Ressource verstanden werden, die es angemessen auszuschöpfen gilt. Wenn Senioren Berater der Gesellschaft sind, dann muss diese aber auch die Option haben, nicht nur auf sie zu hören.

Denn nicht die Berater tragen die Verantwortung für eine Entscheidung, sondern die Entscheider.

Da alte Menschen sich oft zu großen Egoisten entwickeln, können sie Gefahr laufen, dass sie ihre lange Erfahrung nur zu ihrem eigenen Wohl einsetzen, meist besteht es darin, die eigene Macht zu festigen.

Die Geschichte, aber auch die aktuelle Weltsituation, bietet viele Beispiele dazu, man denke nur an das unglückliche Castro-Regime auf Kuba. Aber auch in kleinerem Rahmen werden Alte zu Gesellschaftsbetonierern, Haustyrannen, Firmendiktatoren und Bremsern jeder Weiterentwicklung.

Hier wird dann die Erfahrung zum Problem und sie führt zu Verfestigungen, Starrheit, Verkrustung und schließlich auch zum Untergang. Im persönlichen Bereich kommt es dann zu Brüchen, Tragödien, ja sogar zu Katastrophen.

Der Ausweg, den viele Firmen gehen, ist ein strenges Alterslimit für Top-Entscheider, meist sind es 60 Jahre. Ich halte dies für eine gute Richtlinie, die ich auch persönlich versuche einzuhalten. Wer 60 ist, sollte die Verantwortung bald in jüngere Hände abgeben. Wer dies geschickt macht, wird seine Rolle als geschätzter Berater behalten, sich aber von der Last des operativen Geschäftes befreien. Er wird antworten, wenn er gefragt wird, seine Meinung aber nicht mit allen Mitteln den anderen aufdrängen wollen.

Wem dies zu wenig ist, der kann ja ein neues Tätigkeitsfeld beginnen, in dem er, entweder alleine oder mit anderen Gleichaltrigen, sich nicht an die allgemeinen Regeln halten muss. Ein gutes Vorbild sind für mich die emeritierten Professoren. Immer noch Teil der Institute, mit den Vorzügen ihre Infrastruktur mit benutzen zu können, können sie sich viel freier entfalten, wenn sie sich nicht einmischen!

Wenn die Erfahrung nicht mehr aktuell ist

Gerade der Computereinsatz hat hier viel verändert. Heute noch begehrter Spezialist als Schriftsetzer und morgen total überflüssig.

Viele Handwerker existieren nicht mehr, weil es die Produkte nicht mehr gibt, die sie hergestellt haben. Manche Berufszweige haben sich durch Streiks solange unbeliebt gemacht, bis man sie durch Maschinen ersetzt hat.

In vielen Fällen wird nichts anderes übrig bleiben, als damit zu leben. Vielleicht etwas zu trauern oder in Nostalgie zu schwelgen. Aber in einigen Fällen geht es auch anders und ich habe gute Beispiele dazu erlebt.

Wer in der Lage ist, sein Berufsbild so zu beschreiben, dass es der Nachwelt noch etwas nützt, wird oft dabei Hilfe und Unterstützung, in jedem Fall aber Anerkennung in der Gesellschaft finden. Schöne Beispiele sind für mich die Fernsehsendungen und Bücher mit den Titeln ‚Die letzten ihrer Zunft', wo man versucht, dieses Wissen zu konservieren.

Auch viele Firmenarchive und Firmenmuseen zeugen davon, wie sinnvoll es sein kann, scheinbar überholte Erfahrung zu bewahren. Man sollte auch nicht vergessen, dass nicht alle Länder dieser Welt von Hochtechnologien leben.

Die Seniorenhandwerker, die im SES mitarbeiten, sind gelegentlich ein gutes Beispiel, dass auch einfachere Technologien dankbare Abnehmer finden.

Zusammenfassung

Die Erfahrungen, die wir mit unseren alten Menschen angesammelt haben, sind ein großer menschlicher, kultureller und auch ökonomischer Schatz. Kluge Gesellschaften nutzen ihn entsprechend und zapfen dieses Wissen auch an und bewahren es. Gerade Jugendliche sollten nicht vergessen, dass sie den Wohlstand, in dem sie leben, mit den schönen Dingen, die sie umgeben, ihren Vorfahren und deren Leistungen verdanken.

Alte können durchaus stolz auf ihre Leistungen sein. Diese Genugtuung wird ihnen helfen, leichter den Führungsanspruch in jüngere Hände zu geben und verstärkt zu Seniorenarbeitsplätzen zu wechseln, anstelle dass sie in einen (passiven) Ruhestand gehen.

Ich sehe meine lange Liste an positiven Eigenschaften im Alter als einen Beitrag zum Kompetenzmodell des Alters an. Leider muss ich an vielen anderen Stellen eher zum Defizitmodell greifen, weil nur so die Tabus, die mit dem Alter verbunden sind, aufgehoben werden können.

Ich weiß selbstverständlich, dass eine Alternde Gesellschaft neue Probleme haben wird, aber je mehr wir darüber wissen, umso leichter sind diese dann auch zu lösen.[15]

Jung und alt[16]

---

[15] Information zum Autor: Dipl.-Ing, Dr. techn. Otto Buchegger, geboren 1944 in Oberösterreich, Tübinger, Autor, Fotograf und Internet-Publizist. Aufgewachsen in Linz, technisches Studium in Wien, 20 Jahre Tätigkeit als Softwarespezialist und Manager in einer Computerfirma. Ab 1994 freier Berater und Autor. Seit April 2007 im Ruhestand. Schrieb u.a. über Alltagsprobleme (Liebeskummer, Dummheit, Faulheit), Bewältigung von Ängsten (Flugangst, Angst vor dem Zahnarzt, German Angst), Digitalfotografie, Managementfragen (Akquisition, Loben, Pausenmanagement) und verfasst viel gelesene Reiseberichte mit großen Fotos.

[16] Hinzugefügt vom Herausgeber

VOLKSLIED
GAR HERRLICH IST DIE JUGENDZEIT

Gar herrlich ist die Jugendzeit:
man lacht man scherzt man singt.
Die Jugend kennt noch nicht das Leid,
das oft das Alter bringt.

Da kommt der schöne Monat Mai
mit seiner Blütenpracht.
Dann denkt man, dass es stets so sei,
so wie man sich´s gedacht.

Da braust ein wilder Sturm heran,
zerstört das Röslein klein.
Und Silberfäden spinnt er dann
uns in das Haar hinein.

Rosen und Jugend verlassen uns
halt gar so bald.
Rosen verblühen
und wir werden alt.

Jung und alt[17]

---

[17] Hinzugefügt vom Herausgeber

PAUL B. BALTES
HOFFNUNG MIT TRAUERFLOR

Alte Menschen verfügen über beträchtliche Ressourcen im kognitiven und emotionalen Bereich. Zwar treten bei ihnen nicht in allen Kategorien der Intelligenz noch positive Veränderungen auf, in einigen aber doch. Das hat weitreichende Folgen für die gesamte Gesellschaft.[18]
Geschwindigkeit und Genauigkeit bei der Verarbeitung von Informationen hängen von der Mechanik der Intelligenz ab, vergleichbar der Hardware beim Computer. Diese ‚mechanische' Fähigkeit, Schlüssel für das Erlernen neuer und komplexer Inhalte, nimmt während der Kindheit rasch zu, lässt aber bereits ab dem frühen Erwachsenenalter kontinuierlich nach. Bei den Ältesten ist sie auf ein deutlich tieferes Niveau reduziert. Andererseits gibt es die ‚kristalline' Form der Pragmatik von Intelligenz, die – vergleichbar der Computer-Software – kulturgebundene Leistungen wie Sprachverständnis, spezifisches Sachwissen und Denkstrategien zur allgemeinen Lebensbewältigung umfasst.

Gutes Lebensgefühl trotz Einschränkung

Diese kognitive Pragmatik bleibt nun bei Älteren nicht nur erhalten, sondern kann sich gelegentlich – Hirnerkrankungen ausgeschlossen – sogar noch verbessern, was vor allem für die Bereiche gilt, die vom Einzelnen besonders gepflegt werden. Das bedeutet: Auch wenn die Voraussetzungen für Höchstleistungen im Bereich der Intelligenz-Mechanik geschwunden sind, können wir unsere Bemühungen immer noch auf die Bereiche konzentrieren, die wir

---

[18] Der Aufsatz erschien am 4. November 2006, 02:05 in der *Neuen Zürcher Zeitung*, unter der Adresse http://www.nzz.ch/aktuell/startseite/articleECHIW-1.73267 im Internet.
Dieses Datum erstaunt umso mehr, als Paul Baltes am 7. November 2006 verstarb. Weitere Rechteinhaber waren nicht auszumachen. Die Rechtsnachfolger von Baltes waren leider nicht zu ermitteln.

sehr gut beherrschen und in denen das Erlernen neuer Inhalte nicht so gravierend wichtig ist. Auch bei Problemlösungen, die emotionale und soziale Intelligenz erfordern, sind Ältere den Jüngeren häufig überlegen. Weisheit zählt zu den eindrucksvollsten Merkmalen, durch die Ältere sich auszeichnen. Das soll natürlich nicht heißen, dass man allein durch Altern schon weise wird. Ein Zusammenwirken von Lebenserfahrung, ökologischen Kontexten sowie bestimmten Persönlichkeitsmerkmalen und Denkstrategien ist notwendig.

Ältere Menschen sind überraschenderweise auch sehr anpassungsfähig und in der Lage, ein positives Lebensgefühl aufrechtzuerhalten, selbst dann, wenn sich ihr Aktionsradius einschränkt und die physischen Kräfte nachlassen. Es ist diese „adaptive Ich-Plastizität", die das Befinden positiv beeinflusst. Das entspricht auch genau der sogenannten Theorie der selektiven Optimierung mit Kompensation, die am Max-Planck-Institut für Bildungsforschung entwickelt wurde. Dieser Theorie gemäß nutzen zwar Menschen aller Altersstufen die Mechanismen von Selektion, Optimierung und Kompensation, besonders die älteren erreichen darin jedoch eine besondere Meisterschaft.

Ein Beispiel: Der Pianist Rubinstein wurde, als er bereits 80 Jahre alt war, gefragt, wie er es schaffe, noch dermaßen herausragende Konzerte zu geben.

Im Verlauf mehrerer Interviews nannte er dafür drei Gründe: Erstens spiele er weniger Stücke – ein Beispiel für Selektion. Zweitens übe er diese wenigen Stücke aber desto intensiver – ein Beispiel für Optimierung. Drittens interpretiere er langsame Sätze so langsam, dass die schnellen Sätze demgegenüber dem Hörer schneller erscheinen müssten, als er zu spielen in der Lage sei – ein Beispiel für Kompensation.

Gemeinsam mit Alexandra Freund haben wir nachgewiesen, dass Menschen, die verstehen, Selektion, Optimierung und Kompensation als Handlungsstrategien geschickt zu nutzen, ein besseres Selbstwertgefühl haben und es im Leben auch dann noch weiter bringen können, wenn die Mechanik von Geist und Körper anfällig wird, wie es im hohen Alter unweigerlich der Fall ist.

Mühe mit Neuem und Komplexem

Diese vergleichsweise positiven Nachrichten hatten Gerontologen und Politiker aufhorchen lassen. Aber nicht alle – vor allem nicht die Ältesten der Alten – sind geneigt, diesen Optimismus zu teilen. Warum geht die Schere zwischen tatsächlichem und gewünschtem Alter im 70., 80. und 90. Lebensjahr immer dramatischer auseinander, wie das Beispiel Neunzigjähriger in Berlin beweist, die meinten, dass sie am liebsten auf Dauer 65 und 70 Jahre alt geblieben wären. Auch wenn einige Hochbetagte bis dato durchaus rege und psychisch stabil geblieben sind, schrumpft ihre Zahl mehr und mehr mit weiter zunehmendem Alter. Abgesehen von der größeren Anfälligkeit gegenüber Krankheiten verminderten sich die sensorischen Leistungen und bei dem allgemeinen körperlichen Abbau wiegt der Verlust der Lernfähigkeit bei den Ältesten am schwersten.

Im ‚vierten Alter' haben auch Menschen, die für ihr Alter geistig noch durchaus fit erscheinen, vor allem dann mit dem Lernen Schwierigkeiten, wenn es um neue und komplexere Dinge geht. Auch die Selbstwahrnehmung wird im hohen vierten Alter zunehmend fragiler. Die Indikatoren für Wohlbefinden – Lebenszufriedenheit, gesellschaftliche Integration, positive Lebenseinstellung – weisen im Durchschnitt negative Verlaufswerte auf, ist das vierte Alter erst einmal erreicht. Betrachtet man das gesamte mögliche Leistungsspektrum, dann sind die massiven Verluste im vierten Alter bedrückend.

Im Vergleich zu Personen im dritten Alter leiden fünfmal so viele Personen über 85 Jahre unter chronischen Belastungen und sind nur noch auf niedrigstem Niveau zu vielen körperlichen, geistigen und sozialen Leistungen fähig. Es scheint, dass die Lebenskurve eine Wendung zum Schlechteren nimmt, wenn die Grenzen der biologischen Anpassungsfähigkeit (Plastizität) erreicht oder gar überschritten werden. Dass sich heute im Vergleich zu früher die körperlichen und geistigen Leistungen bei gleich alten Personen substanziell verbessert haben, kann diese Negativbilanz für das sehr hohe Alter bestenfalls abfedern, aber nicht den generellen Trend als solchen verleugnen. Anders gesagt: Die Wirkung des Alterseffekts ist stärker, als der historische Fortschritt in puncto Alterskultur glauben lässt.

Die mit dem Alter markant ansteigenden Demenzerkrankungen sind ein weiteres Beispiel. Gemäß verschiedenen Studien leiden von den Siebzigjährigen nur weniger als 5 Prozent an einer der Demenzformen, einschließlich Alzheimer. Bei den Achtzigjährigen sind es dann bereits 10 bis 15 Prozent, und bei den Neunzig- bis Hundertjährigen praktisch die Hälfte, also jeder Zweite. Und nach dem heutigen Stand der Dinge gibt es keinen positiven ‚Kohorteneffekt' bei Demenzen des Alzheimertyps, d. h. keine historische Veränderung in Richtung eines späteren Auftretens der Altersdemenz oder Evidenz für eine nachhaltige Therapie. Demenz, besonders Alzheimer, führt zu einem Verschwinden der typisch menschlichen Merkmale wie freier Wille, intentionales Handeln, Identitätsgefühl und soziale Integrationsfähigkeit; alles Merkmale, die fundamental sind für die Bestimmung von Menschenwürde und das autonome Verlangen nach ‚Menschenrechten'.

Wir stehen damit vor einer neuen Herausforderung: Wahrung der Menschenwürde im sehr hohen Lebensalter. Das Leitmotiv von Gerontologen: „Gib den Jahren mehr Leben statt dem Leben mehr Jahre", kommt damit auf den Prüfstand. Wir stoßen an neue Grenzen, deren Ursprung in unserer evolutionären Vergangenheit zu suchen ist.

Die Biologie ist keine Freundin des Alters

Das Alter war nicht das Zentrum der auf Reproduktionsfähigkeit getrimmten evolutionären genetischen Verbesserung. Die Biologie ist daher keine Freundin des Alters. Es überrascht deshalb auch nicht, dass Selbstregulationsmechanismen des Genoms im hohen

Alter nicht mehr greifen. Die ordnende ‚genetische Hand' hat im Alter viel ihrer Kraft verloren. Dass solche biogenetischen Verluste im dritten Alter meist noch nicht sichtbar werden, liegt daran, dass sie erfolgreich durch Verbesserungen auf kulturell-zivilisatorischem und technologischem Sektor kompensiert werden können. Sollte dieses allgemeine Bild nur vorübergehend Geltung haben? Mit Prophezeiungen müssen Wissenschaftler vorsichtig sein. Dennoch beschäftigt die Gerontologie derzeit zweifelsohne die Frage, wie gezielte Forschung zu einer Verminderung der biologisch bedingten Defizite im vierten Alter beitragen könnte. Theoretisch geben die jüngsten Ergebnisse der Biotechnologie Anlass zur Hoffnung, die bisher biogenetisch ‚unvollständige Architektur' des Lebensverlaufs genetisch so gestalten zu können, dass sie für kulturell-psychologische Einflüsse aufnahmebereiter wird. Bis jetzt bewegen wir uns mit solchen Überlegungen aber auf sehr unsicherem Grund – nicht allein wegen unvorhersehbarer Effekte bei gentechnischen Eingriffen, sondern auch wegen der ethisch-religiösen Debatten über die Natur des Menschen.

Die komplexe Struktur des menschlichen Genoms birgt bei jeglicher Intervention das Risiko unerwünschter Nebeneffekte in sich. Darüber hinaus beeinflusst eine Fülle anderer biogenetischer Faktoren in Wechselwirkung mit unterschiedlichen Verhaltens- und Umweltparametern den Alternsprozess und viele damit einhergehende Krankheiten.

Zufallseffekte spielen ebenfalls mit hinein. All das lässt eine mögliche Gentherapie solcher ‚Alterskrankheiten' in viel schwierigerem Licht erscheinen als die Therapie einfacherer, d. h. monogenetisch determinierter Erkrankungen. In der Biomedizin ist man daher in weiten Kreisen der Überzeugung, dass die Kenntnis der für das Altern verantwortlichen genetischen Faktoren nicht automatisch bedeutet, damit auch über die Möglichkeiten für eine relativ schnelle und sozusagen routinemäßig durchzuführende ‚künstliche Ausbesserung' der biogenetischen Architektur des Alternsverlaufs zu verfügen. Trotzdem bleibt zu konstatieren, dass es auf lange

Sicht nur der Biomedizin wird gelingen können, das hohe Alter sozusagen doch noch in eine ‚Belle Epoque' des Lebensverlaufs zu verwandeln. Verbesserungen der Lebensumwelt und altersfreundliche Verhaltensstrategien allein werden angesichts des reduzierten Biopotenzials nicht ausreichen. Sie haben eher palliativen Charakter. Für das vierte Alter ist mein Motto: „Hoffnung mit Trauerflor."

Begrenzung der Lebenszeit

Dass die Situation dennoch nicht hoffnungslos ist, lässt das vom Stanforder Altersmediziner Fries formulierte *compression of morbidity model* vermuten, ein Modell, das auf eine bestimmte Verdichtung des Verhältnisses von Jahren der Krankheit zu Jahren der Gesundheit abzielt. Fries geht aus von der Annahme, dass die ‚derzeitige' durchschnittliche Lebensgrenze bei 85 bis 90 Jahren liegt.

Unter dieser Voraussetzung sollten Wissenschaft und Gesellschaft sich ernsthafter darauf konzentrieren, Investitionen in die Verbesserungen von Lebensqualität in diesem Lebenszeitfenster statt in Maßnahmen zur Lebensverlängerung zu leisten. Eine Strategie wäre, das Auftreten schwerer Krankheiten so auf die wenigen Jahre vor dem natürlichen ‚biologischen' Tod zusammenzudrängen, dass es Menschen möglich wäre, länger in Menschenwürde zu leben, ohne dass es notwendigerweise zu einer Verlängerung der Lebenszeit kommt.

In meinen Augen ist die Vision von Fries durchaus eine realistische Alternative. Mit diesem Modell als Bezugsrahmen sowie dem Wissen über die neuesten Befunde zum dysfunktionalen Zustand der Ältesten stehe ich auf dem Standpunkt, wir sollten im Rahmen der momentanen Lebenserwartung die Forderung nach weiterer Ausdehnung der Lebenslänge zurückschrauben zugunsten einer Verbesserung der Lebensqualität. Selbst wenn es kein als maximal definierbares biologisches Lebensende geben sollte, läge eine Begrenzung immer noch im Ermessens- und Entscheidungsspielraum jedes Einzelnen als selbstbestimmtes Individuum oder auch in der

Mentalitätsstruktur einer Gesellschaft, die Gegenwarts- und Zukunftswohl gemeinsam im Auge zu halten in der Lage ist. Dass ältere Menschen sich im Interesse nachfolgender Generationen zu bescheiden wissen, das sagt die Forschung.

Entwicklungs- statt Altershilfe?

Abgesehen von der Problematik ‚Lebenslänge contra Lebensqualität' bei den Ältesten in der Bevölkerung werden die neuen Grenzen, an die wir jetzt stoßen, die Diskussion über Lebenssinn, Sterbeformen und Todesarten anheizen, aber nicht zuletzt auch die Frage aufwerfen, was es für andere Gesellschaftsbereiche bedeuten muss, wenn angesichts knapper Ressourcen diese Mittel in Maßnahmen zur Lebensverlängerung fließen. Auch wenn im Rahmen dieses Essays nicht näher darauf eingegangen werden kann, muss doch wenigstens kurz die Tragweite der Alternsproblematik innerhalb eines größeren gesellschaftlichen und globalen Zusammenhangs angesprochen werden. Denn zu oft übersehen Alternsforscher und politische Analysten, welche Auswirkungen das Altern des Einzelnen und der Gesamtpopulation auf die Ressourcenverteilung und gesellschaftliche Produktivität hat.

In welchem Maße begrenzen wachsende Investitionen in die Lebenserhaltung und Lebensverlängerung der Ältesten die Ausgaben für die Verbesserung der Lebensbedingungen von Kindern und Jugendlichen oder für die Verringerung der Kluft zwischen Arm und Reich? Zu fragen wäre auch, inwieweit wir die weltweite Entwicklung behindern, wenn wir einen immer größeren Teil unserer Ressourcen darauf verwenden, im eigenen hochzivilisierten Land die Ältesten immer länger am Leben zu halten, statt Zukunftspotenziale, national und international wie in Entwicklungsländern, zu fördern. Mit solchen Fragen wird man als Gerontologe bei den meisten Kollegen auf wenig Verständnis stoßen. Ich bin aber überzeugt, dass es in der wissenschaftlichen und öffentlichen Diskussion über individuelles und gesellschaftliches Altern im 21. Jahrhundert genau um diese Fragen gehen muss.

Staaten wie etwa Deutschland, die wegen steigender Lebensdauer bei gleichzeitig niedrigerer Geburtenrate innerhalb der nächsten 50 Jahre eine disproportional alte Bevölkerungsstruktur haben werden, dürfen den Effekt des wachsenden Durchschnittsalters der Bevölkerung auf die nationale Produktivkraft und globale Wettbewerbsfähigkeit nicht aus den Augen verlieren. Wenn das Durchschnittsalter der arbeitenden Bevölkerung von 45 auf 55 Jahre steigt, riskieren solche Gesellschaften einfach eine Verringerung ihres Innovationspotenzials. Denn die experimentelle Alternsforschung zur kognitiven Plastizität zeigt ganz klar die beträchtlichen negativen, praktisch nicht auszuschaltenden Alternseffekte auf Geschwindigkeit und Genauigkeit der Informationsverarbeitung und das Potenzial für das Erlernen neuer Inhalte und Fertigkeiten. Außerdem verlangt der Körper selbst, je älter wir werden, vom Geist mehr Aufmerksamkeit und Ressourcen.

Der Körper wird im Alter zu einer immer stärker wachsenden ‚Hypothek' des Geistes. Diese Hypothek, mit der der Körper den Geist belastet, schränkt den Freiraum für geistige Aktivitäten im engeren Sinne zusätzlich ein; ebenso wie der mit dem Alter steigende Anteil an Zeit, den die Pflege und medizinische Betreuung des Körpers beansprucht.

Menschen sind von Natur aus neugierig und im Prinzip dazu motiviert, gut und lange zu leben, wenn auch nicht unendlich. Aber selbst wenn der *homo faber* im Menschen, sozusagen sein kreativ schaffendes Potenzial, uns im Laufe der Zeit erlaubt hat, immer älter zu werden, müssen wir die wissenschaftlichen Befunde zu den Entwicklungsgrenzen im sehr hohen Alter akzeptieren und sollten uns eingestehen, dass „weniger mehr sein kann". Von Hesiod wird ein ähnlicher Ausspruch überliefert: „Wenn man die richtige Hälfte wählt, kann die Hälfte mehr sein als das Ganze." Dann hätte auch mein Lieblingsmotto, „Alt für Jung", statt des gängigen „Jung für Alt" eine echte Chance.

Das menschliche Aufklärungsprojekt hat einen neuen Kreuzweg erreicht.

Jochen Zielke / Inka Reichert
Altern

Die Menschen in Deutschland werden immer älter, wie die Zahlen des Statistischen Bundesamtes zeigen. Seit mehr als 170 Jahren steigt die Lebenserwartung in den Industriestaaten kontinuierlich um zwei bis drei Jahre pro Dekade. Wer heute in Deutschland auf die Welt kommt, hat die Chance bis zu hundert Jahre alt zu werden. Das Altern lässt sich hinauszögern, so scheint es. Ganz aufhalten lässt sich das Altern indes nicht.

Marathon im hohen Alter
70 bis 90 Kilometer legt Klemens Wittig jede Woche in seinen Joggingschuhen zurück.
Vergangenen Herbst lief er einen Marathon in Rekordzeit: drei Stunden, 17 Minuten und 37 Sekunden. Der 75-Jährige ist damit europaweit der Schnellste in seiner Altersklasse.

Auch im Alter fit: der Marathonläufer Klemens Wittig

„Ich war schon immer viel in Bewegung, doch das Laufen habe ich erst mit 42 begonnen", sagt der Dortmunder. Wittig hat sich bereits unzählige Medaillen erlaufen, auf nationalen wie internationalen Wettkämpfen.

Klemens Wittig steht für eine neue Generation von Rentnern, die auch im Alter noch aktiv ist. Alte Menschen achten heute deutlich stärker auf ihre Gesundheit. Das hat eine Befragung des Allensbacher Instituts für Demoskopie mit rund 4000 65- bis 85-Jährigen gezeigt. So trieben 1968 gerade einmal fünf Prozent der über 65-Jährigen in Westdeutschland überhaupt Sport. Heute sportelt mehr als ein Drittel mindestens einmal in der Woche, und mehr als ein Fünftel sogar mehrmals wöchentlich.

Wer sich fit hält, lebt gesünder
Die Menschen in Deutschland werden immer älter – doch im Vergleich zu früher bewegen sich die Alten von heute mehr. Sie scheinen damit gesünder zu leben. So ist in den vergangenen Jahrzehnten das Risiko, im Alter pflegebedürftig zu werden, nicht proportional zur Lebenserwartung angestiegen. Es ist sogar leicht gesunken, wie eine Untersuchung des Max-Planck-Instituts für demografische Forschung und der Universität Rostock zeigt. „Der medizinische Fortschritt, aber auch die veränderten Lebensbedingungen spielen dabei die größte Rolle", sagt die Autorin der Studie, Gabriele Doblhammer-Reiter vom Rostocker Zentrum zur Erforschung des Demografischen Wandels.

Vor allem der Lebensstil und die Lebensumstände beeinflussen die Lebenserwartung eines Menschen. Die Chance auf ein langes Leben wird nur zu etwa einem Viertel durchs Erbgut bestimmt, wie Zwillingsstudien zeigen. Es reicht auch nicht, allein im hohen Alter einen gesunden Lebensstil zu pflegen. „Schon die Ernährung der Mutter während der Schwangerschaft entscheidet über die Lebensspanne ihres Kindes", sagt Doblhammer-Reiter. Die ersten Jahre eines Menschen beeinflussen die Lebenserwartung vermutlich sogar bis zu zehn Prozent. Denn eine Reihe von Alterskrankheiten wie Diabetes oder Bluthochdruck lassen sich mitunter auf früheste Lebenseinflüsse zurückführen. Die soziale und finanzielle Situation, die Bildung sowie ein gesunder Lebensstil spielen hingegen erst später eine wichtige Rolle.

„Mein persönliches Geheimnis ist der Schlaf", sagt der Marathonläufer Klemens Wittig. Mit regelmäßig acht bis neun Stunden pro Nacht erhole und regeneriere sich sein Körper ausreichend. „Dann habe ich wieder Energie für den kommenden Tag", sagt er.

Die Französin Jeanne Calment im Alter von 122 Jahren

Frauen überleben Männer

Dass sich der Lebensstil auf die Lebenserwartung auswirkt, zeigt sich im Geschlechtervergleich. Frauen leben bewusster – und daher häufig länger als Männer: Ein Junge, der heute in Deutschland geboren wird, wird der Statistik nach 77 Jahre und neun Monate alt. Ein Mädchen wird im Schnitt fünf Jahre älter (Stand: 2012). „Frauen rauchen zum Beispiel weniger", sagt Doblhammer-Reiter. Manche Forscher gehen davon aus, dass die Hälfte der Altersdifferenzen zwischen Männern und Frauen auf das Rauchverhalten zurückzuführen sind. „Männer sind zudem risikofreudiger. Sie sterben öfter durch nicht natürliche Todesursachen, etwa Verkehrsunfälle oder Suizid", fügt die Forscherin hinzu.

Dass Frauen im Schnitt älter werden als Männer, lässt sich auch biologisch erklären. So können etwa Geschlechtshormone im Körper der Frau das Risiko für Herzkreislauferkrankungen verringern. Vielleicht ein Grund dafür, dass die Französin Jeanne Calment älter wurde als je ein Mensch zuvor: 122 Jahre, fünf Monate und 14 Tage. Und das, obwohl sie bis ins hohe Alter geraucht hat.

Die Zeit nagt am Erbgut des Menschen

Fehler schleichen sich ins Erbgut ein

Was im Körper in den einzelnen Zellen abläuft, wenn ein Mensch altert, wissen Forscher nicht genau. Was sie wissen: Von Rheuma, Diabetes und Osteoporose über Herzkreislauferkrankungen und Demenzen bis hin zu Krebs entstehen alle Alterskrankheiten infolge zunehmender Erbgutdefekte. Etwas in den Zellen scheint sich mit zunehmendem Alter zu verändern.

Eine verbreitete Erklärung für die Entstehung dieser Gendefekte ist die Freie-Radikal-Theorie. Die Zellen leiden demnach ständig unter oxidativem Stress. Vor allem dort, wo Stoffwechselvorgänge ablaufen, entstehen der Theorie nach in jeder Zelle ständig Radikale. Diese greifen die Moleküle an, auch die DNA-Stränge, in denen die Erbinformation gespeichert ist, und zerstören deren Struktur. Die Zellen können nicht alle Schäden reparieren. Im Laufe eines Lebens häufen sich die Fehler im Erbgut. Die Zelle altert – und somit der gesamte Organismus.

„Die Freie-Radikal-Theorie ist jedoch sicher nur ein Teil der Erklärung", sagt Adam Antebi vom Max-Planck-Institut für die Biologie des Alterns in Köln. Es gebe viele andere, teils noch unentdeckte Mechanismen, die dazu führen, dass die Zellen ihre Funktionen verlieren.

Falten für die Fortpflanzung?

Man könnte meinen, dass sich in der Evolution vor allem jene Lebewesen durchsetzen, die besonders gut darin sind, Schäden in den Zellen zu reparieren.

Wer seine Zellen am besten repariert, wird am ältesten, könnte man meinen. Die Evolution müsste jene Lebewesen bevorzugen. „Ein Organismus ist fitter, also reproduktiver, wenn er jung und gesund bleiben kann", sagt David Thomson, Evolutionsbiologe am Max-Planck-Institut für demografische Forschung. Doch würde das zutreffen, wären Eintagsfliegen wohl schon lange ausgestorben.

Um dieses Paradox zu erklären, haben sich bis heute unzählige Theorien entwickelt. Eine der bekanntesten ist die von George C. Williams. Der Evolutionsbiologe aus den USA sagt, dass das Altern umso schneller voranschreitet, je gefährlicher die Umgebung des Individuums ist – je höher die Wahrscheinlichkeit ist, dass es zum Beispiel verhungert oder gefressen wird. Anstatt einen Organismus lange instand zu halten, der ohnehin bald sterben muss, lohnt es sich demnach, einen schnelleren Alterungsprozess in Kauf zu nehmen, um möglichst viele gesunde Nachkommen zu produzieren.

Dass diese Theorie gar nicht so abwegig ist, zeigt ein Experiment des Max-Planck-Instituts für die Biologie des Alterns. Die Wissenschaftler entnahmen dem Fadenwurm C. elegans die Keimzellen, so dass dieser sich nicht mehr fortpflanzen konnte. Und tatsächlich: Durch den Eingriff wurde offenbar ein molekularer Schalter umgelegt, der die Lebensspanne des Tieres um bis zu 60 Prozent verlängerte.

Fadenwürmer ohne Keimzelle leben länger

Die Forscher konnten dabei auch den biologischen Mechanismus verfolgen: Demnach löst der verbleibende Teil der Keimdrüse die Produktion von Dafachronsäure aus. Das Hormon aktiviert mithilfe von microRNA bestimmte Teile des Erbguts – was dazu führt, dass der Wurm länger lebt. „Der Organismus kann also zwischen zwei Zuständen wählen: dem Überlebens- und dem Fortpflanzungsmodus", sagt der Studienleiter Adam Antebi. Welcher Modus aktiviert ist, hänge von der Situation ab: Ist es gerade wichtiger, sich schnell fortzupflanzen, um Art zu erhalten, oder geht es ums eigene Überleben?
„Wir wissen, dass in Säugetieren die gleichen microRNA vorkommen, wie die des Rundwurms", sagt Antebi. Es sei also möglich, dass ein ähnlicher Mechanismus auch die Lebenserwartung eines Menschen beeinflusse.[19]

---

[19] Gefunden im Internet unter der Adresse http://www.planet-wissen.de/alltag_gesundheit/alter/aelter_werden/ mit dem zusätzlichen Hinweis „Stand vom 12.05.2014." Eine Anfrage zum Copyright beim WDR blieb unbeantwortet. Dieses Schweigen wird hier als Zustimmung gewertet.

ADOLF KATSCH
ALS ICH SCHLUMMERND LAG HEUT´ NACHT

Als ich schlummernd lag heut´ Nacht, lockten süße Träume,
schimmernd in der Jugendpracht, mich in ferne Räume.
Krasses Füchslein saß ich schlank in der Kneipe wieder,
und in vollem Chore klang laut das Lied der Lieder:
|: Gaudeamus igitur, iuvenes dum sumus :|
post iucundam iuventutem, post molestam senectutem
|: nos habebit humus! :|

Tabakswolkenduft umkreist bläulich Rheinweinbecher;
desto heller flammt der Geist in dem Haupt der Zecher.
Füchslein fühlt im Weltenrund sich der Schöpfung Krone,
und er singt mit keckem Mund und mit keckem Tone:
|: Ubi sunt qui ante nos in mundo fuere? :|
Vadite ad superos, transite ad inferos!
|: Ubi iam fuere. :|

Jäh erwacht´ ich. Glockenklar – tönt mir´s in den Ohren:
Heut´ sind´s rund siebzig Jahr´, seit du wardst geboren.
Bald schon liegen hinter dir der Semester hundert! –
Hell rieb ich die Augen mir, summte still verwundert:
|: Vita nostra brevis est, brevi finietur :|
venit mors velociter, rapit nos atrociter,
|: nemini parcetur. :|

Schnell vom Lager sprang ich auf, rief: Mir hat das Leben
viel in seinem kurzen Lauf, Leid und Lust, gegeben.
Sei vergessen, was gedrückt mich mit Sorg´ und Plage,
heut´ ein Hoch dem, was beglückt´ meine jungen Tage:
|: Vivat academia, vivant professores :|
vivat membrum quodlibet vivant membra quaelibet
|: semper sint in flore! :|

Gold´ne Burschenzeit entflog, schnell – daß Gott erbarme! –
Ledern Philisterium zog mich in dürre Arme.
Doch philistern lernt´ ich nicht, hoch, auf gold´nen Schwingen,
trug mich Lieb´ zum Himmelslicht, jubelnd durft´ ich singen:
|: Vivant omnes virgines faciles formosae :|
vivant et mulieres, tenerae amabiles
|: bonae laboriosae! :|

Weib und Kinder an der Hand, freut´ ich mich des Lebens,
nützlich sein dem Vaterland ward das Ziel des Strebens.
Konnte sich´s zum Paradies auch nicht ganz gestalten,
Treue, die ich ihm erwies, hat´s mir doch gehalten.
|: Vivat et res publica, et qui illam regit! :|
Vivat nostra civitas, maecenatum caritas,
|: quae nos hic protegit! :|

Im latein´schen Liede sang heut´ ich alter Knabe
meines Lebens ganzen Gang von der Wieg´ zum Grabe;
komme, wann du willst, Freund Hein, mich zur Ruh´ zu bringen;
doch, wie einst als Füchselein, will der Greis noch singen:
|: Pereat tristitia, pereant osores, :|
pereat diabolus, quivis antiburschius
|: atque irrisores! :|

CATO DER ÄLTERE
ÜBER DAS GREISENALTER

Noch ist der vierte Grund übrig, der unser Alter am meisten in Bekümmernis und Angst hält, die Annäherung des Todes, der wohl vom Greisenalter nicht weit entfernt sein kann. O wie beklagenswert ist der Greis, der in einem so langen Leben nicht einsehen gelernt hat, dass man den Tod nicht zu achten hat. Entweder haben wir den Tod mit Gleichgültigkeit zu betrachten, wenn er das Leben der Seele ganz auslöscht; oder er ist sogar wünschenswert, wenn er sie zu einem ewigen Leben führt. Ein dritter Fall lässt sich doch wohl nicht finden.

Was soll ich also fürchten, wenn ich nach dem Tod entweder nicht unglücklich oder sogar noch glückselig sein werde? Und doch — wer ist so töricht, mit Gewissheit sich zu überreden, dass er, wenn auch noch so jung, bis zum Abend leben werde? Ja, dieses Jugendalter ist noch mehr Todesgefahren ausgesetzt als das Greisenalter. Junge Leute erkranken leichter, sie liegen gefährlicher danieder. Ihre Behandlung ist mit verdrießlicherer Mühe verbunden. Daher kommt es, dass nur wenige ein hohes Alter erreichen; wäre dies nicht der Fall, so würde man sein Leben besser und vernünftiger einrichten.

Verstand, Einsicht und kluger Rat sind bei den Greisen; und hätte es keine Greise gegeben, so gäbe es auch keine staatlichen Gemeinschaften. Doch ich komme auf den bevorstehenden Tod zurück. Wie kann man daraus, dass der Tod dem Alter droht, diesem einen Vorwurf machen? Denn dieser träfe, wie ihr seht, auch das Jugendalter!

Ich habe an meinem trefflichen Sohn, du, Scipio, an deinen Brüdern, die zu der Erwartung, die höchsten Ehrenstellen einzunehmen, schon berechtigten, die Erfahrung gemacht, dass der Tod jedem Lebensalter gemeinsam ist. „Der Jüngling hat aber doch die Hoffnung auf ein langes Leben, die dem Greis nicht zu Teil werden kann." Seine Hoffnung wäre unvernünftig; denn es gibt keine größere Torheit, als wenn man das Ungewisse für gewiss, das Falsche für wahr hält. „Der Greis hat in diesem Fall gar keinen Grund zur Hoffnung." Aber er ist um so viel besser daran als der Jüngling, weil er das, was dieser noch hofft, schon erreicht hat. Der Jüngling wünscht, lange zu leben, der Greis hat schon lange gelebt.

Indes, ihr guten Götter, was heißt denn lange im menschlichen Leben? Denn man setze auch das äußerste Lebensziel; lasst uns selbst das Alter des Königs von Tartessus in Rechnung stellen: es war nämlich, wie ich geschrieben finde, zu Gades ein gewisser Arganthonius, der achtzig Jahre regierte und hundertundzwanzig Jahre lebte. Aber mir kommt nichts lange vor, was irgendein bestimmtes Ziel hat. Denn wenn das Ziel da ist, ist das Vergangene schon verflossen. Nur das bleibt als Gewinn übrig, was man sich durch Tugend und edle Handlungen erworben hat. Stunden, Tage, Monate, Jahre schwinden dahin, und die Vergangenheit kehrt nie wieder; und was folgen wird, kann man nicht wissen; und jeder muss sich mit dem Zeitteil begnügen, der ihm zum Leben vergönnt ist.

Denn so wenig ein Schauspieler, um zu gefallen, ein ganzes Stück durchzuspielen braucht, wenn er nur, in welchem Akt er auch auftritt, sich Beifall erwirbt, ebenso wenig braucht ein Weiser auszuleben, um das verdiente Lob zu ernten.

Eine kurze Lebenszeit ist lang genug, um sittlich gut zu leben. Wenn man aber einen längeren Lebensweg zurückgelegt haben sollte, so hat man dies ebenso wenig zu bedauern, wie es der Landmann bedauert, wenn die liebliche Frühlingszeit vergangen ist und nun der Sommer und Herbst kommt. Der Frühling ist gleichsam ein Bild der Jugend und weist uns auf die zu erwartenden Früchte; die übrigen Jahreszeiten sind zum Einsammeln und Genuss der Früchte geeignet.

Die Frucht des Greisenalters aber besteht, wie ich schon oft bemerkt habe, in der Erinnerung und im reichen Besitz früher erworbener Güter. Als ein Gut muss man aber alles betrachten, was naturgemäß erfolgt. Was ist aber dem Lauf der Natur angemessener als die Erfahrung, dass Griese sterben? Dies widerfährt ja doch auch jungen Leuten, selbst gegen den Widerstand der sich sträubenden Natur.

Der Tod junger Leute kommt mir gerade vor, wie wenn die Wut der Flamme mit einem Schwall von Wasser gedämpft wird; der Tod alter Leute aber, wie ein Feuer, das sich von selbst, ohne Anwendung äußerer Gewalt, verzehrt und erlischt. So wie ferner das Obst, wenn es noch unreif ist, nur mit Gewalt von den Bäumen abgerissen wird, wenn es aber zeitig und durch die Sonne gereift ist, abfällt, ebenso nimmt jungen Leuten die Gewalt, alten die Reife das Leben. Und diese Zeit der Reife ist mir so angenehm, dass ich, je näher ich dem Tod rücke, gleichsam Land zu sehen glaube, wo ich nach langer Fahrt endlich einmal in den Hafen einlaufen kann. Jedes Lebensalter hat seine bestimmte Grenze, nur das Greisenalter nicht; und man lebt in ihm so lange glücklich, als man seine berufsmäßige Tätigkeit noch üben und behaupten kann, ohne dabei Furcht vor dem Tod zu haben. Daher kommt es, dass das Greisenalter mehr Herz und Mut hat als die Jugend. Dies ist der Sinn der Antwort Solons, die er dem Tyrannen Peisistratos gab. Als dieser ihn fragte, worauf er denn bei dem kühnen Widerstand, den er ihm leiste, sein Vertrauen und seine Hoffnung setze, gab er zur Antwort: „Auf das Alter." – Das ist das beste Lebensende, wenn bei ungeschwächten Geisteskräften und gesunden Sinnen dieselbe Natur ihr Werk auflöst, die es zusammengefügt hat.

Denn so wie der Baumeister das Schiff oder das Haus, das er gebaut hat, am leichtesten wieder niederreißen kann, so kann auch die Natur den Menschen, den sie zusammengesetzt, am besten wieder auflösen. Nun aber lässt sich alles, was frisch zusammengefügt ist, mit Mühe, was schon alt ist, leicht trennen. Daraus folgt, dass die Greise es nicht nötig haben, sich nach einem kurzen Lebensrest gierig zu sehnen oder ihn ohne Ursache aufzugeben.[20]

---

[20] Ausschnitt aus Cato maior (* 234, † 149 v. Chr.): *De senectute*

BÄRBEL SCHWERTFEGER
EIN INTERVIEW MIT SERGE K. D. SULZ

Frage: Herr Sulz, Sie raten uns, schon mit 50 an die Zeit nach dem Berufsausstieg zu denken. Ist das nicht etwas früh?

Sulz: Nein. Mit 50 ist das Jungsein endgültig zu Ende. Da wird einfach eine Grenze überschritten.

Frage: So mancher Manager ist da gerade erst auf dem Höhepunkt seiner Macht.

Sulz: Das kann durchaus sein. Aber er ist eben keine Frischware mehr und sollte daher nicht so tun, als ob er noch locker 15 Jahre Zeit hätte, um die Weichen für sein Alter zu stellen. Manches davon braucht eine lange Anlaufzeit.

Frage: Zum Beispiel?

Sulz: Wer bisher Raubbau mit seinem Körper getrieben hat und unter Bluthochdruck oder Übergewicht leidet, der muss dringend handeln, wenn er einen gesunden Alterungsprozess erleben will. Andere betreiben exzessiv Sportarten, die einen hohen Verschleiß mit sich bringen. Sie sollten sich ernsthaft fragen, wie lange das noch gut geht. Es nützt mir doch nichts, wenn ich weiter Marathon laufe, aber mit 65 kaputte Knie habe. Ab 50 braucht der Körper andere Arten von Bewegung.

Frage: Aber zumindest geistig ist man mit 50 doch noch fit.

Sulz: Die kognitiven Fähigkeiten erreichen sogar erst im Alter von 50 bis 60 Jahren ihren Höhepunkt. Aber das Gehirn reagiert langsamer, erfasst weniger Dinge gleichzeitig und braucht eine längere Erholungszeit. War es früher kein Problem, auf drei Dinge zugleich rechtzeitig zu reagieren, bekommt man im Alter nicht mehr alles so gut mit. Manche Hirnfunktionen müssen wir daher anders kompensieren, indem wir uns zum Beispiel auf gute Mitarbeiter oder Kollegen verlassen oder die Komplexität verringern und weniger Themen auf die Agenda einer Besprechung setzen. Die Gleichzeitigkeit sollte mehr zu einem Hintereinander werden. Das wird in der heutigen Medienwelt natürlich immer schwieriger.

Frage: Aber können wir das nicht mit Erfahrung ausgleichen?

Sulz: Erfahrung ist zwar ein Plus, aber sie ist nicht mehr so punktgenau verfügbar. Der Überblick geht nicht verloren, aber die Details. Und gerade die braucht man bei komplexen Entscheidungsprozessen. Auch die Stresstoleranz sinkt allmählich. Das passiert schleichend. Viele nehmen es nicht wahr. Aber ich muss einfach erkennen, dass meine körperlichen und psychischen Ressourcen nicht mehr hundertprozentig einsetzbar sind und in kleinen Schritten Korrekturen durchführen.

Frage: Wie soll das gehen? Auch mit 50 wird doch heute volle Leistung verlangt.

Sulz: Wenn Sie es geschickt anstellen, wird Sie niemand davon abhalten, von hundert auf achtzig Prozent herunterzufahren. Denn oft tut die neue Einstellung so gut, dass Sie so sogar leistungsfähiger werden, wenn Sie einen Gang herunterschalten und sich nicht mehr ständig übermäßig anstrengen. Doch leider sind viele darauf programmiert, immer die maximale Leistung zu erbringen.

Frage: Viele Ältere leiden darunter, wenn ihre Meinung und ihr Wissen plötzlich nicht mehr so gefragt sind.

Sulz: Auch darüber muss ich mir frühzeitig klar werden und schauen, ob es noch etwas anderes gibt, damit ich mich auch ohne Job noch nützlich und wertvoll fühle. Ein bisschen Ehrenamt oder Hobby wird da nicht reichen. Das muss schon etwas wirklich Erfüllendes sein, und das erfordert eine längere Anlaufzeit.

Frage: Warum tun sich oft gerade Manager so schwer mit dem Aufhören?

Sulz: Wer im Beruf immer am Limit agiert hat, macht im Ruhestand oft genauso weiter – oder sogar noch hektischer. Da wird auf Teufel komm raus um die Welt gereist, nur um das eigene Alter nicht zu spüren. Andere mogeln sich mit Vortragsmarathons von einer Konferenz zur nächsten durch. Das kommt mir manchmal vor wie im Dschungelcamp. So wie C-Promis versuchen, sich dort wieder ins Gespräch zu bringen, nutzen pensionierte Professoren oder Manager ihre Vorträge. Aber auch das ist ein Stück Verleugnung der eigenen Lebensrealität.

Frage: Ist das nicht auch eine gute Möglichkeit, seine Netzwerke weiter zu pflegen?

Sulz: Wir müssen akzeptieren, dass unser berufliches und privates Netzwerk mit zunehmendem Alter immer kleiner wird. Dabei meine ich gelebte Freundschaften und keine Telefonbuch-Bekannten. Daher ist es wichtig, rechtzeitig Bilanz zu ziehen und sich ein neues oder erweitertes privates Netzwerk aufzubauen, und zwar eines, das das Berufsleben überdauert. Das passiert nicht von heute auf morgen, und ich muss einen Teil meiner Energie dafür verwenden. Aber dafür entstehen zwischen 50 und 60 häufig auch neue und belastbare Freundschaften.

Frage: Sie fordern eine ,Revolution der 50- bis 70-Jährigen'. Wie soll die aussehen?

Sulz: Die Alten haben die Klugheit und Erfahrung, die Kontakte, den Einfluss und das Geld, um etwas in der Gesellschaft zu verändern. Sie können ein Unternehmen, einen Verein oder eine Initiative gründen und sich so aktiv in die Gesellschaft einbringen. Wir können es uns als Gesellschaft nicht leisten, die Älteren aufs Abstellgleis zu schieben. Aber die müssen sich besser auf die neue Lebensphase vorbereiten.[21]

---

[21] Quelle des Interviews ist die Internetseite http://www.spiegel.de/karriere/berufsleben/senioren-im-beruf-wie-man-im-job-in-wuerde-altert-a-973119.html.
KarriereSPIEGEL stimmte der Veröffentlichung am 7.8.2014 per Email zu. Der Gesprächspartner Prof. Dr. Serge K. D. Sulz stimmte am 8.8.2014 ebenfalls per Email zu. Der Untertitel lautet: *Kann man in der Leistungsgesellschaft alt werden und den Job behalten?* Der Arzt Serge K. D. Sulz verrät, wie man sich den Möglichkeiten des eigenen Körpers anpasst – und zugleich den Ruhestand vorbereitet.

CLAUDIA KLINGER
EIN STÜCK AUTOBIOGRAFIE

Als ich um die dreißig war, dachte ich, mit 50plus sei man quasi scheintot und die geschlechtliche Liebe läge komplett außerhalb des persönlichen Horizonts. Meine Beziehungen waren eher Schlachtfelder als friedlich-lustvolle Inseln im Meer des stressigen Alltags. Wie ein lieber Freund es so treffend bezeichnete: Ich spielte das Papi-und-Mami-Spiel mit jedem Partner aufs Neue.

In diesem Spiel geht es um Macht und Anerkennung, um die Suche nach dem Eigenen im Kontrast zu dem, was der Partner will. Ohne darum zu wissen, wählte ich meine Geliebten ‚nach dem Bild des Vaters' – nur eben andersrum: ER sollte ganz anders sein, nicht so ein unberechenbarer Choleriker, der mich stets zu etwas zwingen will, das ich nicht mag, und mir gleichzeitig jede Anerkennung verweigert (um meinen Ehrgeiz anzustacheln, wie er mir in späteren Jahren mal sagte!).

Doch seltsam: Obwohl sie zunächst ‚ganz anders' wirkten, verstrickte ich mich mit ihnen in genau die Art Kampf, den ich mit meinem Vater geführt hatte. Stets hatte ich das Gefühl, sie wollten mich beschränken, unterdrücken, meine Freiheit einzäunen, wogegen ich mit aller Macht rebellierte – bis ich eines Tages merkte, dass dieser Kampf keine Sieger kennt. Wer gewinnt, hat ebenfalls verloren, nämlich das, was eine Liebesbeziehung eigentlich sein soll: ein Verhältnis, in dem ich nicht kämpfen muss, sondern angenommen werde, wie ich eben bin.

Wenn nur Leistung zählt

Genau dazu war ich jedoch nicht im Stande, denn ich wurde von Kindheit an von meinem Vater ‚auf Leistung getrimmt'. Geliebt werden, ohne dass ich dafür etwas leistete, hatte ich zwar von meiner Mutter erfahren, doch war sie mit dieser Liebe in der Familie machtlos und konnte uns Kinder nicht vor dem ‚Kampf mit dem

Vater' beschützen. Ihm gegenüber zählte nur, etwas zum ‚Vorzeigen' zu haben – er stand auf Geld, Status und Intelligenz, wobei er sich als kleiner Angestellter nach Ersterem immer nur sehnte und uns Kindern damit unwillentlich die Verachtung materieller Werte anerzog. Wir wurden also intelligent, aber nicht reich – und meine Männer versuchte ich zeitlebens, mit dem Intellekt zu beeindrucken. Wer durchblicken ließ, dass er mich z.B. wegen meines Körpers bzw. ‚als Frau' begehrte, der konnte sich meiner Verachtung sicher sein.

Und nicht einmal aus feministischen Gründen, wie mir heute klar ist, sondern weil ich mich nicht persönlich gemeint fühlte: Was konnte ich schon für mein Aussehen? Das hatte ich mir doch nicht redlich erarbeitet, es war keine LEISTUNG, mit 18 gut auszusehen! Ein hochkarätiges philosophisches Buch zu verstehen, war dagegen schwierig und anstrengend. Ich war stolz, wenn ich den Gedankengängen folgen konnte und wählte mir Partner, die sich über die Welt, wie sie ist und wie sie sein sollte, die Köpfe heiß reden konnten – und trat dann ‚in der Sache' gegen sie an!

Dass es nicht eben leicht war, aus solchen geistigen Landschaften in die ‚Niederungen' erotischen Tuns zu gelangen, liegt auf der Hand. Ich zeigte ihnen meine ‚männliche Seite', um ihnen als Frau zu gefallen, womit ich automatisch bei Männern landete, in deren Leben die Mutter eine große und mächtige Rolle gespielt hatte. In mir begegneten sie ihr wieder und mussten nun zeigen, dass sie nicht mehr der kleine, ohnmächtige Junge waren – das Papi-und-Mami-Spiel nahm seinen zerstörerischen Lauf. In jeder Beziehung aufs Neue.

Beziehung ohne Sex

Ende dreißig hatte ich die Nase voll davon. Die Krise in der Lebensmitte erwischte mich und kein Stein blieb auf dem anderen. ‚Liebestechnisch' tat ich mich mit einem sanften Philosophen zusammen, der mit der Welt nicht viel am Hut hatte und zum Kämpfen nicht im Stande war. Machtkampf war nicht angesagt, denn er wäre einfach abgehauen, wenn ich ihn mit meiner kämpferischen Seite belästigt hätte – also lernte ich erstmalig, mich zurück zu nehmen. Auf einmal war ich nicht mehr ,das Opfer', sondern Täterin, die sich drum kümmern musste, ihr Gegenüber vor der eigenen Mächtigkeit zu verschonen. Eine denkwürdige Erfahrung!!

1986 hatten wir uns kennen gelernt, 1991 zog ich mit ihm zusammen und bis Ende 2002 lebten wir miteinander ein Leben ohne Sex, denn auf dieser Ebene waren wir nicht füreinander geschaffen. Das hatten wir bereits im ersten Jahr bemerkt und gut geheißen – es war mein ganz persönlicher ,Klosteraufenthalt' in diesem Leben, der mir sehr viel gegeben hat. Wir lebten nebeneinander in unseren zwei Zimmern mit großer Küche und trafen uns zum Plaudern und Fernsehen. Wir hatten denselben Yogalehrer und gingen fast täglich spazieren – viele Jahre reichte mir das voll und ganz, wenn man mal von zwei drei kurzen Affären absieht, die es in dieser Zeit gab.

Geendet hat es ebenfalls auf einem Spaziergang. Wir kamen kaum mehr vorwärts, denn ich machte keine Vorschläge, in welche Richtung wir gehen sollten. Ja, ich versuchte sogar, hinter ihm zu laufen, was ihn schwer irritierte, denn normalerweise ging ich auf engen Wegen voran. Ohne greifbaren Grund waren wir auf einmal sehr aggressiv gestimmt: Ich hatte mich verändert, wollte mal folgen und nicht mehr führen. Damit konnte er nicht umgehen, unsere ,Rollen' stimmten nicht mehr friedlich und passgenau zusammen. Wir setzten uns auf eine Wiese, fanden kaum Worte für das, was mit uns geschah – doch wir beschlossen an diesem Tag im Sommer 2002, auseinander zu ziehen.

Angekommen

In den letzten Jahren ist mir dann aufgefallen, dass die Männer, die mir seitdem im Reich der Erotik etwas bedeuten, körperlich einem bestimmten Typ entsprechen: groß, stattlich, so dass ich zu ihnen aufsehen muss, wenn ich mit ihnen rede. Ha, genau diesen Typ hatte ich zuvor gemieden wie die Pest:

Keiner meiner früheren Beziehungspartner überragte meine 165 mehr als einen halben Kopf! Was für ein AHA-Erlebnis: Mein Vater war so GROSS gewesen, breitschultrig, massig – und in meinem Versuch, ihm zu entkommen, hatte ich alle Männer abgelehnt, denen ich nicht ‚auf gleicher Augenhöhe‘ gegenüber treten konnte. Ich hatte körperlich verwirklicht, wonach es mich geistig verlangte! Und gar nicht bemerkt, dass ich psychisch und geistig eben NICHT auf gleicher Augenhöhe agierte, sondern immer noch als das Mädchen, das um die Anerkennung des Vaters buhlt, bzw. immer erst beweisen muss, dass es ‚genauso gut‘ ist wie das männliche Gegenüber.

Dass dem nicht mehr so ist, manifestiert sich in der Tatsache, dass ich jetzt ‚auf große Männer stehe‘, die körperlich meinem Vater ähneln. Endlich lebe ich in Frieden mit meinen Liebsten und die Lust folgt den ursprünglichen Prägungen auf den ERSTEN Mann im Leben eines jeden Mädchens. Ich kann ebenso gut führen wie folgen und mich an beidem erfreuen, muss nicht mehr intellektuell glänzen und finde es normal, dass ‚Mann‘ mich liebt, wie ich bin: psychisch, geistig, und auch körperlich – sogar ohne dass ich mich darum bemühen müsste, jünger auszusehen. Prickelnde Erotik entsteht nicht im Fitness-Center oder beim Schönheitschirurgen, sie lässt sich nicht als Klamotte kaufen und auch nicht in Büchern anlesen. Wer mit sich selber glücklich ist und den Partner nicht als Bestätigung dringlich braucht, muss den ‚Geschlechterkampf‘ nicht mehr führen, sondern kann ihn SPIELEN und lustvoll inszenieren – in gewissen Stunden…[22]

---

[22] Quelle: http://www.claudia-klinger.de/digidiary/
Der Untertitel lautet: *Die Liebe und das Älterwerden*

BERIT UHLMANN
LEBENSZUFRIEDENHEIT IM ALTER

**Die meisten Menschen sind die meiste Zeit ihres Lebens
zufrieden. Kurz vor dem Tod kann sich das ändern.**

Müssen wir uns vor dem Alter fürchten? Keineswegs: Ein 75-Jähriger ist heute so zufrieden wie ein 45-Jähriger. Doch kurz vor dem Tod verlässt das Glück viele Menschen. Forscher rätseln noch über die Gründe.

Die Witwe hat etwas Wichtiges mitzuteilen: „Mit 90 Jahren hat sich mein Leben komplett verändert." Die Besucherin atmet tief ein, sie erwartet Klagen, die berechtigter kaum sein könnten: die kranke Hüfte der alten Frau, die Schmerzen, die vielen Treppen. Doch dann leuchten die blauen Augen in den unzähligen Lachfalten auf: „Ein Mann ist in mein Leben getreten: ein grundanständiger Herr!" Auch wenn das Leben längst nicht immer auf diese Weise überrascht – Glück ist im Alter verbreiteter, als die meisten jüngeren Menschen glauben. Aber warum eigentlich?

Psychologen stellen immer wieder fest, dass Einbußen, Einschränkungen und Entsagungen zum Trotz die Lebenszufriedenheit auch im Alter hoch ist und mitunter sogar noch steigt. Erst kürzlich ergab eine umfangreiche Befragung von mehr als 1000 betagteren US-Amerikanern, dass sie erstaunlich wenig an ihrem Leben auszusetzen hatten. „Selbst die, die mitten in den Abbauprozessen des Alters steckten, berichteten, dass sich ihre Lebensqualität verbessert hat", sagt Studienautor Dilip Jeste.

Auch deutsche Rentner können ihrem Leben viel Positives abgewinnen. Im Deutschen Alterssurvey werden seit 1996 regelmäßig mehrere Tausend Bundesbürger von einem Alter von 40 Jahren an befragt. Etwa 60 Prozent äußern dabei eine hohe Zufriedenheit. Wirklich unzufrieden sind nur maximal sieben Prozent. Das Ergebnis bleibt über die Generationen hinweg nahezu gleich: Ein 75-Jähriger fühlt sich heute etwa genauso wohl wie ein 40-Jähriger.

Wissenschaftler versuchen seit Jahren, dieses Paradox der Lebenszufriedenheit zu ergründen. Gewiss spielen gesellschaftliche Faktoren eine Rolle: „Eine gute materielle Sicherung und Bildung sorgen für eine hohe Lebenszufriedenheit im Alter", sagt der Psychologe Clemens Tesch-Römer, Leiter des Deutschen Zentrums für Altersfragen in Berlin, das den Alterssurvey erstellt. Auch das Lebensumfeld hat einen Einfluss: Wer Ärzte, pflegerische Hilfen und soziale Kontakte in seiner Nähe hat, altert zufriedener.

Doch der größte Einfluss liegt wohl in den schier unglaublichen Anpassungsleistungen des Menschen. Legendär geworden sind die Untersuchungen des US-Psychologen Philip Brickman, der Anfang der 1970er Jahre feststellte, dass sich die Empfindungen von Querschnittsgelähmten und Lottogewinnern nach einem kurzen Ausschlag ins Negative beziehungsweise Positive wieder an den vorherigen Zustand angleichen. „Veränderungen beeinflussen die Lebenszufriedenheit oftmals nur kurzfristig", sagt der Entwicklungspsychologe Denis Gerstorf von der Berliner Humboldt-Universität. Das Glücksgefühl hänge mehr von persönlichen Eigenschaften ab als von äußeren Faktoren.

Die Anpassungsleistung des Menschen ist enorm

Gerstorf hat die Daten des Sozio-ökonomischen Panels (SOEP), einer jährlichen Befragung von 12.000 Privathaushalten, über einen Zeitraum von 25 Jahren analysiert. Es zeigte sich, dass vorhersehbare Ereignisse eine geringere Wirkung haben als unerwartete. So ändert der Übergang ins Rentenalter erstaunlich wenig an der Lebenszufriedenheit. Negative Erlebnisse wirken stärker als positive: Die Hochzeit ist längst nicht so beglückend, wie der Verlust des Partners verheerend ist. Doch die meisten Lebensereignisse eint, dass die Zufriedenheit vieler Betroffener spätestens nach fünf Jahren wieder auf ihr ursprüngliches Level zurückkehrt. Psychologen nennen das Phänomen hedonistische Adaption. Es ist ein seelischer Schutzmechanismus, der wahrscheinlich auch dazu beiträgt, dass die Mehrheit der Menschen den Übergang zum Alter meistert.

Hinzu kommen aktive Anpassungsleistungen der Älteren: Vielen gelingt es, unrealistisch gewordenen Zielen zu entsagen, ohne allzu große Verluste zu empfinden. Sie richten ihren Blick stärker auf Fähigkeiten statt auf Einbußen. „Eine erfolgversprechende Strategie ist, die aktuelle Situation nicht mit früheren Lebensphasen, sondern mit der von Gleichaltrigen oder Älteren aus vergangenen Zeiten zu vergleichen", sagt Tesch-Römer.

Möglicherweise kommt den Älteren auch ihre stärkere Selektion der Kontakte zugute: Sie umgeben sich im Alter mit den Menschen, die ihnen Wohlbefinden verschaffen und reduzieren damit Konflikte, so Gerstorf.

Ist das Alter also das Arkadien des Lebens? Der Ort, wo Leistungsdruck, Konkurrenzgebaren, alltägliche Reibereien sich in Ruhe und Seligkeit auflösen? Clemens Tesch-Römer warnt: „Vorsicht vor zu viel Altersoptimismus." Längst nicht jeder Deutsche ist am Ende des Lebens rundum glücklich.

So steigt die Rate der Suizide dem Statistischen Bundesamt zufolge etwa ab dem Rentenalter drastisch an. Während sich unter den 50- bis 65-Jährigen etwa 20 von 100.000 Personen selbst töten, sind es unter den 70- bis 75-Jährigen bereits fast 30, unter den 75- bis 80 Jährigen 40 und unter den über 90-Jährigen sogar 70 von 100.000. Der Deutsche Alterssurvey kommt wohl zu einem positiveren Bild, weil hier nur Menschen in Privathaushalten befragt werden. Es geben also die Senioren Auskunft, die noch in ihren eigenen vier Wänden wohnen. Studien, die den Schwerpunkt auf sehr alte und stark pflegebedürftige Menschen legen, kommen zu anderen Ergebnissen.

So auch die Berliner Altersstudie, eine Langzeitbeobachtung, die vor allem die Ältesten im Fokus hat. Denis Gerstorf und Kollegen haben die Daten von über 400 Menschen analysiert, die während des Beobachtungszeitraums von zwölf Jahren verstorben waren. Sie stellten fest, dass die Kurve der Lebenszufriedenheit etwa vier Jahre vor dem Tod abknickt und dann unbarmherzig nach unten zeigt. Das langsame Abgleiten ins Unglück trifft Männer wie Frauen, Arme wie Reiche. Entscheidend ist zudem weniger das Alter der Untersuchten, sondern die Nähe des Todes. Auch die SOEP-Daten sowie amerikanische und britische Erhebungen zeigen die gleiche Korrelation: Etwa drei bis fünf Jahre vor dem Tod sinkt die Lebenszufriedenheit rapide.

Wie kommt es zum Knick im Lebensglück?
Diese relativ neuen Erkenntnisse stellen Forscher wiederum vor Rätsel. Bei diesem Zusammenhang von Todesnähe und beginnendem Gram sind Ursache und Wirkung nur schwer zu unterscheiden. Sind kurz vor dem Tod Verluste, Einbußen und vielleicht sogar kognitive Abbauprozesse so groß, dass die Anpassung erlahmt oder an ihre Grenzen stößt? Versagen irgendwann die psychischen Regulationsmechanismen, sodass es Menschen nicht mehr gelingt, ihrem Leben positive Aspekte abzugewinnen und die Unzufriedenheit Oberhand gewinnt? Oder spielt auch der umgekehrte Mechanismus eine Rolle? „Denkbar ist auch, dass ein nachlassendes Wohlbefinden das Verhalten und sogar die Gesundheit negativ beeinflusst und so das Sterberisiko erhöht", sagt Gerstorf. Man weiß

beispielsweise, dass sich pessimistische Patienten nach einem Herzinfarkt schlechter erholen als optimistische.

Damit bleibt auch ungeklärt, ob dieser Knick in der Lebenszufriedenheit vermieden oder wenigstens abgemildert werden kann. „Negative Ereignisse haben stärkere Auswirkungen auf das Wohlbefinden als positive. Möglicherweise kann bessere psychologische Betreuung bei schweren Verlusten einiges abfangen", sagt Gerstorf.

Doch letztlich bleiben viele Fragen über das hohe Alter offen, vielleicht auch, weil sich die Gesellschaft mit dem Ende des Lebens nicht wirklich auseinandersetzt. Andreas Kruse, Direktor des Instituts für Gerontologie der Universität Heidelberg, bedauert dies: „Das Thema Alter gehört eigentlich schon in die Schulen, in den Biologie-, Ethik- oder Philosophieunterricht." Er hält es für möglich, das Älterwerden ein Stück weit zu lernen. „Das Fundament für das Alter wird in früheren Lebensjahren gelegt. Wie gut es gelingt, hängt von den finanziellen, praktischen, geistigen und emotionalen Ressourcen ab."

Doch abgesehen von der monetären Altersvorsorge verschwenden jüngere Menschen wenig Gedanken an den späten Lebensabschnitt. Und so bleiben auch die Kräfte, die alte Menschen zumindest über einen langen Zeitraum haben, oft ungenutzt. „Alter heißt nicht nur versorgt zu werden. Alte Menschen können sehr oft auch hervorragend für andere sorgen: durch Erfahrungen und Wissen, durch seelische Stärke und Gelassenheit", sagt Kruse. Leider werde dies viel zu häufig übersehen.[23]

---

[23] Mit dem Datum 7. Februar 2013 gefunden im Internet unter der Adresse http://www.sueddeutsche.de/gesundheit/lebenszufriedenheit-im-alter-das-glueck-der-spaeten-jahre-1.1593544. Ergänzung des Titels im Original: *Das Glück der späten Jahre.*

GILGAMESCH-EPOS
GEHEIMNIS DER UNSTERBLICHKEIT (AUSSCHNITTE)

„Der mit mir durch alle Beschwernisse zog,
Gedenke an alles, was ich durchwanderte all die Jahre!
Mein Freund sah einen Traum, der Ungutes weissagt."
Der Tag, da den Traum er sah, war zu Ende.
Da liegt nun Enkidu einen Tag, einen zweiten Tag;
Es sitzt der Tod in Enkidus Schlafgemach.
Einen dritten Tag und einen vierten Tag
Sitzt der Tod in Enkidus Schlafgemach,
Einen fünften, sechsten und siebenten,
Einen achten, neunten und zehnten.
Enkidus Krankheit wird schlimmer und schlimmer.
Einen elften und zwölften Tag liegt er da,
Enkidu liegt auf dem Lager des Todes.
Da rief er Gilgamesch und sprach zu ihm:
„Mich hat, mein Freund, verwünscht eine böse Verwünschung!
Nicht wie jemand mitten im Streite fällt, sterb´ ich,
Mich schreckte die Schlacht, so sterb´ ich ruhmlos.
Mein Freund, wer da fällt in der Schlacht, ist glücklich,
Ich aber dulde Schmach im Sterben."
…………………

Die Schenkin sprach zu ihm, zu Gilgamesch:
„Gilgamesch, wohin läufst du?
Das Leben, das du suchst, wirst du sicher nicht finden!
Als die Götter die Menschheit erschufen,
Teilten den Tod sie der Menschheit zu,
Nahmen das Leben für sich in die Hand.
Du, Gilgamesch – dein Bauch sei voll,
Ergötzen magst du dich Tag und Nacht!
Feiere täglich ein Freudenfest!
Tanz und spiel bei Tag und Nacht!

Deine Kleidung sei rein, gewaschen dein Haupt,
Mit Wasser sollst du gebadet sein!
Schau den Kleinen an deiner Hand,
Die Gattin freu´ sich auf deinem Schoß!
Solcher Art ist das Werk der Menschen!"
[einige Verse fehlen]
Gilgamesch sprach zu ihr, zur Schenkin:
„Nun, Schenkin, wie ist der Weg zu Utnapischtim?
Was ist sein Merkmal? Gib mir, ja gib mir sein Merkmal!
Wenn´s möglich ist, will ich das Meer überqueren,
Wenn´s unmöglich ist, durch die Steppe laufen!"
………………

Es nahm ihn Urschanabi, bracht´ ihn zum Waschort,
Er wusch mit Wasser seinen Schmutz – wie Schnee!
Seine Felle warf er ab, daß das Meer sie entführte,
Sein schöner Leib wurde überspült.
Seines Hauptes Binde wurde erneuert,
Ein Gewand zog er an, das seiner Würde gemäß war.
Bis daß er komme zu seiner Stadt,
Bis daß er gelange auf seinen Weg,
Sollt´ es nicht grau werden, neu sollt´ es bleiben, neu!
Gilgamesch und Urschanabi stiegen ins Schiff,
Das Schiff setzten sie ein, und sie fuhren dahin.
Seine Gattin sprach zu ihm, zum fernen Utnapischtim:
„Gilgamesch kam, hat sich abgemüht, abgeschleppt –
Was solltest du ihm geben, daß er kehrt in die Heimat?"
Er aber, Gilgamesch, hob die Schiffsstange,
Brachte das Schiff ans Ufer heran.
Utnapischtim sprach zu ihm, zu Gilgamesch:
„Du, Gilgamesch, kamst, hast dich abgemüht, abgeschleppt –
Was soll ich dir geben, daß du kehrst in die Heimat?
Ein Verborgenes, Gilgamesch, will ich dir enthüllen,
Und ein Unbekanntes will ich dir sagen:

Es ist ein Gewächs, dem Stechdorn ähnlich,
Wie die Rose sticht dich sein Dorn in die Hand.
Wenn dies Gewächs deine Hände erlangen,
Findest du das Leben!"
Kaum hatte Gilgamesch dieses gehört, grub er einen Schacht.
Da band er schwere Steine an die Füße,
Und als zum Apsû sie ihn niederzogen,
Da nahm er´s Gewächs, ob´s auch stach in die Hand,
Schnitt ab von den Füßen die schweren Steine,
Daß ihn die Flut ans Ufer warf.
Gilgamesch sprach zu ihm, zum Schiffer Urschanabi:
„Urschanabi, dies Gewächs ist das Gewächs gegen die Unruhe,
Durch welches der Mensch sein Leben erlangt!
Ich will´s bringen nach Uruk-Gart, es dort zu essen geben und
dadurch das Gewächs erproben!
Sein Name ist ‚Jung wird der Mensch als Greis‘;
Ich will davon essen, daß mir wiederkehre die Jugend." -
Nach zwanzig Doppelstunden nahmen sie einen Imbiss ein,
Nach dreißig Doppelstunden schickten sie sich zur Abendrast.
Da Gilgamesch einen Brunnen sah, dessen Wasser kalt war,
Stieg er hinunter, sich mit dem Wasser zu waschen.
Eine Schlange roch den Duft des Gewächses.
Verstohlen kam sie herauf und nahm das Gewächs;
Bei ihrer Rückkehr warf sie die Haut ab!
Zu der Frist setzte Gilgamesch weinend sich nieder,
Über sein Antlitz flossen die Tränen:
„Ach, rate mir doch, Schiffer Urschanabi!
Für wen, Urschanabi, mühten sich meine Arme?
Für wen verströmt mein Herzblut?
Nicht schafft´ ich Gutes mir selbst –
Für den Erdlöwen wirkte ich Gutes!
Jetzt steigt zwanzig Doppelstunden weit die Flut,
Und ich ließ, als den Schacht ich grub, das Werkzeug fallen!

Welches könnte ich finden, das an meine Seite ich legte?
Wäre ich doch zurückgewichen
und hätte das Schiff am Ufer gelassen!"[24]

**Gilgamesch auf einem Alabasterrelief
aus dem Palast Sargons II. in Chorsabad**

---

[24] Gilgamesch [„*Bilgamesch*" ~ „*Der Alte ist ein junger Mann*"] ist zu zwei Dritteln Gott und zu einem Drittel Mensch. Er ist ein sagenhafter König (2750 - 2600 v. Chr.) über den sumerischen Stadtstaat Uruk [in der Bibel als *Erech* bekannt, heute die Ruinenstätte *Warka* im Irak], um 3000 v.Chr. Zentrum der sumerischen Kultur.
Über viele Stationen des Jenseits unternimmt Gilgamesch eine beschwerliche Reise zum Weisen Utnapischtim am Ende der Welt (Insel Tilmun weit im Osten/Bahrein-Inseln?); von ihm will er das Geheimnis der Unsterblichkeit erfahren, welche dieser als Geschenk für seine Unterwerfung von den Göttern erhalten hat.
Das Epos ist u.a. von Prof. Dr. Albert Schott übersetzt und in das von ihm vermutete Versmaß gesetzt worden. Hier ist ein Ausschnitt wiedergegeben.

N.N.
Das Altern des Mannes

Vorne grau und hinten kahl,
Ach, die Jugend war einmal.
Aber was nutzt denn das Gewimmer,
Es kommt ja noch viel schlimmer:
Haare wachsen aus den Ohren,
Der Geruchsinn geht verloren
Und du hast damit zu kämpfen,
Den Nasensaft zu dämpfen,

Der sich an der Spitze sammelt
Und als Tropfen runterbammelt.
Flach und schmal liegt die Pupille
Trotz der scharf geschliff'nen Brille.
Deine Zähne werden lose,
Denn du hast Paradontose.
Schmerzhaft, wie sie einst gekommen
Werden sie jetzt dir genommen.

Und das künstliche Gebiss
Ist sehr oft ein Hindernis.
Im Profile wirst du kläglich,
Denn der Bauchumfang wächst täglich,
Und der kleine Nabelfleck
Liegt ganz tief und ist voll Dreck.
Weiter südlich von dem Nabel
Bist du auch nicht mehr passabel.

Unten wird der Bauch schon faltig,
Der Urin wird zuckerhaltig.
Der Popo, einst prall und rund
Leidet stark an Muskelschwund.

Selbst des Mastdarms welke Falten
Können kaum den Stuhlgang halten.
Wenn dir mal ein Wind entfleucht,
wird dir meist das Hemde feucht.

Mächtig stören deinen Frieden
Walnussgroße Hämorrhoiden.
Und die alte, einst so gute,
So genannte ‚Wünschelrute'
Hängt als wesenloser Schlauch
Unterm faltenreichen Bauch.
Ihre Schwellung hat sich nach oben,
Zur Prostata hin verschoben

Und ist an dieser Stelle
Keine reine Freudenquelle.
Weiter unten, um es noch zu schildern,
Fehlt es nicht an bunten Bildern:
Von den Knien bis zu den Haxen
Sind Krampfadern dir gewachsen.
Borsten hast du an den Waden,
Die auch deiner Schönheit schaden.

Und die holde Weiblichkeit
Wittert das und weiß Bescheid.
Schmunzelnd kommt sie zu dem Schluss:
„Der ist sittsam, weil er muss."
Und da sagt so ´n treuer Alter:
„Bin ich nicht rüstig für mein Alter?"
Wer es weiß, was ihm noch droht,
Schießt sich vorher lieber selber tot.

ALBERT TRAEGER
EIN LIED AUS ALTER ZEIT

In regungslosem Sinnen
Tief träumt die alte Frau,
Das Auge blickt nach innen,
Beglänzt von mildem Thau,
Was ihr die stille Stunde
So wunderbar geweiht,
Es ist von jungem Munde
Ein Lied aus alter Zeit.

Wie hat sie´s einst gesungen,
Wie hat sie´s einst gehört,
Es hat ihr Herz bezwungen,
Das lang´ sich stolz empört,
Und nun will es erneuen
Versunk´ne Tage ihr,
Das alte Lied vom treuen,
Vom tapfern Cavalier.

Der Tapfre ist gefallen,
Im Wind das Lied verweht,
Die Treue nur von Allen
Einsam auf Trümmern steht,
Da faßt des Liedes Mahnen
Ihr mächtig das Gemüth,
Ein todessel´ges Ahnen
In seinen Tönen blüht.

Die Züge sich verklären,
Das Herz ihr höher klopft,
In hellen Freudezähren
Ihr Sehnen niedertropft –
Doch die das Lied gesungen,
Theilt nicht der Alten Lust,
Leidvoll fühlt sich durchdrungen
Der Enkeltochter Brust.

Ob jetzt in vollen Rosen
Ihr Herz und Wangen steh´n,
Mit schmeichlerischem Kosen
Des Lenzes Düfte weh´n,
Wie lange mag es dauern,
Und all die Herrlichkeit
Ist mit wehmüth´gen Schauern
Ein Lied aus alter Zeit![25]

---

[25] Christian Gottfried Albert Traeger (1830-1912) schrieb unter anderem für die Zeitschriften *Die Gartenlaube* und das *Berliner Tageblatt*. Im Jahr 1911 erreichten seine bereits 1858 in Leipzig erstmals verlegten Gedichte die 18. Auflage.

Nach einem Ölgemälde von Scheurenberg:
Ein Lied aus alter Zeit[26]

---

[26] Joseph Scheurenberg (1846-1914) war ein deutscher Porträt-, Genre-
und Historienmaler.

BUNDESFAMILIENMINISTERIUM[27]
ALTERSBILDER IN DER GESELLSCHAFT

KATEGORIE FOTO (PROFI)
1. Platz (Profi) – *Ein Tag im Mai*, Timm Stütz

Woodstock lebt

Die Meinung der Jury: „Woodstock lebt: Hier liegen zwei im Gras, die zusammengehören. Das Bild ist aber kein plattes

---

Remake als Hommage an die wilden sechziger Jahre. Vielmehr zeigt es ein Paar, das damals dabei gewesen sein könnte. Man nimmt dem Foto den ‚Schnappschuss‘ ab.

Dafür stehen die beiden ‚angeschnittenen‘ Füße am oberen Bildrand – die Tatsache, dass sie nicht ‚abgeschnitten‘ sind, spricht dafür, wie wohlkalkuliert die Komposition ist.

Das Motiv ist ungestellt und wirkt damit einfach liebevoll. Amateur heißt ja im ursprünglichen Wortsinn übrigens ‚Liebhaber‘. Eine liebevolle Botschaft also über das Leben im Alter. Nur ein echter ‚Profi‘ kann so wunderbar naiv gucken wie ein kleines Kind. Wer wusste das besser als der greise Picasso?“

2. Platz (Profi) – *Verschmitzt*, Philipp Hebold

Das ist das Leben

Die Meinung der Jury: „Wie viele Porträts haben wir schon gesehen? Man schaue sich mal einen Kiosk an. Keine Illustrierte ohne einen Menschen, der Dich anblickt – anblicken soll. Tatsächlich bringen die wenigsten Fotos uns die abgebildete Person wirklich nahe.

Dieses Bild schafft es. Obwohl wir die alte Dame nicht kennen, ist sie uns sofort vertraut. Und sie ist uns ungemein sympathisch. Es scheint, als könne es nur dieses eine Bild von ihr geben. Das ist kein Model, das ist das Leben. Schön, wenn man – so – alt werden kann.“

3. Platz (Profi) – *Das Revival des Häkelbikinis*, Eva Swoboda

Drei Grazien unter sich

Die Meinung der Jury: „Frauen unter sich. Zwei, die schon viel gesehen haben im Leben – und eine, die noch alles vor sich hat. Die Szene zeigt eine vertraute Geschlechtergemeinschaft. Und sie stellt uns gewissermaßen den weiblichen Generationenvertrag im Sinne des Naturrechts vor.
Wer braucht in diesem Augenblick schon den Gender-Jargon oder ein Feminismus-Feigenblatt?
Diese drei Grazien sind unter sich ganz bei sich. Sehr sublim die Linienführung und die Farbbalance. Was auf den ersten Blick eher ungekonnt wirkt, erweist sich als souveräne Komposition im Stile Alter Meister. Allein: Die Bildauffassung ist zeitgemäß – und damit ‚forever young‘."

KATEGORIE FOTO (AMATEUR)
1. Platz (Amateur) – *Erinnert sie sich noch?*, Fritz Friesl

Höchstmaß an Authentizität

Die Meinung der Jury: „Ein Bild, das formal viele gängige Regeln verletzt. Aber gerade die ungekonnt wirkenden Anschnitte und optischen Störungen verleihen diesem Foto ein Höchstmaß an Authentizität. Besonders beeindruckt die extreme Farbwirkung, die den Duft der Blüten kongenial übersetzt. Die Synästhesie hypnotisiert den Betrachter. Sie zieht ihn hinein in die Darstellung und versetzt ihn in die Rolle der dargestellten Person. Alter wird so fühlbar und – positiv – erlebbar.

Dass die alte Dame wohl an Demenz erkrankt ist, wie der Kommentar des Autors angibt, gibt die Aufnahme nicht preis. Und es tut auch nichts zur Sache. Das ist die gute Nachricht dieses Werks."

2. Platz (Amateur) – *Im Atelier mit 84*, Astrid Brondke

Hier bin ich Mensch

Die Meinung der Jury: „Hier bin ich Mensch, hier will ich sein. Allein mit sich in seiner wohl ein Leben lang gehegten und gepflegten Werkstatt, geht der alte Mann ganz auf in der Hingabe an seine Aufgabe. Und gerade darum gibt er sich selbst in seinem hohen Alter nicht auf. Dieses Foto zeigt die konzentrierte Erfahrung, die den Beruf von der Berufung trennt. Und alle gestalterischen Aspekte der Lichtbildnerei unterstützen die Wirkung auf den Betrachter aufs Beste. Die Farben sind nur ganz nuanciert eingesetzt – und geben doch das ganze Spektrum wieder. Die Schärfentiefe bewegt sich auf einem schmalen Grat – aber gerade auf Messers Schneide scheidet sich das künstlerische Meisterwerk von einer nur technisch perfekten Aufnahme."

3. Platz (Amateur) – *Harmonie,* Andrea Aplowski

Das Geheimnis des Dialogs von Alt und Jung

Die Meinung der Jury: „Die Alte und der Junge. Ein Leben am Anfang des Erwachsenseins – und eins, das schon alles gesehen hat, was dazu gehört.
Es ist die Vertrautheit und der Respekt, mit dem sich hier zwei Menschen über drei Generationen hinweg begegnen. So kann sie aussehen – die Beziehung, mit der wir Traditionen wahren, Neues erfahren und Vergangenheit in Zukunft überführen. Durch die ästhetische Reduktion des Doppelporträts auf die reine Schwarzweißdarstellung entkommt das Bild dem Klischee und kommt dem Geheimnis des Dialogs von Alt und Jung auf die Spur."[28]

---

[28] Quelle: http://www.programm-altersbilder.de/aktionen/wettbewerb-was-heisst-schon-alt/wettbewerb-uebersicht/wettbewerb-praemierte-beitraege.html.

N.N.
ALTER MANN WOLLT REITEN

Alter Mann wollt´ reiten,
Hatte kein Pferd.
Alte Frau nahm Ziegenbock,
Setzt´ den alten Mann darob,
Lässt ihn reiten.

Alter Mann wollt´ reiten,
Hatte keine Peitsch´.
Alte Frau nahm Strumpfenband,
Gab es ihm in seine Hand,
Lässt ihn reiten.

Alter Mann wollt´ reiten,
Hatte kein´ Satt´l.
Alte Frau nahm Ziegelstein,
Klemmt ihn zwischen seine Bein´,
Lässt ihn reiten.

Alter Mann wollt´ reiten,
Hatte keinen Zaum.
Alte Frau nahm Hemdensaum,
Macht ihm einen Pferdezaum,
Lässt ihn reiten.

Alter Mann wollt´ reiten,
Hatte keine Stiefeln.
Alte Frau nahm Eimer an,
Stülpt sie über die Beine ´ran,
Lässt ihn reiten.

Alter Mann wollt´ reiten,
Hatte keine Spor´n.
Alte Frau nahm Rechenzähn,
Steckt ihm diese in die Been,
Lässt ihn reiten.

Alter Mann wollt´ reiten,
Hatte keinen Rock.
Alte Frau nahm Unterrock,
Schmiss ihn über seinen Kopf,
Lässt ihn reiten.

Alter Mann wollt´ reiten,
Hatte keinen Hut.
Alte Frau nahm Nachttopf,
Setzte ihn auf seinen Kopf,
Lässt ihn reiten.

ELVIRA TSCHAN
ERFOLGREICH ALTERN?

Paul Baltes, Entwicklungspsychologe und führender Gerontologe, hat das Schlagwort des „erfolgreichen Alterns" mitgeprägt.

Ihm selber war dies nicht vergönnt, er starb 2006 im Alter von nur 67 Jahren an einer langen, schweren Krebserkrankung. Im Folgenden eine kleine Auseinandersetzung mit den Gedanken von Baltes zum erfolgreichen Altern.[29]

Entwicklungspsychologie erforscht, wie sich der Mensch im Laufe seines Lebens psychologisch entwickelt. Paul Baltes ist es zu verdanken, dass sich die Entwicklungspsychologie auf die gesamte Lebensspanne ausdehnte. Vorher konzentrierte man sich vorwiegend auf die Entwicklungspsychologie des Kindes.

Seine wichtigste Studie ist die ‚Berliner Altersstudie'. Eine multidisziplinäre Umfrage, in der über 50 Mediziner, Psychologen, Soziologen und Ökonomen 516 Westberliner im Alter von 70 bis 100 Jahren befragten. Sie befragten sie hinsichtlich ihrer geistigen und körperlichen Gesundheit, ihrer intellektuellen Leistungsfähigkeit und psychischen Befindlichkeit sowie sozialen und ökonomischen Situation.

Ein 700-seitiges Standardwerk ist dabei herausgekommen und die Erkenntnis, dass das Alter so viele Gesichter hat, wie es alte Menschen gibt.

Fehlende Alterskultur

In der Menschheitsgeschichte ist das Alter eine junge Errungenschaft. Deshalb fehlt auch eine Kultur des Alters und Alterns. Bemühungen, die in diese Richtung gehen und dem

---

[29] Siehe hierzu auch den Artikel weiter vorn von Paul B. Baltes – Hoffnung mit Trauerflor

negativen Image vom Alter positive Altersbilder entgegensetzen, sind jedoch zunehmend auszumachen. Zu den verstaubten Altersbildern gehört die Ansicht, dass ältere Menschen vorwiegend in der Vergangenheit leben, einsamer und trauriger sind als jüngere.

Aber immer noch wahr ist, dass viele alte Menschen die gewonnenen Jahre vor allem negativ erlebten. Und – nach wie vor gibt der Jugendkult den Ton an.

Dies zeigt sich schon in der Sprache. Als Kompliment gilt: „Du siehst immer noch jugendlich aus!" – „Dir sieht man das Alter nicht an!" Auch Paul Baltes spricht von den „jungen Alten" und meint damit das 3. Lebensalter, das Alter zwischen 70 und 85 Jahren!

Weniger ist mehr

Wenn Paul Baltes vom „erfolgreichen Altern" spricht, so meint er die jungen Alten und damit die 70 bis 85-Jährigen. Die Jahre zwischen 70 und 85 bieten gemäß der ‚Berliner Altersstudie' beinahe unbegrenzte Entfaltungsmöglichkeiten für das Individuum. Doch diese müssen die „jungen Alten" von heute erst noch entdecken. Die Strategien des guten Älterwerdens liegen – so findet Baltes – in der Anwendung von selektiver Optimierung mit Kompensation (SOK). Die Anwendung von SOK ist, wenn wir:

• von den vorhandenen Lebensmöglichkeiten diejenigen auswählen, welche wir verwirklichen wollen = Selektion;
• geeignete Mittel suchen, um das Gewählte möglichst gut zu tun = Optimierung;
• auf den Wegfall von Mitteln flexibel reagieren und neue Wege suchen, um unseren Zielen näherzukommen = Kompensation.

„Sich auf wenige Ziele zu beschränken, diese aber sehr energisch zu verfolgen und dabei nach geeigneten inneren und äußeren Ressourcen der Kompensation zu suchen – das ist die Kunst des guten Älterwerdens." (Baltes im GEO-Magazin Nr. 08/02)

Als Beispiel dafür wird der Pianist Rubinstein zitiert. Um noch als 80-Jähriger ein guter Konzertpianist sein zu können, wählte er Strategien, die dem SOK-Prinzip entsprechen. Er verringerte sein Repertoire (= Selektion) und übte seine Stücke mehr als früher (= Optimierung). Weil er die ausgewählten Stücke nicht mehr so schnell wie früher spielen konnte, griff er zu einem Kunstgriff und verlangsamte sein Tempo vor besonders schnellen Passagen (= Kompensation). Im Kontrast zu den langsameren Teilen erschienen diese Passagen dann wieder ausreichend schnell.

Die Einbußen beim Älterwerden und die Unfertigkeiten flexibel einzuordnen und entwicklungsfördernd zu deuten, ermöglichen das erfolgreiche Altern bzw. das gelingende Leben. Möchte der Bauer im Mittelland erfolgreich altern, so würde dies bedeuten, dass er seine Felder bestellt, bis seine Kräfte nachlassen. Idealerweise übergibt er dann das Bestellen der Felder seinen Nachkommen und konzentriert sich selber auf die Gartenarbeit. Mit fortschreitendem Alter wird ihm vielleicht auch dies zu anstrengend, und er macht schließlich die Blumenfenster zum Zentrum seines Alltags und seiner Freude. Was sich in der Theorie so leicht schreiben lässt, ist im gelebten Leben mit schmerzhaften Prozessen verbunden. Mit Prozessen des Loslassens und Neufindens, und diese gelingen nicht auf Anhieb und auch nicht immer. Solche Prozesse werden nicht als „Stolpersteine des beginnenden Alters", sondern nicht selten als Mahlsteine des Lebens erlebt, welche die Lebensenergie zermahlen können – auch im „jungen Alter".

Kein lebenslanges Lernen

Solche Anpassungsprobleme werden von Paul Baltes jedoch erst nach dem 85. Lebensjahr geortet. Diesbezüglich packt ihn das Schaudern vor dem Alter. Er meint: „Sehr alt zu werden, ist kein Zuckerschlecken" und: „Gesundes und menschenwürdiges Altern hat seine Grenzen." Da komme „mehr Bürde als Würde" ins Leben. Denn Menschen ab dem 85. Lebensjahr müssen sich mehr mit körperlichen und kognitiven Beeinträchtigungen beschäftigen. Ein Altersoptimismus im 4. Alter, das heißt ab etwa 85 Jahren, sei ungerechtfertigt! Er, Baltes, habe – nicht ohne innere Widerstände – einsehen müssen, dass es kein lebenslanges Lernen bis zum Tod gebe. Körperliche und psychische Funktionen gerieten in hohen Jahren immer stärker und länger aus dem Tritt. Es bilde sich dann zunehmend eine Schere zwischen Lebenslänge und Lebensqualität. Nicht zuletzt wegen der Erfolge der modernen Medizin könne man im hohen Alter ohne Lebensqualität und voll auslebbarer Menschenwürde länger leben. Indikatoren des Wohlbefindens wie Lebenszufriedenheit, soziale Eingebettetheit, positive Lebenseinstellung und Alterszufriedenheit sinke mit der Hochaltrigkeit ab.

Qualität vor Quantität

Das Leitmotiv der Gerontologie ‚Den Jahren Leben geben, nicht dem Leben Jahre' sei im hohen Alter immer weniger umsetzbar, findet Baltes. Er spricht sich gegen Forschungen aus, welche auf Lebensverlängerung zielen, anstatt es zu verbessern. Wissenschaftliche Befunde zu den Entwicklungsgrenzen im sehr hohen Alter müssten akzeptiert werden, meint er. Die Forscher sollten sich eingestehen, dass weniger mehr sein könne. Es sei verantwortungsvoller und würdiger, innerhalb der jetzigen möglichen Lebenslänge ein besseres Altern zu ermöglichen. Dazu gehören für Baltes auch ein würdevoller Tod und die Freiheit, Einfluss darauf zu nehmen, wann und wie man stirbt. Paul Baltes: „Ich sehe das hohe Alter als das letzte Abenteuer des Lebens. Dieses

Abenteuer mit Würde durchstehen zu können, wird eine der größten Herausforderungen des 21. Jahrhunderts sein." Ja – das denke ich auch und zudem noch, dass dies nicht nur von jeder einzelnen betroffenen Person abhängig ist, sondern in der Art und Weise, wie dies getan wird, sich die Menschlichkeit unserer Gesellschaft zeigen wird.[30]

Ein fiktiver Ruhestandsplanet[31]

---

[30] Der Artikel erschien im Fachmagazin für Pflege und Betreuung NOVAcura 4 | 10. Elvira Tschan ist Aktivierungstherapeutin, Ausbilderin mit Lehr- und Beratungstätigkeit im Bereich Aktivierung und Alltagsgestaltung und Fachbuchautorin. Buchtipp der Autorin: „Das ehrlichste und interessanteste Buch, das ich über das Altsein gelesen habe und hier sehr gerne weiterempfehle ist: Vom Alter – De senectute des italienischen Philosophen Norberto Bobbio (geb. 1909 und gest. 2004)."
[31] Hinzugefügt vom Herausgeber

URSULA LEHR
GESELLSCHAFTEN WERDEN SICH VERÄNDERN, WENN SIE ALTERN

Viele Konsequenzen sind heute noch nicht ganz absehbar. In Deutschland werden bereits die Folgen einer alternden Gesellschaft im Hinblick auf die sozialen Sicherungssysteme (Alterssicherung, Krankenversicherung, Pflegeversicherung), die ökonomische Entwicklung, die Arbeitswelt, die Stadt- und Verkehrsentwicklung und das Bildungssystem kritisch diskutiert.

Auf die sozialen Sicherungssysteme in Deutschland wirkt sich das neue Verhältnis von Jung zu Alt direkt aus. Das deutsche Rentensystem beispielsweise basiert seit 1957 auf einer Umlagefinanzierung. Das bedeutet: Jede Generation bezahlt mit ihren Beiträgen nicht die eigene Altersversorgung, sondern die der Eltern und Großeltern. Schon jetzt finanzieren etwa zwei Einzahler einen Rentenempfänger.

Von 2015 an, wenn die geburtenstarken Jahrgänge in den Ruhestand gehen, wird sich dieses Verhältnis in Richtung 1:1 schieben. Die Politik hat deshalb bereits begonnen, das Renten-Niveau faktisch zu senken: Der so genannte Nachhaltigkeits-Faktor wurde eingeführt, der die jährliche Rentenanpassung dämpft. Zudem wird das Renteneintritts-Alter von jetzt 65 Jahren bis zum Jahr 2029 auf 67 Jahre steigen.

Wer früher in Rente geht oder gehen muss, erhält dadurch weniger Geld. Wollte man den Altenquotienten auf dem heutigen Niveau halten, müsste rein rechnerisch das Renteneintrittsalter bis 2050 auf nahezu 75 Jahre erhöht werden. Hinzu kommt, dass das eigentlich umlagefinanzierte Rentensystem schon heute zu rund 30 Prozent (2011: etwa 80 Milliarden Euro) auf Zuschüsse aus dem Staatshaushalt angewiesen, also mit Steuermitteln finanziert ist.

Auch das Arbeitsleben wird sich langfristig ändern. Ältere Arbeitskräfte werden wieder mehr gefragt sein, wenn nicht mehr genug jüngere dem Arbeitsmarkt zur Verfügung stehen. Aus Sicht der Altersforschung ist dies positiv zu bewerten, da Altern ein Gewinn sein, eine Zunahme von Kompetenzen und Potenzialen bedeuten kann. Je älter Menschen werden, umso weniger sagt die Anzahl der Jahre etwas über Fähigkeiten, Fertigkeiten, Verhaltens- und Erlebnisweisen. Die Funktionsfähigkeit verschiedener körperlicher und seelisch-geistiger Fähigkeiten (das *functional age*) ist nicht an ein chronologisches Alter gebunden, sondern von biologischen und sozialen Faktoren, die während eines ganzen Lebens einwirken, mitbestimmt.

Hier werden unter anderem Schulbildung, berufliches Training, Lebensstil und Reaktionen auf Belastungen ausschlaggebend. Von daher sind alle starren Altersgrenzen beim Eintritt in den Ruhestand zu hinterfragen, ein flexibles Renteneintritts-Alter wäre sinnvoll.

Stadtentwickler, Kommunen, Verkehrsbetriebe werden sich ebenfalls auf eine Gesellschaft mit einem höheren Anteil Älterer einstellen müssen. 75-Jährige sind noch längst nicht pflegebedürftig, aber gewisse Einschränkungen – in der Mobilität, in der Sensorik, in der Sensibilität – häufen sich. Konzepte der Stadtentwicklung, von der Verkehrsführung bis hin zu Sportstätten und Sportmöglichkeiten für Ältere, die Erreichbarkeit von Arztpraxen, Poststellen und Supermärkten sind zu überdenken.

Auch das Planen und Ausstatten von Häusern und Wohnungen wird sich durch den größeren Anteil Älterer mit ihren eigenen Anforderungen wandeln.

Veränderungen in der Pflege sind ebenfalls absehbar. Etwa ein Drittel der über 85-Jährigen ist heute pflegebedürftig. Was aber passiert, wenn der Anteil der über 85-Jährigen in der Bevölkerung steigt? Statistisch gesehen würde bei unveränderter Pflegehäufigkeit die Zahl der Pflegebedürftigen mit Leistungsanspruch schon bis zum Jahr 2020 um über ein Drittel, im Jahr 2030 um über die Hälfte steigen.

Doch bei derartigen Schätzungen ist Vorsicht geboten: Schon die Älteren von heute sind in einem höheren Alter viel gesünder und kompetenter, als es deren Eltern und Großeltern im gleichen Alter waren – und dieser Trend wird sich fortsetzen.

Dennoch werden hier Probleme zu lösen sein. Denn heute noch werden etwa 70 Prozent der Pflegebedürftigen in der Familie umsorgt. Doch Familienpflege hat ihre Grenzen, da der Anteil der Jüngeren in der Bevölkerung sinkt, da immer mehr Menschen ohne Kinder bleiben und Familien räumlich immer mehr auseinander reißen.

Gravierender noch als in Deutschland werden die Folgen des demografischen Wandels in den Schwellen- und Entwicklungsländern zu spüren sein.

Der Alterungsprozess der Bevölkerung läuft dort schneller ab als einst in den Industrienationen: Während es etwa in Frankreich 115 Jahren gedauert hat, bis der Anteil der über 60-Jährigen von 7 auf 14 Prozent angestiegen ist, wird Thailand für die gleiche Entwicklung (die vermutlich 2031 abgeschlossen sein wird) nur 20 Jahre brauchen.[32]

---

[32] Nachdruck und Weiterverwendung des Artikels, veröffentlicht vom Berlin-Institut für Bevölkerung und Entwicklung, ist unter Angabe der Quelle erlaubt: www.berlin-institut.org/online.../auswirkungen/alterung/ursula-lehr.html. Hier ist nur ein Ausschnitt wiedergegeben.

WILHELM BUSCH
ALTERSBALLADE

Das große Glück, noch klein zu sein,
sieht wohl der Mensch als Kind nicht ein,
und möchte, dass er ungefähr
schon 16 oder 17 wär.

Doch dann mit 18 denkt er: Halt,
wer über 20 ist, ist alt.
Kaum ist die 20 grad geschafft,
erscheint die dreißig greisenhaft.

Und an die 40, welche Wende
Die 50 gilt beinah als Ende.
Doch nach der 50, peu à peu,
schraubt man das Ende in die Höh´.

Die 60 scheint jetzt ganz passabel
Und erst die 70 miserabel.
Mit 70 aber hofft man still,
ich werde 80, so Gott will.

Wer dann die 80 überlebt,
zielsicher nach der 90 strebt.
Dort angelangt, zählt man geschwind,
die Leute, die noch älter sind.

Unterschrift Wilh. Busch

ELISABETH SCHÜLER
IM INTERVIEW

Frage[33]: Wahrscheinlich hast du dich sehr gewundert, mein liebes Schwesterherz, als ich dich kürzlich bat, einige Auskünfte über dein Verhältnis zum Altern schriftlich niederzulegen. Gewundert habe ich mich dann über deine recht kurzfristige Zusage, obgleich du mit deinem Geburtsjahr 1950 immerhin zwölf Jahre jünger bist als ich und dich daher noch weit entfernt von dem Stadium befindest, in dem ich mich schon seit einiger Zeit aufhalte. Hast du dir also schon einmal Gedanken über das Altern gemacht und gab es in der Vergangenheit ein bestimmtes Ereignis, das dich ganz besonders berührt hat?

Elisabeth Schüler:
Eigentlich habe ich mich mit dem Thema ‚Älterwerden' bis zum Zeitpunkt deiner Anfrage noch nicht wirklich befasst. Warum auch?
Die Alternative zum Älterwerden ist das Sterben und ich habe mich für ersteres entschieden. Richtig bewusst wird mir mein Alter einmal im Jahr, wenn ich den Auszug der Rentenrechnungsstelle mit der mir demnächst zustehenden Rente erhalte. Natürlich springe ich nicht mehr die Stufen im Hausflur herunter wie früher und beim Aufstieg nehme ich, im wahrsten Sinne des Wortes, das Geländer zur Hand. Aber was soll´s?
Unsere Mutter hat immer gesagt: „Es gibt Schlimmeres." Im Gegenteil, ich bin sehr froh, überhaupt schon so alt geworden zu sein und dankbar, dass die damalige Prognose, auf Grund meiner Kinderlähmung irgendwann im Rollstuhl zu landen, sich bis jetzt noch nicht bewahrheitet hat.

---

[33] Fragesteller ist der Herausgeber.

Es kommt auch immer darauf an, wie man mit dem Alter umgeht. Ich nehme mir durchaus die Freiheit heraus, etwas langsamer als früher sein zu dürfen, gestatte mir gelegentlich auch schon einmal Pausen und gehe manch einmal einfach einem meiner Hobbys nach, auch wenn daheim eigentlich gebügelt werden müsste.

Was soll´s? Seit kurzem gebe ich einen Sockenstrickkurs in einem neu eröffneten Geschäft ganz in der Nähe und meine älteste Schülerin ist immerhin eine 85jährige Dame. Es ist einfach wunderbar, dass ich ihr das vermitteln darf, und diese Kundin ist so stolz und glücklich, das noch lernen zu dürfen. Alter kann also auch noch schön sein, wie man an diesem Beispiel sieht.

Frage: Du gehörst ja zum Baujahr 1950 und daher steht bald dein 65. Geburtstag auf der Tagesordnung. Dann rollt also wohl auch bei dir der Rentenrubel. Hast du denn die Absicht, dieses Ereignis auch in größerer Runde zu feiern?

Aber zurück zu den Socken: Kannst du mir nicht auch ein Foto schicken, mit dem du ein schönes Ergebnis deiner Strickarbeiten zeigen kannst, so dass ich es hier veröffentlichen kann? Wenn ich es richtig in Erinnerung habe, werden von den Teilnehmern an deinem Strickkurs doch auch hin und wieder bestimmte Themen auf den Socken gewünscht.

Elisabeth Schüler:

Auch wenn der von dir so genannte Rentenrubel ab dem nächsten Jahr zu rollen beginnt, lässt sich davon sicherlich keine sonderlich große Geburtstagsfeier finanzieren. Aber du hast Recht, darüber nachgedacht habe ich schon deswegen, weil ich so gerne feiere, und am liebsten mit all denen, die mir besonders am Herzen liegen. Das sind aber sehr viele und damit erwächst mir ein ziemlich großes Problem, denn ich käme damit so auf 80 bis 90 Personen. Um alle Gäste zu bewirten, müsste ich noch viele Socken stricken und unendlich viel Zeit investieren.

Hiermit schicke ich dir gern drei Bilder von Socken, die ich schon angefertigt habe. Zurzeit ist die Anfrage nach MSV-Socken sehr groß, aber ich habe auch schon für einen BVB-Fan, der kürzlich stolzer Vater geworden ist, winzige Socken in den Vereinsfarben für seinen gerade geborenen Sohn gestrickt – und für den frisch gebackenen Papa war dann schließlich auch ein Paar Socken fällig. Lothar[34] wollte dann natürlich ebenfalls eine Babysocke – aber nur aus Anlass der Fußball-Weltmeisterschaft 2014 in Brasilien – in den Farben Schwarz/Rot/Gold für sein Auto.[35]

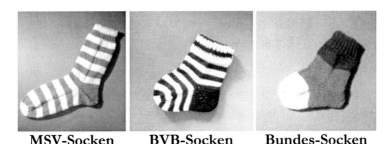

MSV-Socken   BVB-Socken   Bundes-Socken

Für den *Fadenzauber*, das ist das Geschäft, in dem ich den Strickkurs gebe, habe ich die Mutter-Kind-Socken für das Schaufenster gestrickt. Schau mal, du kannst dir etwas aussuchen.

Frage: Die drei oben gezeigten Socken reichen hier aus. Danke! Dient dein Socken-Stricken denn nicht auch der

---

[34] Lothar ist Elisabeths Mann.
[35] Hinter dem MSV (Blau-Weiß) verbirgt sich der Meidericher Spielverein Duisburg, dessen Vereinsfarben ebenfalls Blau-Weiß sind, und hinter dem BVB (Gelb-Schwarz) ist es der Ballspielverein Borussia Dortmund. Die Bundes-Socken (Schwarz-Rot-Gold) sprechen für sich.

neuen Chance, mit anderen Leuten ins Gespräch zu kommen? Ich frage dann noch einmal kritisch zurück zu deinem Satz: *Die Alternative zum Älterwerden ist das Sterben und ich habe mich für Ersteres entschieden.* Wie machst du das? Dieses Rezept würde ich gern einmal von dir erfahren!

Eines Tages schied Lothar ja aus dem Arbeitsleben aus und in der Folge hattest du es mit einem rüstigen Rentner zu tun, der deinen Alltag vielleicht etwas durcheinander wirbelte, um es ganz vorsichtig auszudrücken, auch wenn er sich oft auf sein Motorrad schwang und tagelang unterwegs war. War seine ungewohnte Nähe nicht auch ein zusätzlicher Grund für dich, mit einer außerhäuslichen Tätigkeit wie dem Stricken zu beginnen?

Elisabeth Schüler:

Das haben wir zwei wohl gemeinsam, sehr kommunikativ zu sein. Der Strickkurs hatte aber doch eher den Sinn, mein Wissen weiterzugeben. Ich hatte vorher auch noch nie die Aufgabe einer Kursleiterin und wollte diese Erfahrung einfach einmal ausprobieren. Schön war auch, dass mich Kundinnen angesprochen haben, ob ich die Chefin des Ladens sei. Chefin wäre auch etwas für mich, aber ich durfte ja damals nicht mit der Firma Josten weiter machen, obwohl ich alles im Griff hatte. Daher musste ich mich eben anderweitig austoben.

Zu der von dir erbetenen Alternative: Das ist mein Rezept und es kann auch nur für mich gelten mit meiner Begründung. Da musst du dir schon selbst eins ausdenken.

Zu meinem Rentner daheim: Langsam wollte ich mir damals schon lange vor dem Ereignis Gedanken darüber machen, was mit dem Alltag zu machen ist, wenn Lothar in Rente geht, aber bis dahin war ja noch so viel Zeit. Das dachte ich zumindest… bis er dann mit dem unerwarteten und überraschenden Vorschlag kam, in den vorzeitigen Ruhestand zu gehen – und dann musste alles hoppla hopp über die Bühne gebracht werden, ja quasi von heute auf morgen. Nun, ein Jahr lang habe ich mir das dann angesehen und die Idee im Kopf gehabt, dass ich ihn die ganze Zeit bespaßen müsste oder Vorschläge zu machen hätte, was tagtäglich neu zu unternehmen wäre.

Wie gesagt, das waren meine Gedanken, nicht seine. Dann habe ich ihm leider geraten, sich doch einen PC anzuschaffen und den Umgang damit zu erlernen, damit er beschäftigt war. Ein fataler Fehler! Er kam nicht mehr davon los, morgens, mittags, abends bis in die Nacht. Daraufhin habe ich mich spontan entschlossen, dass ich unter Menschen sein muss und mich auf eine Stelle beworben.

Das war 2011 und ich bin noch heute in dieser Firma. Also wenn du es ganz genau wissen willst: Ich habe eine prall gefüllte Woche, die mich Tag für Tag auf Trab hält: Montag Bruder Franz besuchen, Dienstag arbeiten, Mittwoch Strickkurs, Donnerstag arbeiten, Freitag schwimmen.

Zwei Schlusskommentare hätte ich noch. Deine Anmerkungen zu ‚meinem Rentner‘ hätten aber wohl besser in dein Buch *Liebe zwischen Freud und Leid* gepasst. Diese Chance hast du leider verpasst. Und die von mir zuletzt erwähnte Notiz hinsichtlich der Alternative zum Sterben war doch nur ein Scherz!

Natürlich liegt es nicht in meiner Hand, mich alternativ für das Älterwerden oder Sterben zu entscheiden, aber ich habe mit dem lieben Gott besprochen, dass ich noch ein bisschen für Maid[36] mitleben darf und das hat er mir schon 23 Jahre lang gegönnt.

Frage: „Schade, daß ihr nicht hier seid!" stand auf deiner Postkarte vom 2. 1. 2001, die uns aus Mittenwald erreichte

---

[36] Maid steht für Margret. Sie war die Zwillingsschwester von Elisabeth.

und mit dem ‚ß' noch nicht der neuen deutschen Rechtschreibung unterlag. Da wusstest du noch nicht, dass Irmgard und ich einige Tage später, abends gegen 21 Uhr, an eure Tür klopfen würden, während ihr zwei Urlauber euch bereits im Schlafanzug mit dem Fernsehen vergnügtet. Es waren anschließend schöne Tage im Schnee und dazu gehörte auch eine Fahrt bergauf mit dem Pferdeschlitten zum Gut Hämmermoos.

Bist du in dieser Hinsicht auch schon so alt wie ich, der gern in die Vergangenheit zurückschaut und den Blick nach vorn etwas scheut, weil da vielleicht einige böse Überraschungen oder gar ein ganz unangenehmer Geselle warten? Oder hast du nach deinem Strickanfall im Jahr 2011 doch noch einige bedeutende Pläne oder Unternehmungen für die Zukunft vorbereitet?

Elisabeth Schüler:

Du hast einmal zu mir gesagt: Wer oft von der Vergangenheit spricht, der ist alt. Ich *bin* alt und spreche deswegen auch gerne über vergangene Zeiten. Den Blick nach vorne scheue ich aber keineswegs, jedoch richtet er sich vorsichtshalber immer nicht zu weit nach vorn. Ich plane also nicht mehr für Jahre im Voraus, sondern dann, wenn ich etwas unternehmen möchte, schiebe ich es nicht mehr auf die lange Bank.

Es gibt einige Leute, die gesagt haben: „Das mache ich, wenn ich in Rente gehe." Dazu ist es dann aber oft nicht mehr gekommen, weil eine Krankheit oder sogar der Tod diesem Ansinnen einen Strich durch die Rechnung gemacht haben. Sicher habe ich noch Pläne. Es wäre auch schlimm, wenn ich sie nicht hätte. Seitdem bei uns gegenüber ein Seniorenheim gebaut wurde und unsere Einkaufsstraße inzwischen von älteren Herrschaften stark genutzt wird, bin ich nun tagtäglich mit dem sichtbaren Älterwerden konfrontiert. Lothar erzählt mir dann auch stets gern von der so genannten Rollator-Fraktion in den Geschäften: Er ist ja mein Stareinkäufer. Diese Fraktion läuft nebeneinander und gemütlich durch die Gänge, sodass für den schnellen Lo kein Durchkommen mehr ist, quatscht beim Einkauf über Gott und die Welt und an der Kasse verursacht sie Endlosschlangen, weil diese Menschen ihr Geld dort ausschütten, damit die Kassiererin sich daraus mit Mühen das nimmt, was sie braucht.

Vorsichtshalber habe ich damals Mutters Rollator mitgenommen, denn man weiß ja nie, was noch auf einen wartet. Ich tendiere jetzt aber lieber zu einem Segway und fange schon einmal an zu sparen. Im Frühjahr werde ich dann einen Übungskurs machen. Das ist so das Nächste, was ich mir vorgenommen habe. Hier gilt also: Eins nach dem anderen, gemach, gemach.

Frage: Nun sind wir ja doch so ganz allmählich in das Thema des Alterns hinein geraten. Dafür bin ich dir auch dankbar, denn viele meiner potenziellen Co-Autoren konnten sich wohl wegen ihrer jungen Jahre nicht dazu durchringen, etwas zum Altern zu sagen. Was soll´s?

Ich komme hier auf den Titel meines Buchs zurück: *Lust und Last des Alterns.* Nehmen wir einmal an, unser Leben bestünde nur aus Lust und Last. Das Verhältnis dieser zwei Elemente oder Gefühle ist sehr variabel und es schwankt manchmal schon innerhalb nur weniger Stunden. Oft wechseln Lust und Last sich auch über längere Zeiten hinweg ab. Über ein Leben lang aber sagt uns die Erfahrung, dass im Allgemeinen der Anteil der Last mit zunehmendem Alter wegen zunehmender Gebrechen körperlicher oder geistiger Art zunimmt.

Mit Hilfe des folgenden Diagramms bitte ich dich nun, dein derzeitiges Gefühl einem der eingefügten Buchstaben zuzuordnen:

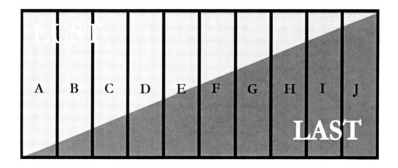

Juble dich aber jetzt bitte nicht hoch, indem du zum Beispiel das positiv klingende ‚B' wählst, um dich selbst in den Himmel zu heben! Ich würde auch gern von dir wissen, wie du deine Wahl begründest! deinem Alter nach müsstest du etwa im Bereich ‚F' landen, meine ich.

Elisabeth Schüler:

Lust des Alterns bedeutet für mich Freiheit; die Freiheit zu tun, was ich schon lange tun wollte oder es eben auch einfach zu lassen. Gelassenheit, Selbstbewusstsein, ein gesundes Maß an Egoismus, Gemütlichkeit, Stressfreiheit und Loslassen können gehören genauso gut dazu.

So hat mich Tiffany schon immer fasziniert. Also habe ich einen Kurs besucht und nach meiner Probearbeit, einem Pierrot auf dem Mond, endlich meine Lampe angefangen. Das hat schon Wochen gedauert, bis sie fertig war, aber für mich ist es ein Meisterwerk. Nun wollte ich aber nicht meine Wohnung mit Tiffany-Werken zustellen, nein, ich wollte es einfach nur einmal ausprobieren.

Ich nehme mir auch die Freiheit auszuschlafen, auch wenn du manchmal sonntags um 10.00 Uhr anrufst und mich aus meinen wunderschönen Träumen reißt. Mein Lothar gönnt mir das Trödeln jedenfalls und wartet mit dem ausgiebigen Frühstück auf mich. Das macht er übrigens jeden Sonntag, geduldig auf seine Schlafmütze wartend.

An der Gelassenheit arbeite ich immer noch und es wird von Mal zu Mal besser. Ich erinnere nur an die Autofahrt zu euch nach Köln ohne Navi. Da brauchte ich doch eine gewisse Zeit, um mich wieder zu fangen, wie selbst du gemerkt hast. Aber Lothar hat das auch so gemeistert und wir haben dabei viel von Köln und seiner Umgebung gesehen.

Selbstbewusstsein hatte ich schon immer, doch es hat sich im Alter gesteigert, ist aber noch ausbaufähig und das macht doch Lust, noch älter zu werden.

Das gesunde Maß Egoismus war nötig. Mutter hat damals gesagt: „Erst kommen die Kinder, dann lange nichts und danach der Mann." Dabei hat sie ihre Arme waagerecht ausgestreckt mit den Worten: „Am Schluss kommt sooo lange nichts und dann komme ich." Das wollte ich so nicht für mein Leben. Erst kommt mein Lothar, denn er ist der größte Halt in meinem Leben und ich liebe ihn, dann kommen die Kinder und Enkelkinder, aber sofort danach komme ich. Naja, du und Franz haben natürlich auch noch ihren Platz in meinem Leben.

Gemütlichkeit ist doch etwas Schönes. Ich liebe es, mit Lothar ausgiebig zu frühstücken und nicht auf die Zeit achten zu müssen – oder es sich zu Hause einfach gemütlich zu machen und sich das auch aus vollem Herzen zu gönnen. Herrlich!

Stress habe ich soweit möglich ganz abgelegt. Die Zeit teile ich dann so ein, dass keine Eile geboten ist. Auch das ist ein Privileg des Alters.

Loslassen kann ich inzwischen auch gut. Ich habe mich freigemacht von Zwängen, es jedem und allen recht zu machen oder unbedingt mit dem oder dem etwas zu unternehmen, weil ich das alleine nicht machen kann. Kann ich sehr wohl. So bin ich z.B. seit Jahren mit einer Freundin mittwochs schwimmen gegangen. Da ich aber jetzt mittwochs meinen Strickkurs habe, wurde der Schwimmtag in beiderseitigem

Einvernehmen auf den Freitag verlegt. Leider kam ihr immer etwas dazwischen. Den ersten Freitag habe ich mich gefreut, konnte ich doch so meiner Leidenschaft auszuschlafen frönen.

Beim zweiten Mal habe ich doch dann den Schweinehund, der meine ganze Diele in Anspruch nahm, überwunden. Und siehe da, es geht auch so. Ich kann das alleine. Seitdem stürze ich mich regelmäßig in die Fluten, bin stolz auf mich und genieße Wasser und Wellen.

Frust des Alterns wird wohl dann aufkommen, wenn ich die oben genannten Unternehmungen wegen zunehmender Gebrechen körperlicher oder geistiger Art nicht mehr ausüben kann. Mit körperlichen Gebrechen kenne ich mich ja schon seit frühester Kindheit aus und habe auch gelernt, damit umzugehen. Vielleicht hat es von dort her an Schrecken für mich verloren.

Frust hatte ich damals nicht, eher Neid, als die Kinderlähmung mich überfiel. Maid konnte in die Tanzschule gehen, sie hatte ihren ersten Tanzpartner, Perlonstrümpfe und sogar Stöckelschuhe, sie konnte Schlittschuhlaufen und ich lag nur da mit meinen beiden Gipsbeinen. Mutter hat zwar immer versucht, mir einen Ausgleich zu schaffen, aber was gibt es für eine Alternative zum ersten Tanzpartner?

Dafür hast du dich um mich gekümmert, du warst ja schon immer mehr mein Pflege-Bruder und Maid hatte ihren Bruder Franz. Weißt du noch, dass du mir, als ich den Gehgips bekam, einen Absatz aus Gips angefertigt und angebracht hast, damit ich besser meine Gehversuche starten konnte?

Das hat mich schon alles sehr geprägt, inklusive der Weisheiten von Mutter: Hinfallen ist nicht schlimm, nur Liegenbleiben. Oder: Am Ende des Tunnels ist immer Licht.

Während ich so schreibe, denke ich: Wie dick soll das Buch werden, das du schreibst, und wird es nicht eher ein Buch über Brüderchen und Schwesterchen?

Aber du musst natürlich auch nicht alles verwenden, was hier steht. Es ist deine Freiheit des Alterns, das zu entscheiden.[37]

Elisabeth Schüler

---

[37] Das Diagramm zu Lust und Last blieb trotz telefonischer Rücksprache von der Autorin nicht kommentiert, aber bei diesem Gespräch gestand sie, sich am liebsten in die Kategorie B eingeordnet zu haben. Auch bestand sie darauf, im Foto als Einzelperson zu erscheinen. Ferner gab es noch einen Protest der Autorin: „Ganz unmöglich finde ich ja die Fußnote auf der letzten Seite. Das ist wieder typisch, Du möchtest immer das letzte Wort haben, ich aber auch. Deswegen kommt noch ein PS zu der Fußnote hinzu: Lothar hat gesagt ich würde sogar noch besser in das Diagramm zu dem Buchstaben A passen, also bitte."

WALTHER VON DER VOGELWEIDE
OWÊ WAR SIND VERSWUNDEN ALLE MÎNE JÂR

Das Original:

Owê war sint verswunden alle mîne jâr,
ist mîn leben mir getroumet, oder ist ez wâr?
daz ich ie wânde daz iht waere, was daz iht?
dar nâch hân ich geslâfen und enweiz es niht.
nû bin ich erwachet und ist mir unbekant
daz mir hie vor was kündic als mîn ander hant.
liute unde lant, dâr ich von kinde bin erzogen,
die sint mir frömde worden reht als ob ez sî gelogen.
die mîne gespiln wâren, die sint traege unde alt.
bereitet ist daz velt, verhouwen ist der walt,
wan daz daz wazzer fliuzet als ez wîlent vlôz,
für wâr ich wânde mîn ungelücke wurde grôz.
mich grüezet maniger trâge, der mich bekande ê wol.
diu welt ist allenthalben ungnâden vol.
als ich gedenke an manigen wunneclîchen tac,
die mir sint enphallen als in daz mer ein slac,
iemer mêre ouwê.

Owê wie jaemerlîche junge liute tuont,
den ê vil hovelîche ir gemüete stuont!
die kunnen niuwan sorgen. ouwê wie tuont si sô?
swar ich zer werlte kêre, dâ ist nieman vrô:
tanzen, singen zergât mit sorgen gar:
nie kristenman gesach sô jaemerliche jar.
nû merkent wie den frouwen ir gebende stât!
die stolzen ritter tragent dörpellîche wât.
uns sint unsenfte brieve her von Rôme komen,
uns ist erloubet trûren und fröide gar benomen.
daz müet mich inneclîchen sêre (wir lebten ie vil wol),

daz ich nû für mîn lachen weinen kiesen sol.
die wilden vogel betrüebet unser klage;
waz wunders ist ob ich dâ von verzage?
waz spriche ich tumber man durch mînen boesen zorn?
swer dirre wunne volget, der hât jene dort verlorn,
iemer mêr ouwê.

Owê wie uns mit süezen dingen ist vergeben!
ich sihe die bittern gallen mitten in dem honige sweben:
diu Welt ist ûzen schoene, wîz grüen unde rôt,
und innân swarzer varwe, vinster sam der tôt.
swen si nû verleitet habe, der schouwe sînen trôst:
er wirt mit swacher buoze grôzer sünde erlôst.
dar an gedenkent, ritter, ez ist iuwer dinc!
ir tragent die liehten helme und manigen herten rinc,
dar zuo die vesten schilte und die gewîhten swert.
wolte got, waer ich der sigenünfte wert!
sô wolte ich nôtic man verdienen rîchen solt.
joch meine ich niht die huoben noch der hêrren golt.
ich wolte selbe krône êweclîchen tragen;
die mohte ein soldener mit sîme sper bejagen.
möhte ich die lieben reise gevarn über sê,
sô wolte ich denne singen wol unde niemêr mêr ouwê.

Die Übersetzung:

Oh weh – wohin sind verschwunden alle meine Jahre,
ist mir mein Leben nur geträumt, oder ist es wahr?
Das, von dem ich glaubte, es wäre etwas – war das etwas?
So wie es jetzt ist: Ich habe geschlafen und weiß es nicht!
Jetzt bin ich aufgewacht und mir ist unbekannt,
was ich vorher kannte wie meine zweite Hand.
Menschen und Land, in dem ich wurde erzogen,
die sind mir fremd geworden:

Genauso, als ob es Lügen wären.
Die, mit denen ich gespielt habe, die sind träge und alt.
Angelegt ist das Feld, abgehauen ist der Wald.
Wenn nicht das Wasser so fließen würde, wie es einst floss,
wäre (denke ich) mein Unglück groß.
Mich grüßt so mancher verdrossen,
mit dem ich früher gut bekannt war;
die Welt ist allenthalben voll von Ungnädigkeit.
Wenn ich denke an so manchen wunderbaren Tag,
der mir in den Händen vergangen ist, wie in das Meer ein
Schlag:
Immer mehr: Oh weh!

Oh weh, wie beklagenswert die jungen Leute handeln,
deren Sinn einst so höfisch war!
Die können nichts mehr, außer sich Sorgen machen!
O weh, warum handeln sie so?
Wohin ich mich auch in der Welt wende,
da ist niemand fröhlich:
Tanzen, Singen – das geht ganz in Sorgen auf;
nie hat ein Christenmensch so jämmerliche Jahre gesehen.
Jetzt achten Sie darauf,
wie es um den Kopfschmuck der Damen steht –
[Und] Die stolzen Ritter tragen bäuerliche Kleidung!
Für uns sind unbequeme Briefe aus Rom gekommen:
Uns ist [den Briefen zu Folge] das Trauern erlaubt
und die Freude ganz genommen.
Das macht mir innerlich viel Kummer
(wir haben vorher doch so schön gelebt!),
dass ich nun Weinen statt meines Lachens wählen soll.
Die wilden Vögel sind traurig über unsere Klage:
Ist es da ein Wunder, wenn ich darüber verzage?

[Jedoch:] Was spreche ich dummer Mann in meinem un-
nützen Zorn?
Wer dieser Freude [hier auf Erden] folgt,
der hat jene dort [im Jenseits] verloren.
Immer mehr: Oh weh!

Oh weh, wie uns die angenehmen Dinge vergiften!
Ich sehe die bittere Galle mitten im Honig treiben:
Die Welt ist außen schön – weiß, grün und rot –
und innen ist sie von schwarzer Farbe, dunkel wie der Tod.
Wer auch immer [von der Welt] verleitet wurde,
der sehe [hier] seinen Trost:
Er wird mit einer milden Buße von großer Sünde erlöst.
Daran denkt, ihr Ritter, das ist eure Aufgabe!
Ihr tragt die strahlenden Helme
und manchen harten Ring [am Panzer der Rüstung],
dazu die festen Schilde und die geweihten Schwerter.
Ach, wollte Gott, dass ich dieser Siege würdig wäre –
dann wollte ich notleidender Mann
mir reichen Sold verdienen!
Damit meine ich aber wirklich keinen Landbesitz
oder das Gold der Herrscher.
Ich wollte diese eine ewige Krone tragen,
die sich ein Söldner mit seiner Lanze erkämpfen kann.
Könnte ich die Annehmlichkeiten bringende Reise
über das Meer unternehmen,
so wollte ich denn richtig singen und niemals mehr:
Oh weh![38]

---

[38] Der Text des Originals folgt der Minnesang Ausgabe, herausgegeben
von Ingrid Kasten: Deutsche Lyrik des frühen und hohen Mittelalters,
Frankfurt a.M. 1995. Der Text trägt dort die Nummer 214.

N.N.
DER ZAHN DER ZEIT

Laßt´s uns mal ruhig offenbaren:
Wir sind nicht mehr, was wir mal waren.
Es sei ganz ehrlich hier gesagt:
Der Zahn der Zeit, er hat genagt.

Man merkt´s beim Gehen und beim Sitzen,
Strengt man sich an, kommt man ins Schwitzen.
Beim Laufen wird die Luft schon knapp,
Bergauf geht´s schlechter als bergab.

Man merkt´s, wenn wir die Treppen steigen,
Wir mögen es nur keinem zeigen.
Doch oben wird uns voll bewusst:
Schwach sind wir etwas auf der Brust.

Drum sind wir uns auch längst im Klaren:
Wir sind nicht mehr, was wir mal waren!
Die schönsten Jahre sind vorbei,
Wir brauchen uns´re Arzenei,

Der Eine hat so´n Herzenklopfen,
Benötigt täglich seine Tropfen.
Der And´re darf um Gotteswillen
Niemals vergessen seine Pillen.

Dem Einen es im Magen drückt,
Den And´ren hier und dort es zwickt.
Wir können uns davor nur retten,
Verschreibt der Arzt genug Tabletten.

Am eignen Leib muss man erfahren:
Wir sind nicht mehr, was wir mal waren!
Auch Nüsseknacken geht nicht mehr,
Das fällt den dritten Zähnen schwer,

Und Lesen ohne seine Brillen
Geht auch nicht mehr, beim besten Willen.
Und wenn man in den Spiegel schaut,
Dann stellt man fest, man ist ergraut.

Wo früher Locken war´n und Wellen,
Da zeigen sich heut´ lichte Stellen.
Das Auge hat an Glanz verloren,
Man hat viel Fältchen, große Poren.
Man möchte aus der Haut oft fahren:
Wir sind nicht mehr, was wir mal waren!

Dann hat man auch noch außerdem
Mit der Figur so sein Problem.
Das liegt am Essen und am Trinken,
Weil zu viel Gaumenfreuden winken.

Hat sich erst festgesetzt der Speck,
Was man auch tut, der geht nicht weg.
Es ist nicht mehr, wie einst im Mai,
Die Männer geh´n an uns vorbei,

Es will uns niemand mehr vernaschen,
Man klaut uns höchstens noch die Taschen.
Jetzt heißt es, nur für´s Alter sparen:
Wir sind nicht mehr, was wir mal waren!

Ich könnt' noch viele Dinge nennen,
Die wir nicht mehr wie früher können.
Doch wiederum wird uns auch klar,
Dass früher gar nichts besser war.

Für vieles, was wir heut´ erleben,
Braucht man ein bestimmtes Alter eben.
Wer´s Herz hat auf dem rechten Fleck,
Sich nicht erregt bei jedem Dreck,

Wer´s Leben nimmt, so wie es ist,
Und nicht gleich heult bei jedem Mist,
Wer dankbar ist, dass er gesund,
Sich dessen freut zu jeder Stund´,

Wer Spaß hat auch an kleinen Dingen,
Wer sich nicht muss zum Lachen zwingen,
Dem macht´s nichts aus, zu offenbaren:
Wir sind nicht mehr, was wir mal waren!

Ein Marmorzahn[39]

---

[39] Hinzugefügt vom Herausgeber: Der Kieler Bildhauer Ben Siebenrock
schuf diesen riesigen Marmorzahn.

THOMAS PENZEL
ALTERSBEDINGTE VERÄNDERUNGEN DES SCHLAFS

Der Alterungsprozess bringt viele körperliche Veränderungen mit sich, die sich über einen langen Zeitraum langsam entwickeln. So lässt z. B. die Sehkraft allmählich nach und das Haar wird mit der Zeit grau. Ebenso verändert sich der Schlaf im Alter, der – auch bei gutem Gesundheitszustand – fragiler und störanfälliger wird.

Junge Menschen schlafen meistens schnell und mühelos ein und genießen einen erholsamen Schlaf. Im Laufe des Alters wird ein vermeintlich selbstverständlicher Vorgang wie das Schlafen zunehmend problematischer. Ein Autohupen oder das Bellen eines Hundes können bereits genügen, um einen älteren Menschen aus seinem leichten Schlaf zu reißen. Andererseits nicken ältere Menschen auch leicht ein, z. B. beim Fernsehen oder bei der Zeitungslektüre.

Schlafstörungen nehmen im Alter zu und lassen sich manchmal nur schwer von normalen altersbedingten Veränderungen des Schlafs unterscheiden. Permanente Einschlafschwierigkeiten und häufiges Einschlafen am Tage sind allerdings auch im Alter unnormal und weisen auf behandlungsbedürftige Schlafstörungen hin. Da physische und psychische Erkrankungen, bei denen Schmerzen und Depressionen auftreten, oftmals mit Schlafstörungen Hand in Hand gehen, ist die Unterscheidung zwischen Ursache und Wirkung äußerst kompliziert.

Die weit verbreitete Ansicht, ältere Menschen benötigten weniger Schlaf als jüngere, ist falsch. Es entspricht aber den Tatsachen, dass im Alter die Fähigkeit abnimmt, durchgehend und lange zu schlafen. Schlafverluste können ältere Menschen jedoch leichter kompensieren, da sie ihren Tagesablauf im Allgemeinen freier bestimmen und am Tage kurze

Schläfchen halten können. Nach neuen Forschungsergebnissen entspricht es den natürlichen Bedürfnissen des Körpers, mindestens einen Kurzschlaf am Tag zu halten. Diesen ‚Luxus' kann man sich erst im Ruhestand gönnen, wenn der Zwang geregelter Arbeitszeiten entfällt.

Während der Anteil des Traumschlafs – auch REM-Schlaf (*Rapid Eye Movement*) genannt – im Alter gleich bleibt, verkürzt sich der Tiefschlaf deutlich. Im Ausgleich verlängert sich der Leichtschlaf. In der Nacht kommt es zudem häufiger zu Weckreaktionen, sogenannten Arousals. In Studien wurde nachgewiesen, dass bei Personen im Alter von über 60 Jahren nachts bis zu 150 Arousals auftreten können. Junge Menschen weisen dagegen im Durchschnitt fünf Arousals pro Nacht auf.

Die Betroffenen können sich zwar an die zahlreichen Weckreaktionen nicht erinnern, fühlen sich aber am nächsten Morgen unausgeschlafen und haben den Eindruck, nachts sehr unruhig geschlafen zu haben.

Die meisten Menschen im Alter über 65 Jahre wachen zudem mindestens einmal pro Nacht wegen eines erhöhten Harndrangs auf. Nach einer amerikanischen Studie aus dem Jahr 1990 leiden über 50 Prozent der 65-jährigen und älteren Personen gelegentlich oder regelmäßig an gestörtem Schlaf, wobei sich die meisten Beschwerden auf Ein- und Durchschlafstörungen beziehen.

Der bei älteren Menschen festgestellte übermäßige Gebrauch sowohl verschreibungspflichtiger als auch rezeptfreier Schlafmittel ist besorgniserregend. Dabei haben Studien belegt, dass manche Schlafmittel bei älteren Leuten überhaupt nicht wirken oder Schlafstörungen sogar verstärken können.

Im Laufe des Alters wirkt sich nicht nur die zunehmende Instabilität des Schlafes aus, sondern auch der negative Einfluss chronischer Erkrankungen auf den Schlaf. Dazu zählen

Asthma und andere Atemwegserkrankungen sowie Herzerkrankungen und Arthritis. Die Betroffenen wachen nachts wegen Schmerzen, Fieber, Juckreiz oder Husten auf. Auch zahlreiche Medikamente zur Behandlung der genannten Erkrankungen können sich störend auf den Schlaf auswirken. Diese Auswirkungen sollten mit dem Hausarzt besprochen werden, da sich die Schlafqualität oftmals durch zeitliche Verschiebungen bei der Einnahme der Medikamente oder Anpassungen in der Dosierung entscheidend verbessern lässt. Manche Menschen beruhigt es im Übrigen auch, Schlaftabletten für den Bedarfsfall zur Verfügung zu haben.

Ein weiteres Problem stellt frühzeitiges Erwachen dar, das sehr unterschiedliche Ursachen haben kann. Auslösende Faktoren können Wirkstoffe in Schlafmitteln, der Genuss von Alkohol vor dem Schlafengehen oder das Alter selber sein.

Einschlafschwierigkeiten, Schlafunterbrechungen und zu frühes Erwachen können auch durch Depressionen verursacht werden, für die man im Alter anfälliger wird. Die Entstehung von Depressionen verläuft manchmal schleichend, d. h. sie werden zunächst kaum wahrgenommen, verstärken sich im Laufe der Zeit und werden schließlich chronisch. Manche Patienten sind allerdings davon überzeugt, dass ihre Depressionen ausschließlich von ihrem schlechten Schlaf herrühren und von alleine abklingen würden, sofern sie normal schlafen könnten.

Zwischen Schlaf und Depressionen besteht eine enge Wechselbeziehung. Anhaltend schlechter Schlaf kann zu Appetitlosigkeit sowie zum Verlust der Antriebskraft und der Lebensfreude führen. Andererseits löst der Verlust eines geliebten Menschen häufig Schlaflosigkeit und Depressionen aus.

In Studien wurde festgestellt, dass 75 Prozent verwitweter Personen einen Monat nach dem Tod des Ehepartners noch unter Schlafstörungen leiden. Bei der Hälfte bleiben die Schlafprobleme auch nach einem Jahr bestehen.

Die Betroffenen sind meistens außerstande, selbst etwas gegen ihre Depressionen zu unternehmen. In der Regel ergreifen besorgte Familienmitglieder oder Freunde die Initiative und vereinbaren einen Termin beim Arzt. Zum Glück lassen sich Depressionen in den meisten Fällen durch Beratung, psychotherapeutische und medikamentöse Therapie wirksam behandeln. Ist die depressive Phase vorüber, kann die vorherige Lebenszufriedenheit wiederhergestellt werden.

Während einige ältere Menschen den schlechten Schlaf bzw. die Schlaflosigkeit als eigentliche Qual empfinden, leiden andere hauptsächlich unter der schlechten Stimmung und verminderten Leistungsfähigkeit am Tage.

Da nicht alle Schlafstörungen deutliche Symptome aufweisen, werden die Probleme häufig nicht rechtzeitig erkannt. Einschlafstörungen haben manchmal einfach zu beseitigende Ursachen. Die Wiederherstellung eines gesunden Schlafs lässt sich in bestimmten Fällen bereits durch den Verzicht auf Koffein und schwere Mahlzeiten oder durch die Verlegung sportlicher Betätigungen auf frühere Tageszeiten erreichen. Übrigens entstehen Schlafstörungen manchmal auch im Zusammenhang mit Krankenhausaufenthalten, Operationen oder Reisen. Sie können in Zeiten drückender Sorgen wieder ausbrechen oder unter Dauerstress unterschwellig fortwirken.

Manche Menschen nehmen ihre Sorgen sozusagen mit ins Bett. Ihre Gedanken überstürzen sich, sobald sie sich zur Ruhe begeben. In solchen Fällen sollte man eine bestimmte Zeit am Tag für die bewusste Auseinandersetzung mit Problemen und deren Lösungsmöglichkeiten reservieren. Ein ‚Sorgenstuhl' zum Grübeln kann im Einzelfall helfen. Wenn Sorgen und Probleme aus dem Schlafzimmer verbannt werden, kann man sich besser auf das Schlafen einlassen.

Alltägliche Verpflichtungen geben bestimmte Zeiten des Schlafens und Wachens vor. Ältere Menschen brauchen grundsätzlich länger, um sich einem unregelmäßigen Rhythmus, z. B. wechselnden Arbeitszeiten, anzupassen. Auch die Überwindung eines Jet Lag dauert bei ihnen länger, besonders beim Wechsel mehrerer Zeitzonen.

Ältere Menschen, die ein ruhiges und zurückgezogenes Leben führen, schlafen tagsüber häufig ein. Eine Gallup-Studie von 1988 belegt, dass aktive Menschen im Ruhestand insgesamt weniger Schlafprobleme haben als inaktive Menschen. Im Übrigen sollte der Schlaf grundsätzlich auf die Nacht begrenzt werden.

Wer darüber hinaus kurze Nickerchen am Tage abhält, sollte dies stets zur gleichen Zeit und zeitlich begrenzt tun. Nicht immer erkennen Menschen, die unter übermäßiger Tagesmüdigkeit leiden, den Zusammenhang mit ihrem schlechten Schlaf, obwohl sie diesen als unbefriedigend empfinden. Dies macht den Aufklärungsbedarf deutlich, der in der Öffentlichkeit in Bezug auf das Thema Schlaf nach wie vor besteht.[40]

---

[40] Prof. Thomas Penzel ist Wissenschaftlicher Leiter des Interdisziplinären Schlafmedizinischen Zentrums an der Charité-Universitätsmedizin Berlin. Der obige Beitrag ist ein Ausschnitt aus der Webseite http://www.charite.de/dgsm/rat/alter.html. Der Text wurde aus dem Amerikanischen übersetzt und unter Berücksichtigung der schlafmedizinischen Praxis in Deutschland redaktionell überarbeitet. Die Originalvorlage entstammt der Broschüre: *Sleep as We Grow Older*. American Sleep Disorders Association Rochester, MN, USA, Copyright 1997.

ADELBERT VON CHAMISSO
DIE ALTE WASCHFRAU

Du siehst geschäftig bei dem Linnen
die Alte dort in weißem Haar,
die rüstigste der Wäscherinnen
im sechsundsiebzigsten Jahr.
So hat sie stets mit sauer´m Schweiß
ihr Brot in Ehr und Zucht gegessen
und ausgefüllt mit treuem Fleiß
den Kreis, den Gott ihr zugemessen.

Sie hat in ihren jungen Tagen
geliebt, gehofft und sich vermählt;
sie hat des Weibes Los getragen,
die Sorgen haben nicht gefehlt;
sie hat den kranken Mann gepflegt,
sie hat drei Kinder ihm geboren;
sie hat ihn in das Grab gelegt
und Glaub´ und Hoffnung nicht verloren.

Da galt´s, die Kinder zu ernähren;
sie griff es an mit heiter´m Mut,
sie zog sie auf in Zucht und Ehren,
der Fleiß, die Ordnung sind ihr Gut.
Zu suchen ihren Unterhalt
entließ sie segnend ihre Lieben,
so stand sie nun allein und alt,
ihr war ihr heit´rer Mut geblieben.

Sie hat gespart und hat gesonnen
und Flachs gekauft und nachts gewacht,
den Flachs zu feinem Garn gesponnen,
das Garn dem Weber hingebracht;
der hat´s gewebt zu Leinewand.
Die Schere brauchte sie, die Nadel,
und nähte sich mit eigner Hand
ihr Sterbehemde sonder Tadel.

Ihr Hemd, ihr Sterbehemd, sie schätzt es,
verwahrt´s im Schrein am Ehrenplatz;
es ist ihr Erstes und ihr Letztes,
ihr Kleinod, ihr ersparter Schatz.
Sie legt es an, des Herren Wort
am Sonntag früh sich einzuprägen;
dann legt sie´s wohlgefällig fort,
bis sie darin zur Ruh´ sie legen.

Und ich, an meinem Abend, wollte,
ich hätte, diesem Weibe gleich,
erfüllt, was ich erfüllen sollte
in meinen Grenzen und Bereich;
ich wollt´, ich hätte so gewußt
am Kelch des Lebens mich zu laben,
und könnt´ am Ende gleiche Lust
an meinem Sterbehemde haben.

KARL FRIEDRICH MAY
GROSSMÜTTERCHEN

Sie trug mich stets auf ihren Armen;
Sie lehrte mich den ersten Schritt,
Und weinte ich zum Herzerbarmen,
So weinte sie erbarmend mit.
Wenn sie des Abends mich ins Nestchen
Mit linder Segenshand gebracht,
So bat ich: „Bleibe noch ein Restchen“,
Und meinte da „die ganze Nacht“.

Und wenn ein böser Traum mich schreckte,
So saß sie da beim kleinen Licht,
Nahm weg den Schirm, der es bedeckte,
Und sah mir liebend ins Gesicht.
Trotz ihrer hellen Augensterne
That ich sodann die Frage doch:
„Ich träume ohne dich nicht gerne;
Großmütterchen, sag, wachst du noch?“

Zwar ist sie längst von mir gegangen;
Ich selbst bin alt, fast schon ein Greis,
Und fühl mich doch von ihr umfangen,
Die mich noch jetzt zu segnen weiß.
Stets ist es mir, geh´ ich zur Ruhe,
Als setze sie sich zu mir hin,
Und wenn ich etwas Wichtges thue,
Kommt sie mir hilfreich in den Sinn.

So oft ich Sterne leuchten sehe,
Hell wie in meiner Jugendzeit,
Hör´ ich ihr Wort: „Was auch geschehe,
Du und dein Glück, ihr seid gefeit.“

Dann möcht ich, wie in jenen Tagen,
Zwar überflüssig, aber doch
Die lieben, lieben Sterne fragen:
„Großmütterchen, sag, wachst du noch?"[41]

Karl May als 'Old Shatterhand'[42]

---

[41] Karl May wurde am 25. Februar 1842 geboren und starb 1912. Karl Friedrich May war einer der weltweit populärsten deutschen Schriftsteller insbesondere von Abenteuerromanen und Reiseerzählungen u. a. um den Indianer-Häuptling Winnetou. Er wurde am 25. Februar 1842 in Ernstthal (heute Hohenstein-Ernstthal) geboren und verstarb mit 70 Jahren am 30. März 1912 in Radebeul. Sein Geburtstag jährte sich 2014 zum 172. Mal. Quelle: http://geboren.am/person/Karl_May

[42] Dieses Foto schuf Karl May persönlich für eine Postkarte.

CHRISTIAN FÜRCHTEGOTT GELLERT
DER ALTE DICHTER UND DER JUNGE CRITICUS

Ein Jüngling stritt mit einem Alten
Sehr lebhaft über ein Gedicht.
Der Alte hielts für schön; der Jüngling aber nicht,
Und hatte Recht, es nicht für schön zu halten.

Er wies dem Alten, Schritt für Schritt,
Hier bald das Matte, dort das Leere,
Und dachte nicht, daß der, mit dem er stritt,
Der Autor des Gedichtes wäre.

Wie, sprach der Alte, ganz erhitzt,
Sie tadeln Ausdruck und Gedanken?
Mein Herr, Sie sind zu jung, mit einem Mann zu zanken,
Den Fleiß, Geschmack und Alter schützt.

Da man Sie noch im Arm getragen,
Hab ich der Kunst schon nachgedacht.
Und kurz: was würden Sie wohl sagen,
Wenn ich die Verse selbst gemacht?

Ich, sprach er, würde, weil Sie fragen,
Ich würde ganz gelassen sagen,
Daß man, Geschmack und Dichtkunst zu entweihn,
Oft nichts mehr braucht, als alt und stolz zu seyn.

Unterschrift C. F. Gellert

VERENA MÖRATH
DAS ALTER IST KEIN SCHRECKGESPENST

Wir werden weniger – und wir werden älter. Bislang trägt der Diskurs über den demografischen Wandel hierzulande vorwiegend negative Züge. Aber muss man die alternde Gesellschaft nur problembeladen wahrnehmen? Immer mehr Initiativen und Experten wollen den Blickwinkel ändern: Sie betonen die Chancen des demografischen Wandels. Und sie wollen die Erfahrungen der Älteren für die Gesellschaft nicht länger ungenutzt lassen.

„Wir werden ja nicht nur älter, sondern auch bunter, vielfältiger und heterogener. Das ist sehr positiv, nicht negativ", sagt Karin Haist, Leiterin des Bereichs ‚Gesellschaft' der Körber-Stiftung. Die verantwortet in Zusammenarbeit mit dem Institut für Gerontologie der Universität Heidelberg das Projekt ‚Potenziale des Alters'.

Hier werden Good Practice-Modelle aus dem In- und Ausland präsentiert, die zur kritischen Diskussion und zur Entwicklung neuer Ideen für Deutschland anregen sollen. „Noch nie waren die Älteren so fit, aktiv, vermögend, gebildet und mobil wie heute. Sie wollen sich nicht nur um sich selbst kümmern, sondern einen Beitrag für die nachfolgende Generation leisten", erläutert Haist. 28 Prozent der Älteren seien bereits ehrenamtlich engagiert: „Das Alter ist kein Schreckgespenst."

Beispiel Nordrhein-Westfalen: Dort gibt es seit 1979 die stadtteilorientierten ‚ZWAR Netzwerke'. ZWAR steht für „Zwischen Arbeit und Ruhestand". Ziel ist es, Teilhabe und bürgerschaftliches Engagement für Menschen im Alter über 50 zu ermöglichen.

Im Netzwerk treffen sich Menschen, die noch berufstätig oder schon im Ruhestand sind. In 50 Kommunen gibt es mittlerweile 157 selbst organisierte Netzwerke mit über

1.600 Interessensgruppen. Keine ist wie die andere, jede ist autonom und selbstverwaltet. Aber alle führen zu nachbarschaftlichem Engagement, gegenseitiger Unterstützung und sinnstiftenden Tätigkeiten.

„Viele Gruppen engagieren sich im Stadtteil oder in der Nachbarschaft. Manche haben Stammtische, andere Sport- oder Freizeitgruppen. Unser Credo ist: Jeder Mensch ist Experte für sein Leben und sein Lebensumfeld", sagt Christian Adams, ZWAR-Koordinator.

Bodo de Vries, stellvertretender Vorsitzender des Vorstands des Evangelischen Johanneswerks in Bielefeld, beschreibt das Kernproblem: „Wir haben ein defizitäres Altersbild. Alter wird nicht als eigenständige Lebensphase betrachtet, sondern nur mit Risiken belastet." Dabei eröffne das Alter Freiräume zur Selbstbestimmung und Selbstverwirklichung. Nur die wenigsten Älteren seien pflegebedürftig.

Das Johanneswerk baue deshalb als Alternative zur stationären Versorgung seit Jahren im Projekt ‚Johanneswerk im Stadtteil' niedrigschwellige und quartiernahe Angebote für Ältere aus.

Die Idee sei einfach „und längst aus dem Stadium eines Experiments hinaus", berichtet de Vries. Die Bewohner genossenschaftlicher Wohnquartiere bekommen einen Servicestützpunkt, der eine 24-Stunden-Versorgungssicherheit für hilfs- und pflegebedürftige Menschen garantiert.

Der Mittelpunkt des Wohnquartiers ist das Wohncafé: Ein Ort für Bewohner mit und ohne Versorgungsbedarf, um gemeinsam zu kochen und zu essen, für Freizeit- und Kulturarbeit. Hier werden auch Belange der Bewohner besprochen und jeder Mieter kann sich an allen Entscheidungen beteiligen. „Es ist ein Angebot, das Ältere ernst nimmt und sie nicht nur beschäftigen will", betont de Vries. Er ist überzeugt, dass mit Blick auf die Alterung der Gesellschaft nicht immer mehr Pflegeheime gebaut, sondern stattdessen die

Rahmenbedingungen für gegenseitige Unterstützung und Autonomie im Alter verbessert werden müssen.

Das bestätigt auch Wolfgang Nötzold, Fachberater der ZWAR-Zentralstelle NRW: „Wenn 30 ältere Menschen zusammenkommen, die sich vorher nicht kannten, trifft eine geballte Ladung an Erfahrung und Lebensweisheit aufeinander. Die kann viel bewegen und einen enorm produktiven Prozess in Gang setzen."[43]

Jung und Alt[44]

---

[43] Entnommen aus epd-Sozial Nr. 30 vom 26. Juli 2013. Die Quelle ist: http://www.epd.de/fachdienst/fachdienst-sozial/schwerpunktartikel/das-alter-ist-kein-schreckgespenst.
Untertitel: *Noch nie waren Senioren so fit, gebildet und mobil wie heute - das muss genutzt werden.*
Weitere Quellen sind: www.koerber-stiftung.de, www.zwar.org und www.johanneswerk.de
[44] Hinzugefügt vom Herausgeber

KARL KREICHGAUER
SEXUALITÄT: STATISTISCHE DATEN

• 42 Prozent aller deutschsprachigen Männer und 25 Prozent aller deutschsprachigen Frauen haben beim dritten Date zum ersten Mal Sex. (Stand: 2012, Quelle: *eDarling*, Stichprobe: 436 Männer und 357 Frauen, Durchschnittsalter: 39 Jahre)

• Verheiratete haben durchschnittlich fünf- bis achtmal im Monat Geschlechtsverkehr (*Familienhandbuch*, Artikel: Sexualität in der Ehe)

• 95 Prozent aller Geschlechtsverkehre finden Studien zufolge zwischen festen Partnern statt. Bei männlichen Homosexuellen sind es über 80 Prozent. (Quelle: *Zeit Online*, Artikel ‚Liebesleben: Wie man in Deutschland mit Sexualität umgeht'.)

• Die sexuelle Aktivität nimmt mit zunehmendem Lebensalter ab. Eine Befragung zum Thema ‚Waren Sie im vergangenen Jahr sexuell aktiv' ergab: 95 Prozent der 18- bis 40-Jährigen mit Partner antworteten mit „Ja", 90 Prozent der 41- bis 60-Jährigen und 57 Prozent der 61- bis 92-Jährigen. (Quelle: *Psychologie heute* 06/2005, Artikel ‚Willkommen im Club Sexualität')

• Die sexuelle Aktivität nimmt mit zunehmender Beziehungsdauer ab: zum Beispiel in der Altersgruppe der 35- bis 44-Jährigen hatten Paare mit einer Beziehungsdauer unter zwei Jahren 9 bis 10 Mal im Monat Sex, solche mit einer Beziehungsdauer von zwei bis fünf Jahren 6 mal Sex, Paare mit einer Beziehungsdauer von 6 Jahren und länger vier bis sechs Mal. (Quelle: *Psychologie heute* 06/2005, Artikel ‚Willkommen im Club Sexualität')

• Über „zu selten Sex" klagt in den meisten Beziehungen nur einer der Partner, häufiger ist es der Mann. Nach einem Jahr Beziehung taucht das Thema „Mir ist es zu selten" bei 50

Prozent aller Paare auf, nach sechs Jahren Beziehung ist es Thema bei 70 Prozent aller Paare. (Quelle: *Psychologie heute* 06/2005, Artikel ‚Willkommen im Club Sexualität')

• Gelegentliche sexuelle Lustlosigkeit innerhalb einer Beziehung kommt mit zunehmender Beziehungsdauer häufiger vor, Frauen sind häufiger lustlos als Männer. Nach einem Jahr Beziehung betrifft es 33 Prozent Männer und 60 Prozent Frauen, nach sechs Jahren Beziehung 40 Prozent Männer und 80 Prozent Frauen. (Quelle: *Psychologie heute* 06/2005, Artikel ‚Willkommen im Club Sexualität')

• Die größte Unlust auf Sex betrifft statistisch gesehen Frauen am häufigsten mit Anfang 30, Männer dagegen mit Mitte bis Ende 40. (Quelle: *Psychologie heute* 06/2005, Artikel ‚Willkommen im Club Sexualität')

• Geschätzt rund 30 Prozent aller Frauen äußern zu wenig ihre sexuellen Bedürfnisse (Quelle: *Psychologie heute* 08/2009, Artikel ‚Das Begehren der Frau')

• Ältere Paare hören durchschnittlich im Alter von ‚Ende 60' auf, miteinander Sex zu haben (Quelle: *Psychologie heute* 06/2005, Artikel ‚Willkommen im Club Sexualität')

• Der Wunsch nach Geschlechtsverkehr nimmt bei Männern mit 75 Jahren ab, bei Frauen ist es etwas früher und die Abnahme ist deutlicher. (Quelle: Martin Merbach, Elmar Brähler und Antje Klaiberg: *Partnerschaft und Sexualität in der zweiten Lebenshälfte*)

• Die sexuelle Aktivität steigert sich bei Menschen ab 26 Jahren, bleibt dann auf einem relativ konstanten Niveau bis zum Alter von 55 Jahren und sinkt dann kontinuierlich ab. Im Vergleich sind die 56- bis 65-Jährigen sexuell aktiver als die 18- bis 25-Jährigen (Quelle: Martin Merbach, Elmar Brähler und Antje Klaiberg: *Partnerschaft und Sexualität in der zweiten Lebenshälfte*)

• Über-50-Jährige, die in einer festen Partnerschaft leben, sind sexuell aktiver als Menschen ohne festen Partner.

Frauen in der Altersgruppe 50 bis 60 Jahre sind sexuell prozentual dreimal aktiver in einer festen Partnerschaft, verglichen mit Frauen ohne festen Partner, in der Altersgruppe 60 bis 70 Jahre beträgt der prozentuale Unterschied das Achtfache. Bei den Männern ist der Unterschied zwischen den Gruppen ‚In bzw. ohne Partnerschaft' nicht so stark: in der Altersgruppe ‚über 70 Jahre' sind die ‚in Partnerschaft lebenden' Männer viermal mehr sexuell aktiv als die ohne Partner lebenden Männer. (Quelle: Martin Merbach, Elmar Brähler und Antje Klaiberg: *Partnerschaft und Sexualität in der zweiten Lebenshälfte*)

• Mit zunehmendem Lebensalter kommt es zu einer leichten Abnahme der sexuellen Zufriedenheit. Bei den Über-50-jährigen sind Männer bezüglich Sexualität deutlich zufriedener als Frauen. (Quelle: Martin Merbach, Elmar Brähler und Antje Klaiberg: *Partnerschaft und Sexualität in der zweiten Lebenshälfte*)

• Für „Kein Sex vor der Ehe" entscheidet sich ein Prozent der Briten. (Quelle: Sozialforscherin Kaye Wellings von der London School of Hygiene and Tropical Medicine)

• „Leidenschaft und Sexualität gehören unbedingt zusammen" meinten 72 Prozent der 1295 Befragten zum Thema ‚Sexualität in einer langjährigen Beziehung'. (Stand: 2009, Quelle: *Apotheken Umschau*)

• Frauen verbinden mit ‚Sexualität': Zärtlichkeit (90 Prozent), Gefühl (89 Prozent), Liebe (88 Prozent), Lust (87 Prozent), Zuneigung (82 Prozent) und Leidenschaft (80 Prozent). (Stand: 2000; Quelle: Institut für Demoskopie Allensbach)[45]

---

[45] Quelle: http://www.gluecksarchiv.de/index.htm

CHRISTINE KAMMERER
IN WÜRDE ALTERN – WAS GAR NICHT GEHT...

Sicher, es gibt sie immer wieder: die Ikonen der ewigen Alterslosigkeit. Jene Menschen, die es schaffen, ihre Jugend – oder eben das, was sie dafür halten – bis zum Tag des Jüngsten Gerichts zu konservieren. Aber auch diese bedauernswerten Geschöpfe sind ja auf ihre ganz persönliche Art gezeichnet – tragische Karikaturen der eigenen Person von vor mindestens 20 Jahren gewissermaßen.

Wenn Sie nicht gerade zu den glücklichen Gewinnern verfallsresistenter Gene gehören und dazu vielleicht auch noch zu jenem Teil der Bevölkerung, der sich jugendverlängernden Maßnahmen wie Spritzen und Skalpell trotzig widersetzt, dann werden Sie irgendwann mit Verwunderung feststellen, dass auch Ihren Zellen ein Verfallsdatum innewohnt.

Meistens haben die zu diesem Zeitpunkt den Zenit schon ungefähr zehn Kalenderjahre überschritten, ohne dass Sie das so recht bemerkt haben.

Jung bis in alle Peinlichkeit

Verdrängung ist eine wunderbare Sache, aber spätestens wenn Sie ein Gleitsichtfall geworden sind, sind diese kleinen Augenfältchen und all die anderen winzigen Anzeichen des sicheren Verfalls selbst bei liebevoller Selbstbespiegelung einfach nicht mehr zu übersehen. Auch dieser lästige Rettungsring um die Körpermitte herum zum Beispiel.

Bis vor kurzem noch eine temporäre Erscheinung nach kulinarischen Sündenfällen hat das Bauchgold inzwischen eigenmächtig beschlossen, sich stur und dauerhaft an Ihnen festzusetzen und verweigert sich hartnäckig jeglicher sportlichen Betätigung, einschlägigen Diät- und auch allen anderen Bauch-weg-Maßnahmen. Und spätestens angesichts dieser erschütternden Erkenntnis, dass nicht nur die anderen, sondern man auch selbst einem gewissen Alterungsprozess unentrinnbar unterworfen ist, scheiden sich die Geister. In jene, die – soweit die Dritten das hergeben – zähneknirschend akzeptieren, was nicht zu ändern ist und die anderen, die der ewigen Jugend frönen bis in alle Peinlichkeit.

Damit Sie nicht zu letzteren gehören, habe ich hier einige Tipps für Sie zusammengestellt, die Ihnen helfen werden, das Ganze wenigstens mit Contenance zu ertragen und die peinlichen Momente in Ihrem Leben auf ein unvermeidliches Minimum zu reduzieren. Was gar nicht geht:

Fishing for Compliments

Gehören Sie zu den Vertretern jener Spezies (gleich welchen Geschlechts), die bei jeder passenden, bevorzugt aber garantiert bei jeder unpassenden Gelegenheit die Frage in den – meist mit mehreren Anwesenden befüllten – Raum stellen:

„Und? Wie alt schätzen Sie mich?" [koketter Augenaufschlag].

Betretenes Schweigen. Insbesondere der unmittelbar Angesprochene weiß spätestens jetzt, dass er am Pranger steht und eigentlich sowieso gar nichts mehr richtig machen kann. Schätzt er Sie nun vermeintliche zehn Jahre jünger, Sie sind aber genauso alt wie geschätzt, fühlen Sie sich tief gekränkt. Liegt er aber richtig – also genau genommen falsch – und Ihr Alter ist tatsächlich zehn Jahre höher als geschätzt, trägt es den schalen Beigeschmack maßlos übertriebener Heuchelei. Und sollte er Sie – natürlich gänzlich wider Erwarten – auch noch älter geschätzt haben als Sie tatsächlich sind, dann ist der Eklat ohnehin perfekt.

Sugar Daddy & Toy Boy Mom

Verweilen wir nicht lange mit der Erläuterung von Anglizismen – ich nenne mal direkt zwei Beispiele, anhand deren sofort klar ist, wer bzw. was damit gemeint ist: Berlusconi und Madonna. Wenn ‚Mann' sich im fortgeschrittenen Alter (dieses *No Go* ist ab 50 sozusagen altersfrei peinlich) mehr denn je zuvor wie ein Möchtegern-Casanova gebärdet und sich so sehr in Saft und Kraft wähnt, dass er allen Ernstes glaubt, es auch mit sehr viel jüngeren aufzunehmen zu können. Und sei es für die allerletzte Nacht seiner Nächte. Nein, es interessiert die Gesellschaft nicht wirklich, wie er das dann bewerkstelligt. Apropos – wie heißt eigentlich nochmal der aktuelle Toy Boy von Madonna? Sie wissen schon – der, der so gut zu ihrer Tochter passen würde…

Tuning, Upgrade, Implantate

Ja, ist es denn noch nicht genug, dass im dritten Viertel ohnehin in aller Regel gewisse notwendige Reparaturmaßnahmen und diverse interne bzw. externe Ersatz- und Zubehörteile sowie Funktionserweiterungen anstehen? Die neue

Hüfte aus echtem Titan zum Beispiel wertet ihren stolzen Besitzer ungemein auf. Sie begründet jedoch meist keine Karriere als Balletttänzerin oder Basketball-Profi und auch eine Besteigung des K2 ist nur seltenen Fällen vorbehalten. Dennoch haben es sich einige Menschen in Verkennung einiger banaler Realitäten des wirklichen Lebens zum Inhalt ihres eigenen offenkundig so überaus schnöden Daseins gemacht, eine Existenz in permanenter Runderneuerung anzustreben und überbieten sich jenseits der 50 mit übermenschlichen Leistungen, zu denen ein vor Gesundheit strotzender 25-jähriger schon kaum in der Lage wäre.

Das Leben ist nun einmal ungerecht und weiße Haare bzw. deren Nichtexistenz lassen einen um gefühlte Lichtjahre älter und unattraktiver erscheinen. Kein Wunder also, dass gerade ergrauende Frauen es nur höchst selten wagen, öffentlich Farbe zu bekennen. Aber auch wenn ‚Mann' seinen Skalp lassen muss, ist eine Glatze immer noch ehrlicher als ein Fiffi.

Gerhard Schröder färbt seine Haare übrigens immer noch nicht. Würde ich das hier behaupten, wäre ich vermutlich innerhalb weniger Wochen weithin berühmt-berüchtigt – wegen der höchstrichterlichen Unterlassungsklagen. Auch Berlusconi lässt sämtliche Bilder, die in die Öffentlichkeit dringen, akribisch retuschieren. Im Grunde würde er sich selber gerne ca. 50 Jahre wegretuschieren lassen, aber seine Ärzte konnten ihn immerhin von der Unmöglichkeit dieses Unterfangens überzeugen. Würde geht irgendwie anders... [46]

---

[46] Beitrag von Christine Kammerer, 10.01.2013
https://www.seniorbook.de/themen/kategorie/geschichten-die-das-leben-schreibt/artikel/3565/in-wuerde-altern--was-gar-nicht-geht.
Siehe hierzu auch den folgenden Beitrag!

DAGMAR GEHM
EINSPRUCH! IN WÜRDE ALTERN –
ABER BITTE MIT SPASS!

Liebe Christine Kammerer, Ihrem Beitrag muss ich ganz und gar widersprechen!

In Würde altern? Was bedeutet das für Sie? Sie sprechen nur davon, wie man es nach Ihrer Ansicht nicht tun soll. Heißt es, dass ich ab 50 plus nur noch gedeckte Farben tragen darf, den Lippenstift in Altrosa wählen und den Schnitt der Kleider im weiten Wallelook, den im Kloster nicht mal mehr die Nonnen tragen?

Warum darf ich meinen Körper, sofern er mit dem einer Dreißigjährigen noch kompatibel ist, nicht durch figurbetonte Kleidung zeigen? Bloß weil ich eben nicht mehr 30 bin? Schon als junge Frau – etwa in Ihrem Alter – fand ich es faszinierend, wie sich schicke Italienerinnen kleiden. Selbst wenn sie das von Ihnen vorgegebene Verfallsdatum überschritten hatten, tragen sie enge, kurze Röcke und tief ausgeschnittene Tops und kümmern sich keinen Deut darum, ob die Oberschenkel, die meist in hautfarbenen Netzstrümpfen stecken, noch fest sind und das Dekolleté noch straff ist. Sie sind stolz auf ihre Silhouette und stolz auf ihren Stil.

Dazu gehört sehr viel Selbstbewusstsein und auch das hat etwas mit Würde zu tun. Wenn ich mich im Straßenbild umsehe, packt auch mich oft das kalte Grauen. Weil sich junge Frauen, die ihren Körper mit Fastfood und zu wenig Bewegung verhunzt haben, in derart enge Jeans und T-Shirts quetschen, dass es schon unappetitlich aussieht.

Nennen Sie das Würde? Meine Tante ging bis ins hohe Alter von 90 Jahren noch dreimal die Woche ins Fitnessstudio. Aber nicht, wie Sie es unterstellen, weil sie partout sich mit „übermenschlichen Leistungen überbieten wollte, zu denen ein vor Gesundheit strotzender 25jähriger schon kaum in der Lage wäre". Sondern weil sie Spaß daran hatte. Weil sie gesund bleiben wollte. Weil sie sich jedes Mal unglaublich gut fühlte, wenn sie es geschafft hatte, noch ein weiteres Gewicht am Trainingsgerät aufzulegen.

Viel besser fühlte sie sich als nach einem Stück Torte, das ihre Altersgenossen inzwischen im Café verputzten. Und weil sie nicht altersgerecht ihre Tage nur zwischen Siechtum und Sofa verbringen wollte.

Warum darf ein 50-plus-Mensch z.B. im Urlaub nicht mal in einem Nachtclub nach Discoklängen tanzen, wenn er sich zwar nicht nach den allerneuesten angesagten Moves, aber immerhin genauso rhythmisch bewegen kann wie ein junger? Warum darf er keinen Trendsport wie Snowboard, Mountainbike & Co. ausüben, wenn er sich dadurch gleich 20 Jahre jünger fühlt (nicht, weil er 20 Jahre jünger wirken will), bloß weil Sie ihn in eine Schublade stecken wollen?

Ich denke, dass es die Motivation ist, die den Unterschied ausmacht. Natürlich wirkt es aufgesetzt und lächerlich, wenn der Vater eines Teenagers versucht, die Sprache der Jugendlichen nachzuäffen und dabei nur den Kürzeren ziehen kann, weil er den neuen, ständig wechselnden Ausdrücken hinterherhinkt. Natürlich sollte er keine grün-rot-blaue Punkfrisur mehr tragen. Aber warum um Himmels willen darf er/sie sich die Haare nicht färben? Warum soll ich um so viel älter wirken, als ich mich fühle? Wen stört es, außer Ihnen?

Würde des Alters macht sich für mich kaum an Äußerlichkeiten fest. Sie äußert sich darin, den Jüngeren unsere Erfahrung mitzugeben, ihnen zuzuhören, auch von ihnen zu lernen.

Dabei ist es vollkommen egal, ob ich dabei knapp sitzende Hüftjeans trage, einen Minirock oder den angeblich so alterslosen aber alt machenden Wallelook. Die Würde des Alters äußert sich durch Humor, mit dem man dem Älterwerden begegnet. Das Lachen auch über sich selbst.

Auf ‚seniorbook' habe ich mal eine Glosse geschrieben mit dem Titel „Als Gruftie in der Muckibude". Dort gehöre ich zweifellos zu den Älteren.

Ich gehe aber trotzdem hin. Nicht weil ich auf Biegen und Brechen jugendlich wirken will. Sondern weil ich mittendrin sein will statt außen vor. Weil ich nicht in eine Schublade gesteckt werden will. An meiner Würde hat deswegen noch niemand gezweifelt.[47]

Spaß bis ins hohe Alter![48]

---

[47] Beitrag von Dagmar Gehm, 10.01.2013, 21:42 Uhr
https://www.seniorbook.de/themen/kategorie/geschichten-die-das-leben-schreibt/artikel/3618/einspruch-in-wuerde-altern---aber-bitte-mit-spass. Quelle: Seniorbook AG
[48] Hinzugefügt vom Herausgeber.

VOLKSLIED
SCHÖN IST DIE JUGEND

Schön ist die Jugend bei frohen Zeiten
Schön ist die Jugend, sie kommt nicht mehr
So hört´ ich oft schon von alten Leuten
Und seht, von denen weiß ich´s her.
Drum sag ich´s noch einmal,
schön sind die Jugendjahr,
Schön ist die Jugend
sie kommt nicht mehr

Es blühen Rosen, es blühen Nelken,
Es blühen Blumen und welken ab.
Ja, auch wir Menschen, wir tun verwelken
Und müssen sinken ins kühle Grab.
Drum sag ich´s noch einmal,
schön sind die Jugendjahr,
Schön ist die Jugend
sie kommt nicht mehr.

Ein jeder Weinstock, der trägt auch Reben
Und aus den Reben fließt edler Wein;
Vom Himmel ward er uns gegeben
Um unsere Jugend dran zu erfreu´n.
Drum sag ich´s noch einmal,
schön sind die Jugendjahr,
Schön ist die Jugend
sie kommt nicht mehr.

Vergangene Zeiten kehren niemals wieder,
Nur einmal blühet des Lebens Mai.
Drum lasset singen uns frohe Lieder,
Genießt die Jugend, eh´ sie vorbei.
Drum sag ich´s noch einmal,
schön sind die Jugendjahr,
Schön ist die Jugend
sie kommt nicht mehr.

Ein Weg ohne Umkehr[49]

---

[49] Hinzugefügt vom Herausgeber

THEODOR FONTANE
DIE ALTEN UND DIE JUNGEN

„Unverständlich sind uns die Jungen"
Wird von den Alten beständig gesungen;
Meinerseits möcht ich´s damit halten:
„Unverständlich sind mir die Alten."

Dieses am Ruder bleiben wollen
In allen Stücken und allen Rollen,
Dieses sich unentbehrlich Vermeinen
Samt ihrer „Augen stillem Weinen",

Als wäre der Welt ein Weh getan –
Ach, ich kann es nicht verstahn.
Ob unsre Jungen, in ihrem Erdreisten,
Wirklich was Besseres schaffen und leisten,

Ob dem Parnasse sie näher gekommen
Oder bloß einen Maulwurfshügel erklommen,
Ob sie, mit andern Neusittenverfechtern,
Die Menschheit bessern oder verschlechtern,

Ob sie Frieden sä´n oder Sturm entfachen,
Ob sie Himmel oder Hölle machen –
E I N S läßt sie stehn auf siegreichem Grunde:
Sie haben den Tag, sie haben die Stunde;

Der Mohr kann geh´n, neu Spiel hebt an,
Sie beherrschen die Szene, sie sind dran.

Unterschrift Th. Fontane

UWE WEIDINGER
WER SIND WIR?

Spötter bezeichnen uns mittlerweile als die „ältesten Junioren" bzw. als die „jüngsten Senioren" in diesem Verein. Dahinter steht eine muntere und lebendige Gruppe von Sportbegeisterten – Männlein und Weiblein –, die mittlerweile schon fast alle das reife Renten-/Pensionsalter erreicht haben. Unser Leitmotiv ist die aktive und sportliche Betätigung vor dem Hintergrund, die vielen typischen Altersbeschwerden und nicht nur das Übergewicht möglichst von uns zu halten und dem Alterungsprozess ein wenig entgegenzuwirken. Nur durch einen gesunden Lifestyle können wir uns länger gesund, jung und beweglich halten.

Die ‚Trimm-Dich-Gruppe' im TSVS

Unter fachkundiger Anleitung unserer Übungsleiterinnen/leiter treffen wir uns zweimal wöchentlich (dienstags und freitags) zu einstündigen Übungsabenden jeweils ab 18.00 Uhr; im Winterhalbjahr in der schönen neuen Sporthalle Schilksee bzw. im Sommerhalbjahr auf dem grünen Rasen (Vereinssportplatz) neben der Halle.

Auf dem Trainingsprogramm stehen mit wechselnden Schwerpunkten gymnastische Bewegungsabläufe von Armen, Beinen, Brust, Schulter und Rücken einschließlich Dehnungsübungen (*stretching*), um alle Körperteile gelenkig und beweglich zu halten. Das stärkt das Wohlbefinden u. a. auch von Seele und Geist. Wie heißt es doch so schön: „Nur in einem gesunden Körper steckt ein frischer Geist".[50]
Unsere ganz sportlich Ambitionierten haben auch in diesem Jahr zum wiederholten Male am Erwerb der Urkunde für das Deutsche Sportabzeichen teilgenommen als Leistungsnachweis für die persönliche Fitness (zehn Teilnehmer).
Auch gesellschaftliche Ereignisse und Veranstaltungen stehen auf unserem Programm wie Besichtigungen bekannter Firmen und Betriebe, Fischessen bei Forelli oder auch nur – wie in diesem Jahr – eine sportlich-lustige Kanutour auf der landschaftlich herrlich umrahmten Schwentine einschließlich Mittagstisch und mit abschließender Kaffee- und Tortenrunde in einem neu eröffneten Café an der Schwentinebrücke.[51]

---

[50] Zusatz des Herausgebers: Siehe auch Ovid (43-17): „Tempora mutantur, nos et mutamur in illis" oder „Die Zeiten ändern sich – und wir mit ihnen."
[51] Untertitel: Wer versteckt sich hinter dieser Abteilung, die seit Bestehen des Vereins unter der Bezeichnung ‚Trimm-Dich-Gruppe' im TSVS geführt wird? Quelle: www.tsv-schilksee.de

MATTHIAS AHRENS
ALTE MENSCHEN IN DER BIBEL

„Und er starb alt und lebenssatt." So heißt es zum Beispiel im Buch Hiob. Lässt das Ende eines erfüllten Lebens sich würdiger als mit diesen Worten beschreiben?

Aber wann ist jemand alt in der Bibel? Wie sieht das Alter aus? Dem Leben der ersten Menschengenerationen waren nach biblischen Angaben kaum Grenzen gesetzt (1. Mose 5). Adam lebte 930 Jahre lang, Metuschelach (besser bekannt als ‚Methusalem') sogar 969; dessen Sohn Lamech starb vergleichsweise jung mit 777 Jahren. Adam und seine direkten Nachkommen sind jedoch selbst aus biblischer Sicht Vertreter einer grauen Vorzeit. Das Verzeichnis ihrer langen Lebensspannen orientiert sich an keiner Realität, es ist offenbar von einer Zahlensymbolik bestimmt, die heute nicht (mehr) zu entschlüsseln ist.

Noch vor der Sintflut begrenzt Gott selbst das Alter der Menschen auf 120 Jahre und begründet das mit den Worten:

Mein Geist soll nicht immerdar im Menschen walten, denn auch der Mensch ist Fleisch.
1. Mose 6,3

Diese begrenzte Spanne des menschlichen Lebens hat Mose voll ausgekostet, als er im Alter von 120 Jahren stirbt. Doch „seine Augen waren nicht schwach geworden und seine Kraft war nicht verfallen" (5. Mose 34,7); der große Prophet durfte auch im Alter nicht schwach werden, musste bis zuletzt uneingeschränkt die Geschicke des Volkes lenken, wie seine Abschiedsreden zeigen.

• **Abraham und Sara bilden dann doch wieder eine Ausnahme.**

Abraham ist schon 75 Jahre alt, als er auf Gottes Geheiß hin aus seinem Vaterland auszieht und seine biblische Geschichte überhaupt erst beginnt. Bei der Geburt seines ersten Sohnes Ismael ist er stolze 86 Jahre alt (1. Mose 16,16), er zählt volle einhundert Jahre bei der Geburt des Erben Isaak (1. Mose 21,5). In welchem Alter Sara diesen Sohn gebar, vermerkt die Bibel nicht, doch war sie wie Abraham „alt und hochbetagt" und es ging ihr „nicht mehr ... nach der Frauen Weise" (1. Mose 18,11). Gestorben ist Sara mit 127 (1. Mose 23,1f), Abraham erst mit 175 Jahren (1. Mose 25,7) – „alt und lebenssatt".

**Als Isaak alt geworden war und
seine Augen zu schwach
zum Sehen wurden...**
1. Mose 27,1

Ihr Sohn Isaak dagegen bekommt die Probleme des Alters voll zu spüren: Als er „alt geworden war und seine Augen zu schwach zum Sehen wurden" (1. Mose 27,1), da ergriff sein Sohn Jakob die Gelegenheit, ihn zu betrügen.

Der Stammvater Israels fühlt im Alter seine Verwundbarkeit. Abraham, Isaak und die anderen Stammväter sind nicht nur Vorbilder für den Wunsch, alt und lebenssatt zu sterben. Mit ihnen eng verbunden ist auch der Wunsch, vorher noch den Segen an die Nachkommen weiterzugeben.

Doch gelingt der Übergang von einer Generation auf die andere auch in der Bibel kaum einmal reibungslos, wie gerade Isaaks Beispiel zeigt: Von Jakob hinters Licht geführt, segnet Isaak diesen Zweitgeborenen statt des älteren Esau (1. Mose 27).

Isaak selbst hat nicht von seinem Vater Abraham den Segen empfangen; erst nach dessen Tod übernahm Gott diese väterliche Aufgabe (1. Mose 25,11). Und das Vermächtnis des Mose an die Stämme Israels umfasst neben dem Segen auch die – dann auch eintreffende – Ansage von massivem Unheil (5. Mose 32).

• **In einem Psalm wird Gottes Festlegung der menschlichen Lebensspanne noch weiter nach unten korrigiert:**

> **Unser Leben währet siebzig Jahre,**
> **und wenn's hoch kommt,**
> **so wird's achtzig Jahre...**
> Psalm 90,10

Das Psalmwort ist nicht zuletzt deshalb wohl so bekannt, weil seine Beschreibung noch den heutigen Erfahrungen entspricht, zumal es weitergeht: „und was daran köstlich scheint, ist doch nur vergebliche Mühe; denn es fähret schnell dahin, als flögen wir davon."

Ob jemand ein alter Mensch ist, lässt sich also nicht einfach an der Zahl der Lebensjahre ablesen, in der Bibel so wenig wie heute.

• **Und wie alt sind die ‚Ältesten', die in der Bibel so häufig erwähnt werden?**

Nirgends finden sich Angaben über ihr konkretes Alter oder andere Voraussetzungen für das Übernehmen dieser Rolle. Immer aber tragen die Ältesten Verantwortung für das Gemeinwesen, für ihre Stadt oder ihren Stamm. Können sie dann tatsächlich ‚Greise' sein, wie das entsprechende hebräische Wort auch zu übersetzen ist? In der Bezeichnung Älteste wird deutlich, wie eng in der biblischen Welt Alter, Würde und Verantwortung für das Gemeinwesen verbunden sind.

• Entsprechend gehen von Alten wichtige Impulse aus.
Als Maria und Joseph ihren Sohn Jesus im Tempel darstellen, verkündet die Prophetin Hanna als eine der Ersten, dass mit dem Jesuskind die Erlösung (Lk 2,38) anbricht. Sie „war hochbetagt"; der Evangelist Lukas gibt ihr Alter mit „an die vierundachtzig Jahre" (Lk 2,37) an. Vorher hat schon Simeon in einem Lobgesang Jesus als den Heiland, den „Christus des Herrn" gepriesen (Lk 2,26). Dass auch er ein alter Mann war, lässt sich indirekt aus der Verheißung schließen, „er solle den Tod nicht sehen, er habe denn zuvor den Christus des Herrn gesehen". Als das geschehen ist, sieht er getrost seinem Lebensende entgegen mit den Worten:

Herr, nun lässt du deinen Diener
in Frieden fahren.
Lukas 2,29

Alt und lebenssatt zu sterben, ist auch in der Bibel nicht allen vergönnt. Viele sterben schon jung, viele durchaus nicht lebenssatt. Die alten Menschen in der Bibel sind so wenig über einen Kamm zu scheren wie die heutigen. Weder garantiert das biblische Alter Weisheit noch sind sicher Verwirrtheit und Starrsinn damit verbunden. Nur eines ist sicher: „Gott schuf den Menschen zu seinem Bilde, zum Bilde Gottes schuf er ihn; und schuf sie als Mann und Frau" (1. Mose 1,27). Diese Nähe zum Schöpfer wird durch das Alter nicht aufgehoben.[52]

---

[52] Dr. Matthias Ahrens, in: Evangelische Landeskirche in Württemberg/Diakonisches Werk der evangelischen Kirche in Württemberg e.V. (Hrsg.), Ich will euch tragen. Handbuch, Arbeitshilfe für die Seelsorge in der Altenpflege, 2006, S. 48-50. Im Internet zu finden unter der Adresse: http://www.seelsorge-im-alter.de/leben-im-alter/lebensbilder/alte-menschen-in-der-bibel/

BRÜDER GRIMM
DER ALTE GROSSVATER UND DER ENKEL

Es war einmal ein steinalter Mann, dem waren die Augen trüb geworden, die Ohren taub, und die Knie zitterten ihm. Wenn er nun bei Tische saß und den Löffel kaum halten konnte, schüttete er Suppe auf das Tischtuch, und es floss ihm auch etwas wieder aus dem Mund. Sein Sohn und dessen Frau ekelten sich davor, und deswegen musste sich der alte Großvater endlich hinter den Ofen in die Ecke setzen, und sie gaben ihm sein Essen in ein irdenes Schüsselchen und noch dazu nicht einmal satt; da sah er betrübt nach dem Tisch und die Augen wurden ihm nass.

Einmal auch konnten seine zittrigen Hände das Schüsselchen nicht festhalten, es fiel zur Erde und zerbrach. Die junge Frau schalt, er sagte nichts und seufzte nur. Da kaufte sie ihm ein hölzernes Schüsselchen für ein paar Heller, daraus musste er nun essen.

Wie sie da so sitzen, so trägt der kleine Enkel von vier Jahren auf der Erde kleine Brettlein zusammen.

„Was machst du da?" fragte der Vater. „Ich mache ein Tröglein", antwortete das Kind, „daraus sollen Vater und Mutter essen, wenn ich groß bin."

Da sahen sich Mann und Frau eine Weile an, fingen endlich an zu weinen, holten sofort den alten Großvater an den Tisch und ließen ihn von nun an immer mitessen, sagten auch nichts, wenn er ein wenig verschüttete.

Ruth Maria Kubitschek
Die Chance erkennen

Es bleibt einem gar nichts anderes übrig, als älter zu werden. Die Frage ist nur, wie. Am klügsten wäre es, anmutig älter zu werden. Anmutig heißt, dass man sich nicht gehen lassen darf, es beinhaltet Disziplin und Aufrichtigkeit sich selbst gegenüber. Was vorbei ist, ist vorbei, dem sollte man nicht nachweinen.

Ich versuche, immer im Moment zu sein, da, wo das Leben stattfindet. Es ist nicht vorher, es ist nicht nachher, sondern nur jetzt. Und im Jetzt ist auch alles nicht so schlimm.

Im Prozess des Älterwerdens lassen wir mehr und mehr Unwesentliches los. Wir haben die Chance, den Ereignissen und den Entscheidungen gelassener gegenüberzutreten. Unsere Sicht auf die Dinge verändert sich. Wir sind zu mehr Akzeptanz bereit und haben auch den Mut, einmal deutlich Nein zu sagen. Was jedoch auch immer passiert auf unserem Weg – wir sollten den Humor nie verlieren!

Bei vielen Menschen, die ich kenne, ob Mann oder Frau, ist das Alter mit einem großen Makel behaftet, vor allem mit einer großen Angst, zum Beispiel nicht mehr geliebt zu werden, nicht gesund zu bleiben oder zu verarmen; vielleicht sogar das Erinnerungsvermögen zu verlieren und abhängig von der Hilfe anderer zu werden. Dies sind alles berechtigte Sorgen, denen man sich aber nicht hingeben darf.

Heute bin ich zweiundachtzig und ich erschrecke nicht einmal bei der Zahl, weil ich mich innerlich gesünder und jünger fühle als mit vierzig. Als ich vierzig wurde, stand die Zahl wie ein schwarzes Tor vor mir, durch das ich nicht hindurchgehen wollte.

Ich sah nur Dunkelheit und konnte mir nicht vorstellen, dass dahinter noch Möglichkeiten voller Schönheit und Lebendigkeit auf mich warten würden.

Die schmerzhaften Verluste hatten sich schon in meinem Gesicht eingegraben, der Körper war auch nicht mehr das, was er einst gewesen war. Von nun an ging ich auf die fünfzig zu, was sollte da noch Aufregendes passieren?

So wurden die Jahre zwischen vierzig und fünfzig meine schwersten Jahre als Frau und als Schauspielerin ohne nennenswerte Erfolge. Heute weiß ich, es lag an meinem Denken, dass ich mir selbst diese Jahre so schwer gemacht habe – weil ich nur Dunkelheit sah. Deshalb konnte auch nichts anderes entstehen.

Andererseits hatte ich mich in dieser Zeit so satt, dass ich mein Leben auf diese Weise nicht mehr weiterleben wollte. Ich wartete nicht länger auf die Hand, die sich mir von außen reichen würde, sondern suchte meine Stärke im Inneren.

Denn das Komische ist: Das Leben schert sich nicht um deine Ängste, es geht einfach weiter. Du wirst mit jedem Tag älter – ob du es willst oder nicht. Doch du hast es in der Hand, ob du unter dieser Tatsache leidest. Diese Wahl bleibt jedem von uns.

Mit dem Wissen von heute hätte ich damals das schwarze Tor der Angst spielerisch durchtanzt. Denn das Leben fängt überhaupt erst an, wenn man durch Verluste und Enttäuschungen eine gewisse Leidensfähigkeit entwickelt hat und sich davon nicht bestimmen lässt.

Ich habe verstanden, dass ich selbst für alle Ereignisse in meinem Leben die Verantwortung trage, habe aufgehört, die Schuld bei anderen zu suchen und schaue immer, dass ich meine Sicht auf schwierige Situationen prüfe und mir überlege, wo ich mich ändern könnte – und nicht die anderen! Als mir das klar wurde, was sehr lange gedauert hat, hörte ich mit meinem Gejammer auf.

Sie werden sich nun vielleicht fragen, was das mit anmutig älter zu werden zu tun hat: Nach meiner Erfahrung sehr viel. Wenn ich mit vierzig Jahren anfange, mein Leben in meine

Hände zu nehmen, genügend Humor habe, um die Nacken-
schläge abzufangen, gehen die Mundwinkel nicht nach unten. Keine Bitterkeitsfalten bilden sich im Gesicht.
Selbst in den Fünfzigern schafft man es noch, Fehler abzufangen, die sich im Gesicht eingraben wollen. Sogar mit
sechzig Jahren kann man noch das Schlimmste verhindern.[53]

Ruth Maria Kubitschek

---

[53] Ausschnitt aus dem Buch von Ruth Maria Kubitschek: *Anmutig älter werden*, München, 2013.

SUSANNE DONNER
WEISE GREISE

Was Hänschen nicht lernt, lernt Hans nimmermehr. Stimmt nicht! Ältere Menschen können vom Jonglieren bis zur neuen Sprache alles lernen. Und in manchen Fähigkeiten übertrumpfen sie sogar jeden Jungspund.

Charlie Chaplin dachte nie daran, sich zur Ruhe zu setzen. Kaum hatte er seinen 70. Geburtstag gefeiert, wurde er noch zweimal Vater. Doch er besann sich nicht etwa auf die Familie, sondern stürzte sich umso mehr in die Arbeit. Mit 78 Jahren drehte er als Regisseur und Drehbuchautor seinen ersten und einzigen Farbfilm: *Die Gräfin von Hongkong.*

Die Kritiker waren nicht sonderlich angetan von dem Werk. „Eine zähflüssige Romanze", urteilt das Lexikon des internationalen Films. Doch aus Sicht der Alternsforschung verkörpert Chaplin ein Ideal. Er sprühte vor Lebenslust, Scharfsinn und Esprit – bis ans Lebensende. So sollten wir alle alt werden.

Das Wichtigste in Kürze:
- Senioren können bis ins hohe Alter lernen. Ihr Gehirn wächst und regeneriert sich ähnlich dem junger Menschen.
- Ältere Menschen bauen auf Lebenserfahrung und eine gute Bildung auf und sind deshalb oft besonders klug, sprachgewandt und können komplexe Situationen besser beurteilen. Diese kristalline Intelligenz macht ihre Weisheit aus.
- Junge Menschen sind indes besonders flink und geistig wendig. Diese fluide Intelligenz lässt mit zunehmendem Alter nach, kann aber trainiert und somit erhalten werden.

Eine andere Intelligenz?

Der gewiefte Alte – eine Randerscheinung? Wo Themen wie Demenz und Parkinson´sche Krankheit die öffentliche Debatte bestimmen, erscheint das so.

Wenn in Deutschland von der Überalterung der Gesellschaft die Rede ist, taucht eine Schar seniler Senioren vor dem geistigen Auge auf. Neurowissenschaftler malen mit an dem düsteren Bild: Katrin Amunts von der Abteilung für Psychiatrie und Psychotherapie am Universitätsklinikum Aachen beispielsweise.

Sie verkündete 2008, dass das Gehirn schon ab 18 Jahren schrumpfe. Nach der Pubertät geht´s also bergab, könnte man meinen.

Akrobatik im Alter

Es gibt nur wenige Forscher, die sich der gesunden Alten annehmen. Die meisten stürzen sich auf die Vergesslichen und Gebrechlichen, in der Hoffnung, ihr Leiden zu verstehen und Therapien zu entwickeln.

Diese Konzentration aufs Pathologische verstellt den Blick auf die Realität. Deshalb hat eine Studie, die Arne May 2008 im *Journal of Neuroscience* veröffentlichte, die Fachwelt verblüfft.

24 Frauen und 20 Männer zwischen 50 und 67 Jahren ließ er drei Monate lang das Jonglieren üben. „Können die das überhaupt noch lernen?", zweifelten einige Kollegen. „Wir suchten etwas, das einfach ist, was man nie wieder vergisst und was nicht jeder kann – wie Radfahren", erklärt Neurowissenschaftler May, der am Universitätsklinikum Hamburg-Eppendorf arbeitet.

Tatsächlich lernten alle, auch die Rentner, das Kunststück. Im Vergleich zu jungen Menschen brauchten sie lediglich etwas länger.

Unerschöpflicher Geist

Nach Abschluss des Trainings verglich May die Gehirne der Jongleure im Kernspintomografen mit denen einer Kontrollgruppe im selben Alter, die nicht geübt hatte. Überraschend: Sogar im vermeintlich starren Geist der älteren Teilnehmer hatte die Akrobatik Spuren hinterlassen. Der Hippocampus, ein zentraler Bereich für das Lernen, und ein Teilgebiet des Belohnungszentrums, der Nucleus accumbens, waren gewachsen. Die graue Substanz im visuellen Assoziationscortex hatte mächtig zugelegt.

Diese Region ist darauf spezialisiert, Bewegungen im Raum zu erfassen. „Auch die Älteren sind lernfähig. Ihre Gehirne haben genauso wie das junge Denkorgan die Fähigkeit zur strukturellen Plastizität", fasst May zusammen. Sogar schon nach einer Woche Training ist der positive Effekt im Kopf zu sehen. „Und selbst wenn man aufhört zu üben, geht das Polster im Kopf nicht zurück auf Null – ganz unabhängig vom Alter." Bis heute lässt sich das geistig-strukturelle Wachstum nicht genau erklären. Aber, so viel ist klar: Das Denkorgan ist kein Bestandsgebäude, an dem stetig der Zahn der Zeit nagt.

So weiß man, dass auch im Gehirn von Erwachsenen zeitlebens neue Nervenzellen gebildet werden. Sie entstehen vor allem im Hippocampus, jenem so wichtigen Areal für Lernen und Gedächtnisbildung.

Und an Mäusen haben Forscher gelernt, dass sich die neu gebildeten Zellen in die bestehenden Netzwerke einpassen und zur Lernfähigkeit der Tiere beitragen. „Wir haben die älteren Menschen unterschätzt", sagt May. Sie lernen lebenslang.

„Das sehr düstere Bild des geistigen Abbaus ab 25 Jahren ist definitiv falsch", bekräftigt der Schweizer Psychologe Philippe Rast.

Alt schlägt jung
Nicht einmal das Gedächtnis der Senioren ist immer schlechter als das der nachfolgenden Generationen. Rast, der gegenwärtig an der University of Victoria in Kanada forscht, wertete 2012 Daten zu den kognitiven Fähigkeiten von 334 Zürichern zwischen 66 und 81 Jahren aus. Die Probanden sahen unter anderem 27 Wörter je zwei Sekunden lang auf einem Monitor und mussten sich möglichst viele Begriffe einprägen. Über fünf Durchgänge konnten sie sich sukzessive steigern. So wurde die Lernleistung gemessen. Der Test stellt zudem den Wortschatz, das Arbeitsgedächtnis und die Verarbeitungsgeschwindigkeit auf die Probe. Gerade die letzten beiden kognitiven Leistungen lassen angeblich mit dem Alter deutlich nach.

Doch in dieser Studie zeigte sich das nicht: Ob die Probanden sich viele oder wenig Wörter merken konnten, hing nicht mit ihren Jahren zusammen. Vielmehr ließ sich die Merkfähigkeit alleine mit dem Wortschatz und dem Arbeitsgedächtnis erklären. Je besser beide waren, desto mehr Begriffe konnten die Senioren abrufen. Lediglich beim Tempo spielte das Alter eine Rolle: Die jüngeren Teilnehmer konnten schneller antworten.

Bei einzelnen Geistesgaben übertrumpft die Silbergeneration sogar die Jüngeren. „Im Kopfrechnen sind sie viel besser", nennt Rast ein Beispiel, „weil die heutige Jugend mit Taschenrechnern groß wird."

Alle sieben Jahre erfassen Forscher um Warner Schaie, Psychiater an der University of Washington, die geistigen Fähigkeiten von bis zu 6000 Personen. Diese Seattle Longitudinal Study begann vor über 60 Jahren und ist die längste Erhebung zum mentalen Alterungsprozess überhaupt. Die Befunde rehabilitieren die Betagten: Die über 50-Jährigen stechen die 25- bis 35-Jährigen in puncto Sprachkompetenz und Wortgedächtnis aus. Sie können sich besser räumlich

orientieren und in komplexen Situationen leichter Schluss-
folgerungen ziehen.
Alternsforscher und Biochemiker Christian Behl von der
Universität Mainz fasst die bisherigen Befunde so zusammen: „Bei den kurzzeitigen Gedächtnisleistungen, also flink
sein, sich schnell etwas merken, rasch Neues begreifen, sind
junge Menschen klar im Vorteil. Aber bei langzeitlichen Gedächtnisleistungen, die an die Erfahrung und an die Lebens-
geschichte anknüpfen, können die Älteren punkten: Sie sind
besser darin, komplexe Sachverhalte zu analysieren und
Schlüsse daraus abzuleiten."

Eminenz mit kristalliner Intelligenz
Das Weltwissen und die Lebenserfahrung, die so genannte
kristalline Intelligenz, wachsen im Laufe des Lebens. „Es ist
wie mit einem guten Obstbaum. Im hohen Alter kann man
die besten Früchte ernten", erklärt May.
Deshalb lernen Ältere sinnvollen Stoff auch besser als Junge,
weil sie auf Erfahrung und Vorwissen aufbauen können, ergänzt Michael Falkenstein vom Institut für Arbeitsfor-
schung an der Technischen Universität Dortmund.
Demgegenüber steht der Begriff ‚fluide Intelligenz' für die
Fähigkeit, neue Probleme zu lösen und sich in neuen Situationen schnell zurechtzufinden. Vor allem der präfrontale
Cortex und der mediale Temporalcortex sind hier gefordert.
Beide Areale sind vergleichsweise stark vom Abbau im Alter
betroffen. Bei dieser Intelligenzleistung sind junge Menschen im Vorteil. Kinder lernen darum spielend leicht, mit
neuen Geräten wie Smartphones und Tabletcomputern umzugehen.
Lange Zeit nahm man an, dass diese geistige Flexibilität an-
geboren und unabänderlich ist. Doch das Team um den
Psychologen Walter Perrig, Gedächtnisforscher an der Universität Bern, konnte 2008 zeigen, dass die fluide Intelligenz

sich sehr wohl mit einem kognitiven Training des Arbeitsgedächtnisses steigern lässt – und zwar bei Erwachsenen. Wenn Senioren jonglieren lernen, warum sollten sie nicht auch ihre geistige Beweglichkeit trainieren können?

Einer wie keiner

Noch etwas lehren die bisherigen Studien: Keine Gruppe verhält sich in den Tests so heterogen wie die Generation 60 plus. Dies fiel beispielsweise der Psychologin Irene Nagel vom Max-Planck-Institut für Bildungsforschung in Berlin auf, als sie 20- bis 30-Jährige mit 60 bis 70 Jahre alten Personen verglich. Alle sollten sich bestimmte räumliche Muster merken und diese nach kurzer Pause wiedererkennen. Diese Aufgabe fordert in erster Linie das visuell-räumliche Arbeitsgedächtnis.

Nagel analysierte, welche Hirnareale aktiviert wurden. Je anspruchsvoller die Aufgabe, desto mehr sollte das Arbeitsgedächtnis in Beschlag genommen werden, um gute Leistungen zu erzielen. In der Gruppe der älteren Teilnehmer schwankte die Aktivierung des Areals viel stärker als bei den jungen Teilnehmern. Sie schnitten dadurch sehr unterschiedlich ab. Einige Senioren absolvierten den Test mit Bravour und übertrafen viele der Jüngeren, wohingegen andere Senioren sich auffallend schwer taten und mit den Jüngeren nicht Schritt halten konnten.

„Die Streuung in der kognitiven Leistungsfähigkeit bei den über 60-Jährigen und erst recht bei den über 80-Jährigen ist enorm", sagt Rast. Für ihn ist das sogar die wichtigste Erkenntnis der vergangenen Jahre. Auf die Frage nach dem Warum gibt es bisher nur Anhaltspunkte. So beeinflusst der Lebensstil den mentalen Alterungsprozess maßgeblich. Wer reichlich Sport treibt, gesund und ausgewogen isst, nur moderat Alkohol trinkt, hat im dritten Lebensabschnitt einen fitteren Geist.

Es ist möglich, dass die Gehirne infolge des unterschiedlichen Lebenswandels im Lauf der Zeit auseinanderdriften.
Trotz vieler offener Fragen sind sich die Forscher in einem
Punkt einig: „Use it or lose it." – Das gilt für das Gehirn wie
für kein anderes Organ. Rentner, die auf dem Sofa sitzen
und ihren Geist erlahmen lassen, schaden ihrer mentalen
Verfassung. May glaubt sogar: „Chaplin ist nie tatterig geworden, weil er bis ans Lebensende kreativ und offen für
Neues war".[54]

***Der Künstler und seine Familie
in seinem Haus am Wannsee***[55]

[54] Haupttitel: *Das Gehirn im Alter.*
Quelle: http://dasgehirn.info/denken/das-gehirn-im-alter/weise-
greise-104/.
[55] Hinzugefügt vom Herausgeber. Dieses Gemälde stammt von Max
Liebermann (1847-1935). Es handelt sich um eine von zwei Bildversio-
nen und entstand um 1926.

ERASMUS VON ROTTERDAM
DAS LOB DER TORHEIT

Mögen die Menschen in aller Welt von mir sagen, was sie wollen – weiß ich doch, wie übel von der Torheit auch die ärgsten Toren reden –, es bleibt dabei: Mir, ja mir allein und meiner Kraft haben es Götter und Menschen zu danken, wenn sie heiter und frohgemut sind…

Komme nun, wer Lust hat, und vergleiche mit diesem Werke meiner Gnade die Verwandlungskünste der übrigen Götter! Was sie im Zorne tun, mag ich gar nicht berühren; aber selbst ihre teuersten Lieblinge wissen sie bloß in einen Baum, in einen Vogel, in eine Grille oder auch in eine Schlange zu verwandeln, als wäre nicht just das Anderswerden Vernichtung. Ich jedoch lasse dem Menschen sein Wesen und führe ihn wieder in die schönste und glücklichste Zeit seines Lebens.

Gäben die Menschen ein für alle Mal der Weisheit den Abschied und lebten ohne Unterlass mit mir, sie wären des Alterns für immer enthoben: Ewige Jugend belebte sie, ewige Freude. Ihr seht es doch selbst: Die Kopfhänger da, die sich der Philosophie oder ernsthafter, schwieriger Arbeit verkauften, sind meist, noch bevor sie recht jung gewesen, schon Greise.

Warum? Weil der Ernst und das unermüdlich angestrengte Denken ihnen nach und nach allen Lebensgeist, allen Lebenssaft aussaugt. Meine lieben Toren dagegen sind hübsch feist und rund und wohlgepflegt, wie die appetitlichsten Mastschweinchen; von den Plagen des Alters verspürten sie nie das Geringste, würden sie nicht vielfach von den Weisen angesteckt und verseucht – es scheint nun einmal im Menschenleben nicht anzugehen, dass einer vollkommen glücklich sei.

Vergesst auch nicht, dass der Volksmund bedeutsam sagt, Torheit allein bewege die so flüchtige Jugend zum Verweilen und banne das böse Alter. Man begreift dann wohl, warum von den Brabantern die Rede geht, bei andern wachse mit dem Alter der Verstand, bei ihnen die Torheit: Es lebt keine Nation so gemütlich und gesellig beisammen und weiß so wenig von der Trübsal des Alters.

Ihre Nachbarn und Lebenskünstler wie sie sind meine Holländer – sie darf ich wirklich die Meinen heißen, denn sie folgen so treu meiner Fahne, dass alle Welt sie verdientermaßen nach mir benennt, wie auch sie sich dieses Namens gar nicht schämen; im Gegenteil: Sie bilden sich auf ihn besonders viel ein.

Lasst sie nun hingehen, die dummen Menschenkinder, und zu einer Medea, Circe, Venus, Aurora pilgern oder zu irgendeinem Brunnen, sich neue Jugend holen: Ich allein kann sie schenken, und ich allein schenke sie gern. Ich braue den Zaubersaft, mit dem Memnons Tochter ihrem Großvater Tithonos[56] die Jugend verlängerte; ich bin die Venus, deren Gunst jenen Phaon so herrlich verjüngte, dass sich Sappho bis über die Ohren in ihn verliebte; ich kenne die Wunderkräuter, so es deren gibt, ich kenne die Zauberformeln, ich kenne den Quell, der die entschwundene Jugend nicht wiederkehren nur, nein – was viel wünschenswerter – für immer bleiben und wirken macht.

Und wenn ihr nun ja alle den Satz unterschreibt, dass nichts schöner ist als die Jugend und nichts abscheulicher als das Alter, so ist euch wohl klar, was ihr meiner Güte dankt, die euch so viel Schönes rettet und so viel Hässliches erspart.[57]

---

[56] Siehe Abb. 9 in der Einleitung.
[57] Wiedergegeben ist hier ein Ausschnitt aus Kapitel 3 des Desiderius Erasmus von Rotterdam (*1469, † 1536).

HANNES B. STÄHELIN
DIE ALTERNDE GESELLSCHAFT

Die Kunst, das menschliche Leben zu verlängern
Die Lebenserwartung beträgt heute bei Geburt für Frauen rund 85 Jahre, für Männer rund 80 Jahre. Die Zahl der über 85jährigen nimmt jedes Jahr zu. Heute beträgt die Restlebenserwartung 65jähriger in der Schweiz über 36 Jahre für Frauen und 19 Jahre für Männer. Für die Frauen bedeutet dies eine Verdoppelung, für die Männer einen Zuwachs von mehr als der Hälfte.

Als die Naturforschende Gesellschaft in Zürich gegründet wurde, konnte von dieser demographischen Umwälzung, die historisch ohne Vorbild ist, noch keine Rede sein. Statistiken aus der zweiten Hälfte des 18. Jahrhunderts belegen die hohe Sterblichkeit im Säuglings- und Kindesalter, in der Adoleszenz und im mittleren Erwachsenenalter…

Der Rückgang der Sterblichkeit setzte mit der Entwicklung der Naturwissenschaften und der Industrialisierung und den sich daraus ergebenden technischen und sozialen Möglichkeiten im 19. Jahrhundert ein. Die Kindersterblichkeit ist für die Bevölkerung in der Schweiz auf 4 pro 1000 Geburten gesunken. Die rasch wachsende Zahl alter Personen stellt die Gesellschaft vor völlig neue Probleme.

Biophysikalische Grundlagen
Altern ist ein universales Phänomen biologischer Systeme. Die Alterung verläuft keineswegs uniform, sondern die Lebensspanne kann von 1 bis 1.000.000 Tage betragen. Wir unterscheiden zwischen Arten mit
• rascher Seneszenz (z. B. Hausfliege oder Kopfsalat),
• gradueller Seneszenz (Mensch, Maus oder Obstbäume)
• oder geringer bis vernachlässigbarer Seneszenz
(z.B. Schildkröte oder Mammutbaum)…

Rückgang der Sterblichkeit

Die drei wichtigsten Faktoren, die dem demographischen Wandel zugrunde liegen, sind:
• Wachsendes Einkommen der Bevölkerung
• Fortschritte der Medizin
• Verbesserungen im öffentlichen Gesundheitswesen, der Hygiene und entsprechende Kenntnisse in der Bevölkerung. Diese Faktoren führten in den vergangenen hundert Jahren zu der einzigartigen und unvorhergesehenen Abnahme der Mortalität in den Industrienationen.

Ökonomische Aspekte

Eine wichtige Voraussetzung ist der wachsende allgemeine Wohlstand. Die größeren finanziellen Mittel erleichtern den Zugang zu mehr Nahrung, besserem Wohnen und besserer Gesundheitsvorsorge und Behandlung im Krankheitsfall. Während des gesamten 20. Jahrhunderts war die Lebenserwartung sehr stark mit dem durchschnittlichen Pro-Kopf-Einkommen korreliert.

Beitrag der Medizin

Bis zu den dreißiger Jahren war der Beitrag der Krankheitsbehandlung auf die damals schon beobachtete Verlängerung der Lebenserwartung eher bescheiden. Dies hat sich aber mit der Ära der Antibiotika und der verbesserten Medizintechnologie dramatisch verändert. Die hohe Mortalität von Infektionskrankheiten ist heute für Personen im mittleren Erwachsenenalter weitgehend überwunden; für Hochbetagte hat sie noch ihre Gültigkeit. Zahlreiche chronische Krankheiten können heute dank medizinischer und chirurgischer Intervention lange überlebt werden.

Eine der Konsequenzen ist die Verschiebung der Mortalität auf einen späteren Lebensabschnitt. Nicht tödliche Krankheiten wie z. B. Krankheiten des Bewegungsapparats und des Nervensystems entwickeln sich erst mit fortschreitendem Alter. Die steigende Lebenserwartung führt zu einer längeren Periode der Abhängigkeit im Alter; häufig müssen auch Behinderungen in Kauf genommen werden. In der Vergangenheit führte die verbesserte medizinische Versorgung zu einem starken Rückgang der frühkindlichen Mortalität und der Mortalität in jüngeren Lebensabschnitten, heute führt der medizinische Fortschritt vor allem zu einer weiteren Verschiebung der Mortalität in das hohe Alter.

Öffentliche Gesundheit

Als dritte und wohl wichtigste Ursache der demographischen Entwicklung sind Maßnahmen im öffentlichen Gesundheitswesen, der Hygiene und der Volkserziehung zu bezeichnen. Mit der Einführung von sauberem Wasser, der geordneten Entsorgung von Fäkalien und Abfall, der Lebensmittelgesetzgebungen und -kontrolle und der Hygiene wurden die Voraussetzungen für die bereits im 19. Jahrhundert zu beobachtende Rückentwicklung der Kindersterblichkeit gelegt. Diese Maßnahmen sind auch heute noch die wichtigsten Motoren des raschen Bevölkerungswachstums.

Sie sind auch einer der Gründe, warum das Wachstum der städtischen Bevölkerung das der Landbevölkerung weit übertrifft und in naher Zukunft zu städtischen Agglomerationen von 20 bis 30 Millionen Bewohnern führen wird.

Die Kindersterblichkeit ist in städtischen Regionen vor allem dank der besseren sanitären Einrichtung und der besseren Wasserversorgung halb so groß wie in ländlichen Regionen. Das wissenschaftliche Verstehen der Zusammenhänge zwischen Ursachen und daraus resultierenden Krankheiten ist eine unentbehrliche Voraussetzung für eine erfolgreiche Prävention. Diese Zusammenhänge müssen aber von der Bevölkerung verstanden und in geeignete Maßnahmen umgesetzt werden können.

Dies hat in den vergangenen Jahren zu einem nachhaltigen Abfall gewisser tödlicher Krankheiten geführt. So ist der Magenkrebs, der noch in den zwanziger Jahren des 20. Jahrhunderts in der Schweiz die wichtigste Krebstodesursache war, heute sehr viel seltener; umgekehrt ist aber in der gleichen Zeitperiode das Zigarettenrauchen für den starken Anstieg der Lungenkrebsinzidenz verantwortlich. Mit der Aufklärung des Zusammenhangs Rauchen und Krebs setzt allerdings bereits eine Gegenbewegung ein. Interessant ist auch hier zu beobachten, dass es oft die besser ausgebildeten Kreise sind, die das Zigarettenrauchen früher aufgeben als die breite Bevölkerungsschicht.

Konsequenzen

Der Mensch mit seiner Lebensspanne von maximal 120 Jahren wird im Durchschnitt auch bei optimaler Gesundheitsvorsorge und Vermeiden möglicher Risiken trotzdem nur ein mittleres Alter von 90 bis 95 Jahren erreichen. Der altersabhängige Prozess der Involution, der Rückbildung, der Leistungsabnahme ist unausweichlich. Die Ursachen sind vielfältig: Die Präzision der Regelkreise im Organismus nimmt ab, die Effizienz der Energiegewinnung sinkt, die Abwehr- und Reparaturmechanismen werden langsamer und versagen.

Von ganz besonderer Bedeutung ist die Abnahme der Hirnleistungen. Mit geeigneten Strategien gelingt es allerdings, insgesamt die kognitiven Leistungen über lange Jahre im Erwachsenenalter bis ins höhere Alter konstant zu halten. All die genannten biologischen Faktoren führen zu einer größeren Krankheitsanfälligkeit. Der alte Mensch ist deshalb häufiger krank, er leidet in der Regel an mehreren Krankheiten gleichzeitig, und die Überwindung von akuten Krankheiten dauert länger.

Alter und Krankheit

Nicht jeder alte Mensch leidet an den gleichen Krankheiten und Altern ist nicht gleich Krankheit. Neben den universellen, alle Menschen betreffenden Alterungsprozessen gibt es spezifische Krankheitsverläufe, die zur Behinderung, Hilfsbedürftigkeit und zu einer Lebensverkürzung führen. Die Mortalität von chronischen Krankheiten wie Atherosklerose der Herzkranzgefäße oder Krebs kann durch geeignete medizinische oder chirurgische Maßnahmen heute häufig lange hinausgezögert werden.

Eine Heilung von chronischen Krankheiten ist aber schwierig und auch mit dem Einsatz enormer Mittel selten. Trotzdem gelingt es, die biologisch mögliche Lebenserwartung für den Betroffenen zu erhalten und auch eine gute Lebensqualität zu erreichen.

So zum Beispiel bei der im Alter häufigen Schenkelhalsfraktur nach Sturz. Dank modernen Operations- und Rehabilitationsmethoden gelingt es diesen Personen rasch wieder, ein unabhängiges Leben zu führen.

Eine weitere Konsequenz dieser Entwicklung ist ein rasch wachsender Gesundheitsmarkt, der in der Schweiz bereits jährlich ca. 50 Milliarden Franken ausmacht. Ein stetiger Anstieg ist zu prognostizieren. Angesichts des Marktvolumens wundert es nicht, dass eine heftige Diskussion über Berechtigung, Effizienz und Entscheidungskompetenz entbrennt.

Während früher caritativ-ethische Motive weitgehend die Krankenbehandlung dominierten, sind es heute ökonomische Aspekte, die immer stärker in den Vordergrund treten. Angesichts der rasch wachsenden Kosten wird die Frage nach der begrenzten Ressourcen-Zuteilung dringlich. Diese Entwicklung belastet den derzeitigen Generationenvertrag in unvorhersehbarer Weise. Halten wir für die Diskussion dieser Entwicklung fest: Pro-Kopf-Einkommen, medizinische Möglichkeiten und Gesundheitsvorsorge, Hygiene und

Erziehung sind die entscheidenden, die Lebenserwartung bestimmenden Faktoren.

Durch die bessere finanzielle Altersvorsorge wird die Kaufkraft einer namhaften Gruppe Betagter erhöht. Dies dürfte sich positiv auf den Gesundheitszustand und die Lebenserwartung auswirken. Die besser ausgebildeten Gruppen weisen einen besseren Gesundheitszustand auf als die schlechter gebildeten Schichten.

Dieses Phänomen wird weiter verstärkt durch die besseren Kenntnisse der Zusammenhänge zwischen Lebensstil, Ernährungsweise und Krankheiten sowie dem Paradigmawechsel von einer Wahrnehmung der Krankheit als Schicksal zu einer Auffassung, welche die Krankheit als Resultat von Fehlverhalten interpretiert und in die Verantwortung des ‚mündigen' Patienten legt. Die medizinische Entwicklung bringt es außerdem mit sich, dass die Behandlung akuter und chronischer Krankheiten effizienter, aber gleichzeitig auch wesentlich intensiver und aufwendiger wird.

Eine Altersbegrenzung medizinischer Leistungen wird diskutiert. Die Situation besteht bereits heute. Bekanntlich ist das letzte Lebensjahr eines Lebens das teuerste. Eine Untersuchung in den USA ergab, dass das letzte Lebensjahr eines Menschen, wenn er mit 70 stirbt, rund doppelt so teuer ist, wie wenn er mit 100 Jahren stürbe. Bestimmte medizinische Eingriffe und aufwendige Therapien werden mit höherem Alter zunehmend seltener ausgeführt. Frauen werden ebenfalls weniger oft einer intensiven Herztherapie unterzogen als Männer. Der Ausschluss von stark altersabhängigen und nur ungenügend behandelbaren chronisch-degenerativen Krankheiten wie z. B. der Alzheimer-Krankheit von den Leistungen des Gesundheitswesens ist problematisch, weil heute die Behandlung von Krankheiten, die früher zum Tod geführt haben, die Lebenserwartung so stark verlängern, dass degenerative Alterskrankheiten zur Invalidität führen.

Besonders betroffen sind Frauen; sie leiden im mittleren und höheren Erwachsenenalter deutlich weniger an rasch tödlich verlaufenden Krankheiten als Männer und haben dadurch eine längere Periode der Abhängigkeit zu gewärtigen. Die heutigen Möglichkeiten, chronische Krankheiten soweit zu behandeln, dass sie nicht mehr zum Tode führen, verlängern insgesamt die Lebenserwartung von Personen, die sehr große Teile der medizinischen Ressourcen beanspruchen. Wir können von einer Fortschrittsfalle reden. Ziel des Gesundheitswesens muss es jedoch bleiben, die Betagten am medizinischen Fortschritt partizipieren zu lassen. Auch muss die Möglichkeit bis ins hohe Alter gewahrt bleiben, dank präventiver und therapeutischer Maßnahmen die Selbständigkeit zu erhalten.

Konsequente Nutzung der präventiven Möglichkeit wird zu einer Effizienzsteigerung beitragen. Der medizinische und technische Fortschritt durch bessere Diagnostik, neue, weniger belastende Therapien (z. B. Mikrochirurgie, nicht-invasive Therapien) wird vor allem den Hochbetagten am meisten zugutekommen, da dort die Autonomie am stärksten gefährdet ist. Die Kostensteigerung ist aber vorprogrammiert. Unsere Gesellschaft wird sich mit den sozialen Konsequenzen der Ressourcenrationierung auseinandersetzen müssen.

Es ist ein Ziel und eine Aufgabe der TERTIANUM-Stiftung, an einer sozial verträglichen Lösung dieser Fortschrittsfalle mitzuwirken.[58]

---

[58] Quelle: http://www.senline.net/die-alternde-gesellschaft-id748
Untertitel: Demographische Konsequenzen des Fortschritts.
Dr. Hannes Stähelin ist zurzeit Präsident der Tertianum-Stiftung, die die Online-Zeitung *Senline* herausgibt. Er ist Mitbegründer der *European Academy for Medicine of Aging* (EAMA).

ERNST MORITZ ARNDT
JUGEND UND ALTER

Und in meiner Jugend schalt ich:
Wohin fliegst du, kühner Muth?
Wohin flammst du so gewaltig,
Du unstillbar wilde Gluth?
Himmelstürmende Gedanken,
Allertiefste Seelenpein,
Zwischen Erd´ und Himmel schwanken,
Unruh, willst du ewig seyn?

Sehnsucht aus der Nacht zur Helle,
Aus der Helle hin zur Nacht,
Nenn ich´s Himmel, nenn´ ich´s Hölle,
Was mich so unselig macht?
Wie ein Jagdhund auf der Fährte,
Der verschiedenes Wildpret jagt,
Such´ ich auf der weiten Erde
Ein Verlornes, das mich plagt.

O du Engel, der die Pfade
Zu dem Paradies bewacht,
Aus dem Aufenthalt der Gnade
Adam auf den Schub gebracht, –
Künde, löse dem verlornen
Halbling zwischen Thier und Geist,
Dem für´s Distelfeld Gebornen
Doch dieß Räthsel, wenn du´s weißt!

Unterschrift Ernst Moritz Arndt

APHORISMEN
ZUM ALTERN

Mark Twain (1835-1910)
„Hohes Alter ist eine zweite Kindheit – ohne Lebertran."

Gerhart Hauptmann (1862-1946)
„Wer tiefer irrt, der wird auch tiefer weise."

Oscar Wilde (1854-1900)
„Um seine Jugend zurückzubekommen, muss man nur seine Torheiten wiederholen."

Arnold Bennett (1867-1931)
„Ein Mensch mit sechzig war zwanzig Jahre im Bett und hat drei Jahre gegessen."

Lucius Annaeus Seneca (1-65)
„Niemand liebt das Leben so wie einer, der alt ist."

Johann Wolfgang v. Goethe (1749-1832)
„Geniale Naturen erleben eine wiederholte Pubertät, während andere nur einmal jung sind."

Marcus Tullius Cicero (106-43)
„Wer gut und lange leben will, der lebe langsam."

Johann Gottfried Herder (1744-1803)
„Erzähle nicht, wie du mal warst, sondern zeige, wie du jetzt bist."

Apollodor (2. Hälfte des 2. Jhs. v. Chr.)
„Das Alter ist eigentlich eine Krankheit."

Honoré de Balzac (1799-1850)
„Erinnerungen verschönern das Leben. Aber nur Vergessen macht es erträglich."

Michel de Montaigne (1533-1592)
„Nicht der Tod, sondern das Sterben beunruhigt mich."

Novalis (1772-1801)
„Je länger der Mensch Kind bleibt, desto älter wird er."

Ovid (43-17)
„Die Zeiten ändern sich – und wir mit ihnen."

George Bernard Shaw (1856-1950)
„Irgendwann hört das Altern auf, dann verwittert man nur noch."

William Shakespeare (1564-1616)
„Was die Zeit dem Menschen an Haar entzieht, das ersetzt sie ihm an Witz."

Johann Wolfgang v. Goethe (1749-1832)
„Nach den Jahren der Last kommt die Last der Jahre."

Johann Christoph Friedrich von Schiller (1759-1805)
„Das Alte stürzt, es ändert sich die Zeit, und neues Leben blüht aus den Ruinen."

Emanuel Wertheimer (1846-1916)
„So viel unersetzliche Menschen sind schon dahingegangen … und noch immer besteht die Welt?"

THOMAS G. HOFMANN
IM INTERVIEW

Frage: Sie sind der Leiter der Nachwuchsgruppe ‚Zelluläre Seneszenz'. Was ist darunter zu verstehen?

Antwort: Unter zellulärer Seneszenz versteht man ein genetisch festgelegtes Alternsprogramm, das die Lebensspanne von Zellen limitiert. In der Regel ist es so, dass sich normale Körperzellen 40-50 mal teilen können, danach ist ihr Teilungspotential erschöpft und die Zellen fallen in eine Art Altersruhestand, den man zelluläre Seneszenz, sprich Zellalterung, nennt.

Frage: Wodurch kann das Seneszenzprogramm ausgelöst werden?

Antwort: Man kennt eine ganze Reihe von Auslösern. Mittlerweile herrscht die Meinung vor, dass Stresssignale die Hauptauslöser sind. Wenn man beispielsweise an Hautalterung denkt: das UV-Licht der Sonne fördert die Hautalterung, indem es u.a. die DNA schädigt. Diese DNA-Schäden akkumulieren in den Zellen, was letztendlich zum Aufrufen des Seneszenzprogrammes führt. Die Zellen werden dadurch im Zellzyklus eingefroren. Dies führt dazu, dass kaum noch Regeneration oder Teilung der Zellen stattfinden kann und die Haut altert.

Frage: Welchen Zusammenhang gibt es zwischen Seneszenz und Krebs?

Antwort: Krebszellen sind in der Lage, das Seneszenzprogramm zu umgehen. Das Seneszenzprogramm ist normalerweise ein Schutzmechanismus, durch den geschädigte Zellen daran gehindert werden, ihre Erbinformation weiterzugeben, indem die Zellteilung inhibiert wird. Die Krebszellen können dieses Programm soweit außer Kraft setzen, dass sie

potentiell unsterblich werden, und sich kontinuierlich wei-
terteilen und dadurch genetische Defekte an die Tochterzel-
len weitergeben.

Frage: Warum altert der Mensch? Altern alle Zellen gleich
schnell?
Antwort: Organismisches Altern ist natürlich sehr viel komplexer als das Altern auf zellulärer Ebene, wie wir es in unserer Arbeitsgruppe betrachten. Hier spielen sehr viele Faktoren eine Rolle. Man weiß, dass auch Zellen in einem Ge-
samtorganismus molekulare Marker für zelluläre Seneszenz
zeigen.
Diese Tatsache verdeutlicht, dass sich seneszente Zellen im
gealterten Organismus anhäufen. Die Ursache hierfür liegt
sehr wahrscheinlich darin, dass das Regenerationspotential,
welches wir benötigen, um unseren Körper jung und fit zu
halten, indem alte Zellen durch neue ersetzt werden, irgendwann erschöpft ist. Das hat verschiedene Gründe: Das
Stammzellreservoir altert, Stammzellen sterben durch
Apoptose ab und damit versiegt nach und nach der Nach-
schub an neuen Zellen. Zellen im Gewebe werden nicht
mehr ausreichend ersetzt, was zu Funktionsstörungen und
damit einhergehenden Alterungsphänomenen führt.

Frage: Als Modellorganismen für die Zellalterung werden
meist C. elegans oder die Maus verwendet. Warum nimmt
man nicht z.B. die Schildkröte, die nun wirklich alt wird?
Antwort: Es wäre sicherlich auch mal ganz witzig, Schild-
kröten im Labor zu halten. Als Modellorganismen der Alternsforschung haben sich jedoch andere Organismen, wie
der Fadenwurm C. elegans, durchgesetzt. Grund dafür ist
seine kurze Generationszeit sowie die Tatsache, dass man im
Labor relativ einfach genetische Veränderungen an diesen

Organismus erwirken kann, die beispielsweise in einer erhöhten Lebensspanne resultieren. Die Maus als Modellsystem ist dagegen schon weit komplexer. Sie besitzt jedoch den großen Vorteil, dass es sich bei ihr um ein Säugetier handelt und daher die Ergebnisse auch auf höhere Organismen – wie den Menschen – besser übertragbar sind. Es handelt sich hier also um ein Modellsystem, das dem Menschen deutlich näher steht als der Fadenwurm.

Der Nachteil des Maus ist aber, dass sie eine sehr viel längere Generationszeit besitzt als der Fadenwurm, was Forschungsarbeiten mit diesem Modellorganismus sehr zeitintensiv gestaltet. Weiterhin hat sich C. elegans auch aus dem Grund angeboten, da sich mittels bestimmter Screeningmethoden relativ schnell sein komplettes Genom nach Genen für Langlebigkeit durchforsten lässt.

Frage: Welchen Nutzen hat der Bürger von Ihren Forschungsergebnissen?

Antwort: Unser Ziel ist es zu verstehen, wie Krebszellen es schaffen das zelluläre Seneszenzprogramm zu umgehen und unsterblich werden. Wir identifizieren neue molekulare Spieler, welche zum Aufrufen des Seneszenzprogrammes und des programmierten Zelltodprogramms wichtig sind und untersuchen inwiefern ihre Funktion in Tumorzellen verändert ist. Indem wir die Funktion dieser Moleküle in Tumorzellen wieder herstellen, könnten wir diese möglicherweise in der Zukunft spezifisch in die Zellalterung bzw. den programmierten Zelltod zwingen und so das Tumorwachstum stoppen.[59]

---

[59] Dr. Birgit Teichmann war die Fragestellerin in dem Gespräch vom 19. März 2009. Dr. Thomas G. Hofmann ist Leiter der Nachwuchsgruppe ‚Zelluläre Seneszenz' am Deutschen Krebsforschungszentrum Heidelberg.

OTTO REUTTER
IN FÜNFZIG JAHREN IST ALLES VORBEI!

1.

Denk´ stets, wenn etwas dir nicht gefällt:
„Es währt nichts ewig auf dieser Welt."
Der kleinste Ärger, die größte Qual
Sind nicht von Dauer, sie enden mal.
Drum sei dein Trost, was immer es sei:
In fünfzig Jahren ist alles vorbei.

2.

Und ist alles teuer, dann murre nicht
Und holt man die Steuer, dann knurre nicht.
Mißlingt dir auch alles, dann klage nicht
Und kriegst du den Dalles, verzage nicht –
Denn der, der nichts hat, ist glücklich und frei
Und in fünfzig Jahren ist alles vorbei.

3.

Und ist auch ein andrer klüger als du,
dann sei nicht dämlich – und lach´ dazu.
Was nützt sein Wissen – stirbt der vorher,
bist du am nächsten Tag klüger als der.
Wer da weiß, daß er nichts weiß, weiß vielerlei –
und in fünfzig Jahren ist alles vorbei.

4.

Und geht zu ´nem andern dein Mägdelein,
Dann schick´ ihr noch´s Reisegeld hinterdrein.
Und bist du traurig, denk´ in der Pein:
„Wie traurig wird bald der andere sein."
Dem macht sie´s wie dir – die bleibt nicht treu
und in fünfzig Jahren ist alles vorbei.

5.

Und hast du frohen Besuch zu Gast
und freust dich, daß du ein Radio hast,
du holst die Sender der ganzen Welt,
doch keiner bringt das, was euch gefällt, –
dann blas auf dem Kamm die Lorelei, –
In fünfzig Jahren ist alles vorbei.

6.

Und stehst du nervös am Telefon
Und du stehst und verstehst da nicht einen Ton,
Oder bist beim Zahnarzt – wenn er dich greift
Und dich mit dem Zahn durch das Zimmer schleift;
Und er zieht und er zieht und bricht alles entzwei –
In fünfzig Jahren ist alles vorbei.

7.

Und platzt dir ein Knopf, am Hemd zumeist,
Und hast du ein Schuhband, das stets zerreißt,
Und hast du 'ne Zigarre, die gar nicht zieht,
Und hast du ein Streichholz, das gar nicht glüht,
Nimm noch eine Schachtel, nimm zwei oder drei,
In fünfzig Jahren ist alles vorbei.

8.

Und fälscht man dir Schokolade und Tee,
Und verspricht man dir echten Bohnen-Kaffee
Und du merkst, daß der Kaffee – wie schauderbar! –
Eine bohnenlose Gemeinheit war,
Dann schließ´ die Augen und sauf´ den Brei –
In fünfzig Jahren ist alles vorbei.

9.

Und fährst im Auto nach Haus du spät –
im besten Anzug – da streikt`s und steht, –
du suchst im Schweiß deines Angesichts,
was los ist, – kriechst d´runter – und findest nichts,
stehst ratlos, verschmiert, die Hose entzwei, –
In fünfzig Jahren ist alles vorbei.

10.

Und sitzt du in der Bahn ganz eingezwängt,
Und dir wird noch ´ne Frau auf den Schoß gedrängt
Und die hat noch ´ne Schachtel auf ihrem Schoß,
Und du wirst die beiden Schachteln nicht los
Und die Füße werden dir schwer wie Blei:
In fünfzig Jahren ist alles vorbei.

11.

Und führst ´nen Prozeß du – ertrag´ die Qual
und hörst du ´ne Oper, sie endet mal –
und hast du Magenweh und musst raus
und da ist schon jemand, dann harre aus.
Wie lang es auch dauert, der Platz wird frei –
In fünfzig Jahren ist alles vorbei.

12.

Und bist du ein Mädchen von zwanzig Jahr
und freist einen Mann, der schon fünfzig war
und der kommt dann gähnend beim Hochzeitsschluß
und braucht ´ne Stunde zu einem Kuß,
dann dulde und denk´: „´s ist einerlei
In fünfzig Jahren ist alles vorbei.“

13.

Und bist du ein Eh´mann und kommst nach Haus
halb drei in der Nacht – und sie schimpft dich aus,
Dann schmeiß dich ins Bette und sag „Verzeih,
Wär´ ich zu Hause geblieben, wär´s auch halb drei.“
Und kehr´ den Rücken und denk´: „Nu schrei!“
In fünfzig Jahren ist alles vorbei.

14.

Und stehst du hier oben als Humorist,
obwohl dir zum Heulen zumute ist,
und du merkst, dein Vortrag gefällt nicht recht
und du selber findest die Verse schlecht,
sing´ immer weiter die Litanei:
In fünfzig Jahren ist alles vorbei.

15.

Und fürchte dich nie, ist der Tod auch nah,
Je mehr du ihn fürcht´st, um so eh´r ist er da.
Vorm Tode sich fürchten, hat keinen Zweck.
Man erlebt ihn ja nicht, – wenn er kommt, ist man weg –
Und schließlich kommen wir all an die Reih´
In fünfzig Jahren ist alles vorbei.

16.

Drum: Hast du noch Wein, dann trink´ ihn aus
Und hast du ein Mädel, dann bring´s nach Haus
Und freu´ dich hier unten beim Erdenlicht.
Wie´s unten ist, weißt du – wie oben nicht.
Nur einmal blüht im Jahre der Mai
In fünfzig Jahren ist alles vorbei –

Du Rindvieh, dann ist es vorbei!

JOACHIM CZICHOS
DER GERUCH DES ALTERS

Alte Menschen haben einen ganz speziellen Körpergeruch. Dieser ermöglicht eine überraschend zuverlässige Altersbestimmung mit der Nase, berichten amerikanische Forscher. Aber welche Bestandteile des komplexen Gemisches aus zahlreichen Duftstoffen dafür verantwortlich sind, bleibt vorerst unbekannt. Entgegen einem verbreiteten Vorurteil wurde der Körpergeruch von über 75-Jährigen als weniger intensiv und weniger unangenehm empfunden als der von mittelalten und jungen Erwachsenen, schreiben die Wissenschaftler im Online-Journal *PLoS One*.

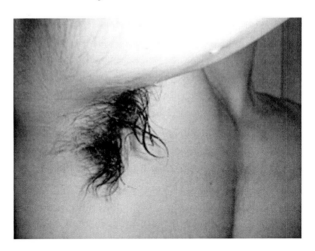

**Achselschweiß gibt Auskunft
über das Alter eines Menschen.**

„Menschen erkennen Signale im Körpergeruch, die es ermöglichen, das biologische Alter zu bestimmen, Kranke zu meiden, einen geeigneten Partner zu finden und Verwandte von Fremden zu unterscheiden", sagt Johan Lundström vom Monell Chemical Senses Center in Philadelphia.

Der menschliche Körpergeruch zeigt sowohl individuelle Unterschiede als auch altersbedingte Veränderungen. Er beruht auf den Ausscheidungen von Talg- und Schweißdrüsen der Haut, die von Hautkeimen in leicht flüchtige Substanzen umgewandelt werden. Bei Tieren könnte es für die Partnerwahl von Bedeutung sein, das Alter eines Artgenossen am Geruch zu erkennen. Für das menschliche Zusammenleben, vermuten die Forscher, dürfte das wohl keine wichtige Rolle spielen.

Lundström und seine Kollegen sammelten Geruchsproben von jeweils 12-16 Menschen dreier Altersklassen: 20- bis 30-Jährige, 45- bis 55-Jährige und 75- bis 95-Jährige.

Dazu mussten die Männer und Frauen fünf Nächte lang in einem geruchsneutralen T-Shirt schlafen. In dieser Zeit nahmen Stilleinlagen unter den Achselhöhlen den Schweiß auf. Die Stoffpolster wurden dann in verschlossenen Glasbehältern aufbewahrt und 41 jungen Erwachsenen beiderlei Geschlechts zu Riechtests präsentiert. Dabei sollten sie von jeweils zwei Proben diejenige angeben, die von der älteren Person stammt. Oder sie sollten eine Probe einer der drei Altersgruppen zuordnen. Außerdem bewerteten die Tester ihre Empfindungen beim Riechen.

Unerwarteterweise beurteilten sie die Gerüche der Alten als schwächer und weniger abstoßend als die der beiden Gruppen jüngerer Menschen. Bei gleicher Duftintensität ordneten die Testpersonen mit großer Zuverlässigkeit die Proben der richtigen Altersgruppe zu. Welche Geruchsstoffe es sind, die das Alter eines Menschen verraten, sollen weitere Forschungsarbeiten klären.[60]

---

[60] Dr. Joachim Czichos ist Mitarbeiter bei der Gesellschaft ‚Wissenschaft-aktuell'.

ARTHUR SCHOPENHAUER
VOM UNTERSCHIEDE DER LEBENSALTER

Was der gereifte Mann durch die Erfahrung seines Lebens erlangt hat und wodurch er die Welt anders sieht, als der Jüngling und Knabe, ist zunächst Unbefangenheit. Er allererst sieht die Dinge ganz einfach und nimmt sie für das, was sie sind; während dem Knaben und Jüngling ein Trugbild, zusammengesetzt aus selbstgeschaffenen Grillen, überkommenen Vorurteilen und seltsamen Phantasien die wahre Welt bedeckte oder verzerrte. Denn das erste, was die Erfahrung zu tun vorfindet, ist uns von den Hirngespinsten und falschen Begriffen zu befreien, welche sich in der Jugend angesetzt haben.

Vor diesen das jugendliche Alter zu bewahren, wäre allerdings die beste Erziehung, wenngleich nur eine negative; ist aber sehr schwer. Man müßte zu diesem Zwecke den Gesichtskreis des Kindes anfangs möglichst enge halten, innerhalb derselben jedoch ihm lauter deutliche und richtige Begriffe beibringen, und erst nachdem es alles darin Gelegene richtig erkannt hätte, denselben allmählich erweitern, stets dafür sorgend, daß nichts Dunkles, auch nichts halb und schief Verstandenes zurückbliebe. Infolge hiervon würden seine Begriffe von Dingen und menschlichen Verhältnissen immer noch beschränkt und sehr einfach, dafür aber deutlich und richtig sein, so daß sie stets nur der Erweiterung, nicht der Berichtigung bedürften, und so fort bis ins Jünglingsalter hinein.

Diese Methode erfordert insbesondere, daß man keine Romane zu lesen erlaube, sondern sie durch angemessene Biographien ersetze, wie z. B. die Franklins, den Anton, Reisen von Moritz u. dgl. – Wenn wir jung sind, vermeinen wir, daß die in unserm Lebenslauf wichtigen und folgereichen Begebenheiten und Personen mit Pauken und Trompeten auftreten werden: im Alter zeigt jedoch die retrospektive Betrachtung, daß sie alle ganz still, durch die Hintertür und fast unbeachtet hereingeschlichen sind.

Man kann ferner, in der bis hierher betrachteten Hinsicht, das Leben mit einem gestickten Stoffe vergleichen, von welchem jeder in der ersten Hälfte seinerzeit die rechte, in der zweiten aber die Kehrseite zu sehen bekäme: letztere ist nicht so schön, aber lehrreicher; weil sie den Zusammenhang der Fäden erkennen läßt. – Die geistige Überlegenheit, sogar die größte, wird in der Konversation ihr entschiedenes Übergewicht erst nach dem vierzigsten Jahre geltend machen. Denn die Reife der Jahre und die Frucht der Erfahrung kann durch jene wohl vielfach übertroffen, jedoch nie ersetzt werden: sie aber gibt auch dem gewöhnlichsten Menschen ein gewisses Gegengewicht gegen die Kräfte des größten Geistes, solange dieser jung ist. Ich meine hier bloß das Persönliche, nicht die Werte.

Jeder irgend vorzügliche Mensch, jeder, der nur nicht zu den von der Natur so traurig datierten 5/6 der Menschheit gehört, wird nach dem vierzigsten Jahre von einem gewissen Anfluge von Misanthropie schwerlich frei bleiben. Denn er hatte, wie es natürlich ist, von sich auf andere geschlossen und ist allmählich enttäuscht worden, hat eingesehen, daß sie entweder von der Seite des Kopfes, oder des Herzens, meistens sogar beider, ihm im Rückstand bleiben und nicht quitt mit ihm werden; weshalb er sich mit ihnen einzulassen gern vermeidet, wie denn überhaupt jeder nach Maßgabe seines inneren Wertes die Einsamkeit, d. h. seine eigene Gesellschaft lieben oder hassen wird.

An einem jungen Menschen ist es, in intellektueller und auch in moralischer Hinsicht ein schlechtes Zeichen, wenn er im Tun und Treiben der Menschen sich recht früh zurechtzufinden weiß, sogleich darin zu Hause ist und, wie vorbereitet, in dasselbe eintritt: es kündet Gemeinheit an. Hingegen deutet, in solcher Beziehung ein befremdetes, stutziges, ungeschicktes und verkehrtes Benehmen auf eine Natur edlerer Art.

Die Heiterkeit und der Lebensmut unserer Jugend beruht zum Teil darauf, daß wir, bergauf gehend, den Tod nicht sehen; weil er am Fuß der andern Seite des Berges liegt. Haben wir aber den Gipfel überschritten, dann werden wir den Tod, welchen wir bis dahin nur vom Hörensagen kannten, wirklich ansichtig, wodurch, da zu derselben Zeit die Lebenskraft zu ebben beginnt, auch der Lebensmut sinkt; so daß jetzt ein trüber Ernst den jugendlichen Übermut verdrängt und auch dem Gesichte sich aufdrückt. So lange wir jung sind, mag man uns sagen, was man will, halten wir das Leben für endlos und gehen danach mit der Zeit um. Je älter wir werden, desto mehr ökonomisieren wir unsere Zeit. Denn im späteren Alter erregt jeder verlebte Tag eine Empfindung, welche der verwandt ist, die bei jedem Schritt ein zum Hochgericht geführter Delinquent hat.

Vom Standpunkte der Jugend aus gesehen, ist das Leben eine unendlich lange Zukunft; vom Standpunkte des Alters aus eine sehr kurze Vergangenheit; so daß es anfangs sich uns darstellt wie die Dinge, wenn wir das Objektivglas des Opernguckers ans Auge legen, zuletzt aber wie hier das Okular. Man muß alt geworden sein, also lange gelebt haben, um zu erkennen, wie kurz das Leben ist. – Je älter man wird, desto kleiner erscheinen die menschlichen Dinge samt und sonders: das Leben, welches in der Jugend als fest und stabil vor uns stand, zeigt sich uns jetzt als die rasche Flucht ephemerer Erscheinungen: die Nichtigkeit des Ganzen tritt hervor. –

Die Zeit selbst hat in unserer Jugend einen viel langsameren Schritt, daher das erste Viertel unseres Lebens nicht nur das glücklichste, sondern auch das längste ist, so daß es viel mehr Erinnerungen zurückläßt, und jeder, wenn es darauf ankäme, aus demselben mehr zu erzählen wissen würde, als aus zweien der folgenden. Sogar werden, wie im Frühling des Jahres, so auch in dem des Lebens die Tage zuletzt von einer lästigen Länge. Im Herbste beider werden sie kurz, aber heiterer und beständiger. Warum nun aber erblickt man im Alter das Leben, welches man hinter sich hat, so kurz? Weil man es für so kurz hält, wie die Erinnerung desselben ist. Aus dieser nämlich ist alles Unbedeutende und viel Unangenehmes herausgefallen, daher wenig übrig geblieben. Denn, wie unser Intellekt überhaupt sehr unvollkommen ist, so auch das Gedächtnis: das Erlernte muß geübt, das Vergangene

ruminiert werden, wenn nicht beides allmählich in den Abgrund
der Vergessenheit versinken soll. Nun aber pflegen wir nicht das
Unbedeutende, auch meistens nicht das Unangenehme zu ruminieren; was doch nötig wäre, um es im Gedächtnis aufzubewah-
ren. Des Unbedeutenden wird aber immer mehr: denn durch die
öftere und endlich zahllose Wiederkehr wird vielerlei, das anfangs
uns bedeutend erschien, allmählich unbedeutend; daher wir uns
der früheren Jahre besser, als der späteren erinnern. Je länger wir
nun leben, desto weniger Vorgänge scheinen uns wichtig, oder
bedeutend genug, um hinterher noch ruminiert zu werden,
wodurch allein sie im Gedächtnis sich fixieren könnten: sie werden also vergessen, sobald sie vorüber sind. So läuft denn die Zeit
immer spurloser ab. – Nun ferner das Unangenehme ruminieren
wir nicht gern, am wenigsten aber dann, wenn es unsere Eitelkeit
verwundet, welches sogar meistens der Fall ist, weil wenige Leiden
uns ganz ohne unsere Schuld getroffen haben. Daher also wird
ebenfalls viel Unangenehmes vergessen. Beide Ausfälle nun sind
es, die unsere Erinnerung so kurz machen, und verhältnismäßig
immer kürzer, je länger ihr Stoff wird. Wie die Gegenstände auf
dem Ufer, von welchem man zu Schiffe sich entfernt, immer kleiner, unkenntlicher und schwerer zu unterscheiden werden; so unsere vergangenen Jahre, mit ihren Erlebnissen und ihrem Tun.
Hierzu kommt, daß bisweilen Erinnerung und Phantasie uns eine
längst vergangene Szene unseres Lebens so lebhaft vergegenwär-
tigen, wie den gestrigen Tag; wodurch sie dann ganz nahe an uns
herantritt; dies entsteht dadurch, daß es unmöglich ist, die lange
zwischen jetzt und damals verstrichene Zeit uns ebenso zu verge-
genwärtigen, indem sie sich nicht so in einem Bilde überschauen
läßt, und überdies auch die Vorgänge in derselben größtenteils
vergessen sind, und bloß eine allgemeine Erkenntnis in abstracto
von ihr übrig geblieben ist, ein bloßer Begriff, keine Anschauung.
Daher nun also erscheint das längst Vergangene im einzelnen uns
so nahe, als wäre es erst gestern gewesen, die dazwischenliegende
Zeit aber verschwindet und das ganze Leben stellt sich als unbe-
greiflich kurz dar. Sogar kann bisweilen im Alter die lange Vergangenheit, die wir hinter uns haben, und damit unser eigenes Alter, im Augenblick uns beinahe fabelhaft vorkommen; welches

hauptsächlich dadurch entsteht, daß wir zunächst noch immer dieselbe stehende Gegenwart vor uns sehn. Dergleichen innere Vorgänge beruhen aber zuletzt darauf, daß nicht unser Wesen an sich selbst, sondern nur die Erscheinung desselben in der Zeit liegt, und daß die Gegenwart der Berührungspunkte zwischen Objekt und Subjekt ist. – Und warum nun wieder erblickt man in der Jugend das Leben, welches man noch vor sich hat, so unabsehbar lang? Weil man Platz haben muß für die grenzenlosen Hoffnungen, mit denen man es bevölkert, und zu deren Verwirklichung Methusalem zu jung stürbe; sodann weil man zum Maßstabe desselben die wenigen Jahre nimmt, welche man schon hinter sich hat, und deren Erinnerung stets stoffreich, folglich lang ist, indem die Neuheit alles bedeutend erscheinen ließ, weshalb es hinterher noch ruminiert, also oft in der Erinnerung wiederholt und dadurch ihr eingeprägt wurde. [61]

Schopenhauer-Karikatur von Wilhelm Busch[62]

---

[61] Ausschnitt aus: *Aphorismen zur Lebensweisheit*
[62] Den Anspruch des Menschen auf die „Krone der Schöpfung" hielt Schopenhauer für anmaßend, stattdessen sah er ihn auf Augenhöhe mit den Tieren: „Der Mensch ist ein Tier, bei dem die Intelligenz lediglich den Mangel an Instinkten kompensieren muss." So verwundert nicht, dass Schopenhauer seinen Pudel, wenn dieser dann doch einmal für Verstimmung sorgte, mit den Worten tadelte: „Pfui, du bist kein Hund, du bist nur ein Mensch."

JOACHIM RINGELNATZ
DAS GESELLENSTÜCK

Mahagoni auf Eiche furniert.
Deckel sauber scharniert.
Alle Bretter gefedert, gespundet.
Die Ecken fein weich gerundet.
Die Seitenwände mit tief geschnitzten
Weintrauben und Schellfischen geziert.
Das war bei Weber in Osnabrück
Mein Gesellenstück.

Selbst Wasmann und Peter sagten 1910:
Solch einen Sarg hätten sie noch nie gesehn.

Ohne mich rühmen. Das soll einer machen.
Und dabei alles selber gemacht.
Die Griffe kupfergeschmiedete Drachen,
Die Füße gedrechselt ((Acht, sacht, Pracht, lacht, gedacht)),
Auf den Deckel in Rundschrift fein säuberlich
Eingebrannt: „Sarg für Frau (Doppelpunkt Strich)."
Inwendig ein rosshaargepolstertes Bett,
Rosa Pünktchen auf Gelb-Violett.
Ich habe manchmal des Studiums wegen
24 Stunden darin gelegen.

Da war ein durch schöne Bilder verdecktes
Speiseregal zur linken Hand,
Wo Camembert, Zwieback und Butter stand
Und Trockengemüse und Eingewecktes.

Auf den leisesten Druck mit der Zehe im Schlaf
Löste sich zu Fußende ein Kinematograph
Und zeigte abwechselnd „Brudermord"
Und „Torpedoangriff an Steuerbord".
Alle zwei Stunden von selbst automatisch
Spielte ein Grammophon ganz zart:
„Ich bin der Doktor Eisenbarth."
Außerdem roch es dort sehr sympathisch
Nach Moschus, Kampfer und kalter Küche.
Von wegen die Leichengerüche.

Und dann die Technik und das Komfort:
Kalender, das Telefon rechts am Ohr,
Glühbirnen und Klingeln. Ein tolles Gewirr.
Auch ein kleines, versilbertes Nachtgeschirr. –
Und Wasserstandglas und Thermometer.
Kurz, herrlich! herrlich! – Wasmann und Peter
Hätten mir glattweg fünftausend Mark
Und doppelt soviel gezahlt für den Sarg.
Und das war damals ein Geld, wenn man´s denkt.

Aber ich hänge nicht so am Golde.
Und so hab ich ihn dann meiner Tante Isolde
Zum 70. Geburtstag geschenkt.

Unterschrift Joachim Ringelnatz

DEUTSCHE SENIORENLIGA E.V.
MIT DEM ALTER KOMMT DAS GLÜCK

Der Jugendwahn hat uns scheinbar fest im Griff. Die Werbung ist voller fröhlicher, junger Gesichter und wer nicht mehr ganz so knackig ist, der – so verspricht die Kosmetikindustrie – kann mit bestimmten Mitteln das Alter aufhalten und somit länger glücklich bleiben. Solche Ängste suggeriert uns aber nur die Werbung, die Realität sieht anders aus: Denn tatsächlich nehmen mit dem Alter Zufriedenheit und Optimismus stetig zu.

Das besagt eine Studie der US-Ehrengesellschaft „American National Academy of Sciences". Die Ergebnisse sind verblüffend: Der Lebensgenuss schwindet demnach im frühen Erwachsenenalter, kommt aber in den späten 40er Jahren wieder zurück – um dann bei älteren Senioren seinen Höhepunkt zu erreichen.

Der Grund fürs Glück im hohen Alter: Der Druck der Verantwortung lässt nach. Kombiniert mit der erlangten Reife und der Fähigkeit, sich besser auf erfreuliche Dinge fokussieren zu können, ist der Lebensabend somit wesentlich „genießbarer" als man meinen sollte. Demnach sind die meisten Menschen im Jugendalter und ihren 20er Jahren „durchschnittlich glücklich".

Dieser Zustand verschlechtert sich bis ins mittlere Alter hinein, da man ständig um das Wohlergehen der Familie sowie die Karriere bemüht sei. „Aber dann, ab Mitte 40, werden die Menschen immer fröhlicher und optimistischer und erreichen den Höhepunkt vielleicht in ihren späten 70er oder 80er Jahren", fasst Erhard Hackler, geschäftsführender Vorstand der Deutschen Seniorenliga die Ergebnisse zusammen. „Aber natürlich ist diese Einschätzung vom körperlichen Wohlbefinden und den Lebensumständen abhängig", so Hackler.

Entsprechend wird das positive Denken zusätzlich erhöht, wenn man im hohen Alter bei guter Gesundheit ist, über ein festes Einkommen verfügt und gute Beziehungen zur Familie und zu Freunden hat. Und noch eine frohe Botschaft hat die Studie zu verkünden: Zwar lassen gewisse Fähigkeiten – wie etwa mathematisches Können – im Alter nach. Entscheidungs- oder sprachliche Fähigkeiten allerdings verbessern sich, da unser Gehirn „ausgereift" ist. Außerdem gehen Psychologen davon aus, dass wir im hohen Alter bewusster mit unserer Zeit umgehen: Wir konzentrieren uns auf die Sachen, die Spaß machen und meiden unerfreuliche Dinge. „Bei solchen Aussichten kann das Alter ruhig kommen!" meint Hackler.

Hintergrund

Das Jahr 2012 ist zum „Europäischen Jahr für aktives Altern und Solidarität zwischen den Generationen" ausgerufen worden. Die Deutsche Seniorenliga begrüßt und unterstützt die Initiative und die damit verbundene Auseinandersetzung: „Angesichts der demografischen Entwicklung in allen Ländern Europas steht die ernsthafte Förderung aktiven Alterns unumstößlich auf der Tagesordnung", meint Hackler. „In Zeiten, in denen die Jüngeren weniger und die Älteren mehr werden, setzt dieses Themenjahr ein generationenübergreifendes Signal. Die Herausforderungen gesellschaftlichen Wandels zu meistern und seine Chancen sinnvoll zu nutzen, sind unabdingbare Pflichtaufgaben für die gesamte Gesellschaft."

Der Begriff „Aktives Altern" wurde bereits in den 1990er Jahren von der Weltgesundheitsorganisation (WHO) geprägt und 2002 auch definiert: „Aktives Altern" ist ein „Prozess der Optimierung der Möglichkeiten von Menschen, im zunehmenden Alter ihre Gesundheit zu wahren, am Leben ihrer sozialen Umgebung teilzunehmen und ihre persönliche

Sicherheit zu gewährleisten und derart ihre Lebensqualität zu verbessern."
Koordiniert wird das Europäische Jahr 2012 in Deutschland vom Bundesministerium für Familie, Senioren, Frauen und Jugend.[63]

* World Health Organization WHO 2002: Aktiv Altern. Rahmenbedingungen und Vorschläge für politisches Handeln. Ein Beitrag der Weltgesundheitsorganisation für die Zweite UN-Weltversammlung zu Altersfragen in Madrid. Genf.
Deutscher Titel der Publikation herausgegeben vom Österreichischen Bundesministerium für soziale Sicherheit, Generationen und Konsumentenschutz, Kompetenzzentrum für Senioren- und Bevölkerungspolitik. Wien.

Signum der World Health Organization

---

[63] Der Untertitel lautet: Europäisches Jahr für aktives Altern und Solidarität zwischen den Generationen.
Im Internet ist der Artikel aufrufbar unter der Adresse http://www.deutsche-seniorenliga.de/aktuelles/presse-archiv/80-mit-dem-alter-kommt-das-glueck.html. Veröffentlichungsdatum: Bonn, 20.09.2012

Jana Zeh
Gibt es das biologische Alter?

In Zeitschriften und im Internet sind viele Tests zur Bestimmung des biologischen Alters zu finden. Diese eher oberflächlichen Berechnungen dienen wohl eher der Eitelkeit oder sollen überraschen. Wie eine Berechnung des biologischen Alters für den Einzelnen tatsächlich aussehen könnte, ist immer noch ein Rätsel, denn Forscher haben dafür bisher nur Anhaltspunkte.

Biologisches Alter – was ist das überhaupt?
Es gibt einen Unterschied zwischen dem chronologischen, also dem tatsächlichen, und dem biologischen Alter. Jemand, der 50 Jahre alt ist, sich regelmäßig und ausgiebig bewegt, Stress bewusst abbaut und gesund isst, kann aus biologischer Sicht erst 40 Jahre alt sein. Beeinflusst wird das biologische Alter einerseits vom Lebensstil, andererseits aber auch von genetischen Faktoren. Mit dem biologischen Alter soll dargestellt werden, wie gesund und vital ein Mensch im Vergleich zum Bevölkerungsdurchschnitt ist. Wer beispielsweise 65 Jahre alt ist und ein biologisches Alter von 55 hat, ist so fit wie 55-Jährige im Durchschnitt. Um das biologische Alter zu bestimmen, gibt es keinen standardisierten Test und auch keine Rechenformel, sondern nur Anhaltspunkte. Dazu gehören Aspekte des Lebensstils wie Ernährung, Bewegung, Sozialkontakte genauso wie körperliche Faktoren, darunter Blutdruck und Körpergewicht. Dazu kommen genetische Faktoren, die in der Erbinformation, der DNA, festgeschrieben sind. Ein Biomarker der Alterung des Erbguts sind die Telomere, also die Schutzenden der Chromosomen. Forscher sind mehreren Indikatoren, die das biologische Alter direkt beeinflussen, auf der Spur.

Wenn die Mehrheit der älteren Menschen immer fitter wird, dann verschieben sich ja auch die Durchschnittswerte, oder?

„Richtig", sagt Professor Karl Lenhard Rudolph, Stammzellforscher und Leiter des Leibniz-Instituts für Altersforschung in Jena. „Da die Altersforschung aber eine relativ junge Disziplin ist und es bisher keine einheitliche Berechnung oder Bestimmungsmethode gibt, ist auch die Verschiebung der Durchschnittswerte bisher nur Theorie", so der Experte weiter. Die durchschnittliche Verlängerung der Lebenserwartung in den Industrienationen hält seit circa 200 Jahren ungebrochen an, mit einem Anstieg von 0,3 Jahren pro Jahr – also 3 Jahre in 10 Jahren. Das ist biologisch gesehen einmalig und wirft gleichzeitig für die Wissenschaftler jede Menge Fragen auf. Klar ist jedoch, dass die medizinische Forschung wie keine andere Wissenschaft für die Verlängerung des Lebens der Menschen verantwortlich ist.

Gibt es einen Bluttest, mit dem man das biologische Alter bestimmen kann?

„Ja! Es gibt weltweit bisher zwei Firmen, die für Privatpersonen anbieten, die Länge der Telomeren anhand einer Blutuntersuchung und damit das biologische Alter zu bestimmen", bestätigt Rudolph. Diese Firmen haben ihre Sitze in Spanien und den USA. Eine Messung der Telomerlänge kostet um die 500 Euro. Doch ist unter Experten heftig umstritten, was das Wissen um die Länge der Telomeren einem einzelnen Menschen bringen kann. „Wenn wir die Länge von Telomeren untersuchen, dann sehen wir uns immer hunderte Proben an und können in der Vielzahl Korrelationen zwischen der Länge der Chromosomenkappen und dem erreichten Lebensalter oder dem Auftreten von altersspezifischen Erkrankungen feststellen. Die Vorhersagekraft für ein

Individuum ist mit dieser Methode allerdings gering", erklärt der Experte.

Sind die Tests in Zeitschriften und im Internet überhaupt aussagekräftig?
„Nur bedingt", sagt Rudolph, „denn bisher gibt es keine Methode oder Formel, um das biologische Alter exakt bestimmen zu können. Trotzdem sind manche der Tests interessant, weil sie Dinge abfragen, die nachweisbar mit dem Altern im Zusammenhang stehen." Bei den gestellten Fragen geht es immer wieder um Bewegung, Ernährung, Sozialkontakte, Gebrauch von Genussmitteln etc. Das alles sind Aspekte, die mit dem Begriff Lebensstil zusammengefasst werden können. „Zudem werden genetische Veranlagungen in Form von Lebenserwartungen oder lebensbedrohlichen Erkrankungen von nahen Angehörigen abgefragt", erklärt Rudolph weiter. Allerdings sind die meisten dieser Tests eher oberflächlich, denn für wissenschaftlich fundierte Untersuchungen müssten wesentlich mehr und wesentlich gezieltere Fragen gestellt werden.

Bleiben auch altersbedingte Körperfunktionen wie zum Beispiel die Fähigkeit, Kinder zu gebären oder zeugen zu können, mit dem Herabsinken des biologischen Alters tatsächlich länger erhalten?
Zu dieser Fragestellung gibt es bisher keine aussagekräftigen Untersuchungen, da es auch noch keine einheitliche Bestimmung des biologischen Alters gibt. „Die biologische Uhr ist in Bezug auf die Fertilität relativ eng eingestellt und es gibt wohl kaum kurzfristig eine Verlängerung dieser Phase durch erfolgreiches Altern", sagt Rudolph. „Die Alterung, auf die wir vor allem den Blick richten, ist eher auf somatische Körperzellen und nicht auf die Keimbahnen gerichtet." Die Alterung der Keimbahn ist über Jahrtausende alte evolutionäre

211

Programme festgeschrieben und keinen kurzfristigen Änderungen unterworfen.

Kann man mit der Feststellung des biologischen Alters auch Aussagen über die Lebenserwartung machen?
Der Prozess der Alterung ist ein komplexes Phänomen, bei dem zahlreiche Aspekte mitwirken. Aus diesem Grund sagen die Zahlen, die den Menschen nach Fragebogen-Tests, Blut- oder Ultraschalluntersuchungen angegeben werden, nichts über die tatsächliche Lebenserwartung aus, selbst wenn man etwa vorzeitigen Tod durch Unfall ausschließt. Es geht bei allen Tests, die gegenwärtig durchgeführt werden, immer um Wahrscheinlichkeiten und Näherungswerte. Zum Glück, denn wer will schon wirklich genau wissen, wann er stirbt?[64]

Da Vincis Tod **(Ausschnitt)**[65]

---

[64] Der Untertitel lautet: Jung bleiben beim Älterwerden. Die Quelle ist: http://www.n-tv.de/wissen/Jung-bleiben-beim-Aelterwerden-article11179671.html
[65] Da Vinci stirbt in den Armen des Königs, gemalt von Jean-Auguste-Dominique Ingres (1780-1867). Hinzugefügt vom Herausgeber.

GOTTHOLD EPHRAIM LESSING
DAS ALTER

Euch, lose Mädchen, hör ich sagen:
„Du bist ja alt, Anakreon.
Sieh her! du kannst den Spiegel fragen,
Sieh, deine Haare schwinden schon;

Und von den trocknen Wangen
Ist Blüt und Reiz entflohn." –
Wahrhaftig! Ob die Wangen
Noch mit dem Lenze prangen,

Wie, oder ob den Wangen
Der kurze Lenz vergangen,
Das weiß ich nicht; doch was ich weiß,
Will ich euch sagen: daß ein Greis,

Sein bißchen Zeit noch zu genießen,
Ein doppelt Recht hat, euch zu küssen.

Unterschrift Gotthold Ephr. Lessing

FRIEDERIKE FLACHSBART
DAS METHUSALEM-PROJEKT

Es ist eines der großen Rätsel der Moderne: Warum ist das Leben eines jeden Organismus endlich? Ob Wurm, Fliege, Fisch oder Homo sapiens – alle biologischen Systeme altern, degenerieren gleich einem unabwendbaren Diktat der Evolution. Die für dieses Phänomen ursächlichen Geschehnisse im Innersten des Körpers analysiert die „Forschungsgruppe Gesundes Altern" bis in kleinste Detail mit den modernsten Methoden der Molekularbiologie. Und so sind die Kieler Wissenschaftler nun tatsächlich dem Geheimnis des gesunden Alterns auf der Spur.

Thomas Morus´ Roman *Utopia* skizzierte im 16. Jahrhundert „das Älterwerden als Krankheit". Es hindere den Menschen daran, „das Paradies auf Erden zu erlangen", war der britische Diplomat in seiner Skizze des gesellschaftlichen Idealzustands überzeugt. Rund 500 Jahre später kommt Vicco von Bülow alias Loriot kurz vor seinem 80. Geburtstag zum nahezu selben Ergebnis: „Altern ist eine Zumutung!", doziert der Meister des feinsinnigen Humors rüde.

Tatsache ist: Der Mensch ist von jeher mit dem Wissen um die Endlichkeit des eigenen Seins konfrontiert – und kämpft hartnäckig wie erfolglos gegen seine unaufhaltsame Vergänglichkeit an.

Die Degeneration der Zellen

Ob Nashornmehl im Mittelalter, der Hodenextrakt von Hund oder Meerschwein vor rund 200 Jahren wie auch heutzutage das angeblich lebensverlängernde tägliche Glas Rotwein: Nichts vermag jenen Verfallsprozess, der alle Lebewesen früher oder später unweigerlich erfasst, letztendlich aufzuhalten. So kommt es mit der Zeit zu einem sukzessiven Sterben der Zellen, da bei diesen zentralen Bausteinen des

Organismus, die sich viele Jahrzehnte immer wieder aufs Neue regeneriert haben, mit zunehmendem Alter das zelluläre Reparaturprogramm stockt.

122 Jahre, 5 Monate und 14 Tage

Um dem Geheimnis des Alterns auf die Spur zu kommen, sind die komplexen Mechanismen von Stoffwechsel, Zellreparatur und Gen-Netzwerken zu entschlüsseln: „Es gilt als bewiesen, dass die Lebensspanne aller Tiere, auch des Menschen, unter der Herrschaft der Gene steht", pointiert *Die Zeit.*

Aber was war in den rund 30.000 Genen oder drei Milliarden Bausteinen eines jeden Erbmoleküls der Zellen von Jeanne Calment so einzigartig, dass die 1997 verstorbene Französin es zur längsten Lebensspanne eines menschlichen Wesens bringen konnte? Mehr als 122 Jahre.

Das Archiv der vitalen Alten

In Kiel stellen sich Tausende, die auf den Spuren Calments sind, der ‚Forschungsgruppe Gesundes Altern' zur Verfügung. Die ‚Hochbejahrten', Menschen jenseits des 98. Lebensjahres, geben ihr Blut. Die Wissenschaftler extrahieren daraus das individuelle Erbgut, archivieren es in ihrer „popgen" Biobank, der größten Deutschlands.

Das hochkomplexe Genom untersuchen die Kieler Forscher um den Molekularbiologen Stefan Schreiber dann akribisch, definieren die spezifischen Effekte auch der kleinsten Bauteile. Mit High-Tech-Maschinen, so genannter „Hochdurchsatz-Technologie", suchen sie das Erbgut der Probanden durch, halten Ausschau nach Genen, die für die Forscher unter dringendem Verdacht stehen, für die Langlebigkeit relevant zu sein. Auf jeden Fall steuern diese Gene an zentraler Stelle wichtige Körperprozesse – den Stoffwechsel oder die Erbgutreparatur in der Zelle.

215

Für einen gesunden Alterungsprozess und eine neue Medizin

„Den Phänotyp des gesunden Alterns verstehen", nennt es Schreibers leitende Altersforscherin Almut Nebel. Gelingt dies, würde perspektivisch die Medizin grundlegend neu definiert; ausgerichtet auf Krankheitsprävention, Erhalt der Gesundheit bis ins hohe Alter – so dass der Spott des irischen Autors Jonathan Swift aus dem 18. Jahrhundert eines Tages Geschichte wäre: „Jeder will lange leben, nur alt werden will keiner."[66]

Jung und Alt.[67]

---

[66] Dr. Friederike Flachsbart ist Mitglied der ‚Forschungsgruppe Gesundes Altern', die am Institut für Klinische Molekularbiologie des Universitätsklinikums Schleswig-Holstein in Kiel arbeitet. Der Untertitel lautet: *Auf der Suche nach den genetischen Grundlagen des gesunden Alterns*. Details sind zu lesen im Internet unter http://www.forschungsgruppe-gesundes-altern.de/de_startseite.phtml.
[67] Hinzugefügt vom Herausgeber

THEODOR STORM
DIE ALTEN

Wenn man jung ist und modern,
möchte man natürlich gern
alles neu und umgestalten,
doch, wer meckert dann? Die Alten!

Will dynamische Ideen
endlich man verwirklicht sehen,
zieh´n sich sorgenvolle Falten;
ja, so sind sie, unsere Alten!

Krieg und Elend, Hungersnot;
manchen Freundes frühen Tod;
doch sie haben durchgehalten,
ja, das haben sie, die Alten!

Was sie unter Müh´ und Plagen
neu erbaut in ihren Tagen,
wollen sie jetzt gern erhalten:
Habt Verständnis für die Alten!

Bändigt Eure jungen Triebe,
zeigt den Alten Eure Liebe,
laßt Euch Zeit mit dem Entfalten,
kümmert Euch um Eure Alten!

Wozu jagen, warum hetzen?
Nach den ewigen Gesetzen
ist die Zeit nicht aufzuhalten.
Plötzlich seid Ihr dann die Alten!

Und in Euren alten Tagen
hört Ihr Eure Kinder klagen;
ach, es ist nicht auszuhalten,
immer meckern diese Alten!

Ja, des Lebens Karussell
dreht sich leider viel zu schnell;
drum sollten sie zusammenhalten,
all die Jungen und die Alten!

Unterschrift Th. Storm

CHRISTA SCHYBOLL
ALTER UND ALTERN

Verdiente Kollegen mit lebenslanger Berufserfahrung sollten nicht als geistiger Sanierungsfall im Altbau ihres alternden Ichs betrachtet werden, sondern eher als zu hebenden Tempelschatz und alternative Erweiterung zur frischen Unverbrauchtheit unerfahrener Neulinge.

Biologisch mag in der derzeitigen Evolutionsepoche des Menschen das Altern eine unumgängliche Angelegenheit sein… mit welchen Tricks und Operationen man es auch immer heraus zu zögern vermag. Wie geschickt das Ergebnis dann im Einzelfall aussieht, ist Geschmacksache, die von attraktiv bis peinlich alle Register ziehen kann. Das ist die äußere Seite des Alterns, die in einer modedominierten Schick-Gesellschaft eine recht große Rolle für einige Zeitgenossen spielt.

Je mehr man sich mit dem Mainstream identifiziert, welcher uns sagt, wie wir wann am besten auszusehen haben, umso höher der Stressfaktor, dem dann auch zu genügen. Recht so! Es ist wirklich nur gerecht, wenn man sich für diese Dinge dann nicht nur anstrengen, sondern auch noch bezahlen muss – so man denn kann. Armen Schluckern und Schluckerinnen steht dies erst gar nicht als Wahl zur Verfügung.

Aber, so Sie intelligent genug sind, haben Sie andere Möglichkeiten einer Altersattraktivität. Wirksamere Alternativen, um dem Alter und dem Altern ein Schnippchen zu schlagen und sich von dem alten Glaubenssatz zu verabschieden, der die Formel suggeriert: „Alter = unattraktiv, nutzlos, wehrlos, hilflos."

In der Seele jung bleiben – und dies bis auf den Körper übertragen, ist die Zauberformel. Dass das geht, zeigt uns in jeder Generation immer wieder eine ganze Reihe von Menschen, die nicht nur körperlich tatkräftig, sondern auch mental/verbal schlagfertig sein können.

Nicht selten, dass so manch einer von ihnen Jahrzehnte jüngere Youngsters in der Blütezeit ihres Lebens durchaus in den Schatten stellen kann. Sei es der 83jährige Bergführer, der noch immer die topp fitten Manager sicher zum Gipfel des Matterhornes führt mit nichts als seiner geübten und geschickten Körperlichkeit und seinem hellwachen Geist – oder sei es so mancher große Geist, bei dem das Alter nicht die Patina des Vergessens über die Synapsen zog, sondern im Gegenteil zu einer Multiverschaltung von Hirnaktivitäten führte, dass man nur noch sehnsuchtsvoll staunen kann – ob und wie einem selbst das auch einmal gelänge.

Der eine ist mit Anfang 60 oder 70 bereits ein Pflegefall – der andere schafft es bis an die 90 in geistiger Frische. Viele Faktoren spielen individuell eine Rolle – weshalb es kein allgemeingültiges Schnellrezept für alle da geben kann, wie man eine optimale Ressourcennutzung auch bis zu seinem Ableben betreibt. Dennoch gibt es eine Reihe von menschlichen Lebensgrundhaltungen, die dafür sorgen, dass es zumindest bei den meisten eben kein Zufall ist, ob man zu der einen oder anderen Kategorie gehört. Hauptpunkt dürfte die Einstellung zu sich selbst sein, die alles andere dann mit generiert. Ist der Hauptfokus auf dem Körperlichen, so wird ein trainierter Körper dem auch willig ins Alter folgen und sehr lange zu Leistungen imstande sein, die andere nicht mal zu ihrer Lebensblütezeit erbrachten.

Der Körper kennt es nicht anders und folgt einer gesunden Prägung, die durch einen gesunden Geist und Lebenshaltung gestützt wird. Ähnlich mit dem geistigen Potential. Menschen, die lebenslang ihr Hirn immer wieder trainiert haben, werden beste Chancen haben, nicht in einen zu frühen geistigen Verfall zu geraten. Natürlich kann jeden diese oder jene Krankheit schicksalhaft treffen – und es gibt wohl für nichts in der Welt ein Beispiel, wozu nicht auch ein Gegenbeispiel aufzuführen wäre. Aber nicht Einzelbeispiele sind hier interessant, sondern der Regelfall.

Altwerden und Altsein kann schön und spannend sein. Es kann erfüllend sein und bereichernd, so man sein Potential auf allen Ebenen lebendig nutzt. Dann wird es zugleich auch als würdevoll erlebt, weil man eine Werterfüllung auf anderer Ebene erlebt. Lifting und fettabgesaugte Sixpacks sind dagegen zu vernachlässigende Größen – so man mit seinem Bodykult nicht auf die totale Veräußerlichkeit als einzige Alternative für Attraktivität im Alter abfährt.[68]

Christa Schyboll

[68] Christa Schyboll arbeitete als Presse- und Vorstandsassistentin sowie als Redakteurin und Sachbearbeiterin viele Jahre im Eventmanagement und im Bereich Pressearbeit in Deutschland in verschiedenen Firmen, Institutionen und Verbänden. Nebenberuflich engagierte sie sich in diversen gesellschaftlichen Gruppen und schrieb in diesem Zusammenhang über zweieinhalb Jahrzehnte Artikel für verschiedene Zeitschriften mit den Schwerpunktthemen Ökologie, Friedenspolitik, Pädagogik, Erziehungsfragen.
Ihre Webseite ist zu finden unter der Adresse www.christa-schyboll.de.

Max Schautzer
im Interview

Herr Schautzer, Sie gelten als ‚Moderator der alten Schule'. Ist das ein Kompliment, oder klingt es für Sie zu unmodern?
Ich habe nichts dagegen einzuwenden, im Gegenteil: Ich habe mich immer als eine Art Programmkellner gesehen, der auch in der Küche mitwirkt. Ich war stets Dienstleister für die Zuschauer, nicht für die Fernsehbosse. Hinter den Kulissen hatte ich den Ruf eines ‚sanften Terroristen', weil ich die Dinge, von denen ich überzeugt war, auch gegen Widerstände durchsetzen wollte.

Radio oder Fernsehen: Welches Medium hat Ihnen mehr bedeutet?
Das Radio ist eindeutig interessanter, faszinierender. Ich kann den einzelnen Hörer viel besser erreichen als in einer Fernsehshow. Der Hörer entwickelt seine eigenen Bilder. Das akustische Erlebnis ist ganz wesentlich; Stimmen sprechen den Hörer in den unterschiedlichsten Bereichen und Gefühlsebenen an.

Stimmt es, dass Sie Europas erster Discjockey waren?
Jedenfalls einer der ersten im Aachener *Scotch-Club*, und ich war 22. Dort habe ich gelernt, mit dem Publikum zu kommunizieren und wie man mit Musik manipulieren kann: Du legst eine falsche Platte auf, und die Stimmung ist im Keller. Umgekehrt kannst du ein ruhiges Publikum zu wilden Tänzen verführen, nur durch Musik.

2004 erfuhren Sie, dass Ihre TV-Show ohne Sie weiterläuft. Sie seien zu alt. Wie tief sitzt dieser Stachel noch?

Das habe ich völlig abgehakt. Ich hatte mir sofort vorgenommen, nicht die Opferrolle anzunehmen. Wenn man an einem Wendepunkt steht, ist es wichtig, die Weichen zu stellen, um nicht aufs Abstellgleis zu geraten. Jugendwahn und Altersdiskriminierung hatten diesmal halt einen Prominenten erwischt – in der Gesellschaft waren sie schon lange gang und gäbe. Ich habe das zu meinem Thema gemacht und seitdem unzählige Vorträge dazu gehalten, ein Buch darüber geschrieben.

Hatten Sie seitdem keine Fernsehangebote mehr?
Doch, einige. Aber es gibt nur Quiz-, Talk- und Talentshows. Und sonst? Ich durfte in einer Zeit arbeiten, in der es in der Unterhaltung noch Vielfalt gab. Jetzt haben wir zwar immer mehr Sender, aber auch immer mehr Einfalt. Die qualitativ höherwertigen Sendungen werden an den Rand gedrängt, sollen sich die Leute das doch um Mitternacht anschauen. Das ist zynisch. Der Zuschauer wird nicht ernst genommen, die Hauptsendezeit gehört dem, was keine Ecken und Kanten hat. Und das ist mit einem niedrigen Anspruch

verbunden. Fähige, mit Preisen ausgezeichnete Journalisten bekommen dagegen keine Programmplätze.

Was ist aus Ihrer Ankündigung geworden, einen Seniorensender zu starten?

Für das vorgesehene, frei empfangbare Vollprogramm sind uns leider zwei Großinvestoren abgesprungen. Wir wollten aber nur an den Start gehen, wenn die Finanzierung von mindestens drei Jahren gesichert ist. Aber jetzt zeichnet sich ein EU-weites Projekt zur demografischen Entwicklung ab – in Zusammenarbeit mit einer Universität –, in das wir eingebunden werden könnten. Mehr kann ich jetzt nicht darüber verraten, aber wir sind sehr guter Hoffnung.

Es wird kein ‚normaler' TV-Sender?

Nein, denn die Zukunft des Fernsehens sieht alles andere als rosig aus. Die Jugend hat sich schon abgewandt und geht ins Internet. Und die ältere Generation wird sehr bald folgen, sie entdeckt gerade soziale Netze wie Facebook für sich. Ältere Menschen sind dort die am stärksten wachsende Gruppe. Diese sozialen Netzwerke und neuen Kommunikationswege müssen wir beispielsweise mit einbeziehen.

Warum spricht uns das Fernsehen nicht mehr an?

Es ist zu unpersönlich geworden, ihm fehlt die Wärme. Der Zuschauer will nicht mit schnell geschnittenen Programmtrailern zugeballert werden. Ein Beispiel: Ich habe zweimal im Kino *La vie en rose* über das Leben von Edith Piaf gesehen. Als der Film zu Ende war, herrschte Stille, und nach dem Nachspann wurde sogar geklatscht. Um dieses Erlebnis bringt uns das Fernsehen. Da kommt ein Schnitt vor dem Nachspann, und brennende Autos fliegen durch die Gegend. Die durch den Film aufgebaute Emotion wird schlagartig zerstört.

Das Fernsehen muss das Gefühl und die direkte Ansprache zurückgewinnen. Eine andere Unart ist, alles mit Musik zu unterlegen. Der Mensch über 50 hat dann Probleme, die Sprache herauszufiltern.

Was merken Sie selbst vom Älterwerden? Oder ignorieren Sie es?
Älter werden wir doch von Geburt an. Wichtig ist, eine Aufgabe zu haben, die Geist und Körper beschäftigt – das konserviert zumindest. Und wir leben doch in einer hervorragenden Zeit: Früher sahen Menschen mit 50 aus wie heute mit 70. Heute geht mancher 70-Jährige als Mittfünfziger durch.

Treiben Sie regelmäßig Sport?
Ich habe lange Tennis gespielt und, solange es ging, Fußball in Promimannschaften. Inzwischen bin ich vom Tennis zum Golf gekommen, was eher meinem Alter entspricht. Golf kann ich spielen, solange ich laufen kann. Ich mache auch weiterhin Wintersport.

Wie steht es eigentlich um Ihren Führerschein?
Das ist ein wunder Punkt. Zuletzt hatte ich 14 Punkte in Flensburg: Zu schnelles Fahren, Handy am Steuer, zu geringer Abstand, bei Gelb in die Kreuzung. Die guten Vorsätze sind da. Aber als ich neulich durch eine Autobahnbaustelle stur mit den vorgeschriebenen 80 Stundenkilometern fuhr, wurde ich von der Polizei angehalten.

Warum denn das?
Die Beamten meinten, ich hätte mich auffällig verhalten ...[69]

---

[69] Fragesteller ist Thomas Röbke. Quelle: http://www.senioren-ratgeber.de/Soziales/Max-Schautzer-ueber-Jugendwahn--331447.html.

BÄRBEL MOHR
AKTIV MIT 80

Eine Freundin von mir war jahrelang als Arzthelferin tätig in der Praxis eines Arztes, der schon deutlich über 80 Jahre alt war. Irgendwann lernte ich ihn auch kennen. Allerdings nicht in der Praxis, sondern auf einer Faschingsparty meiner Freundin.

Wir verstanden uns sofort gut, Horst und ich. Kein Wunder, wir hatten beide das gleiche Sternzeichen und ganz ähnliche Ansichten vom Leben. Horst war zwar schon über 80, aber noch genauso neugierig auf das Leben wie ich. Und er ging genauso gerne auf interessante Seminare. Da gab es eine Menge auszutauschen.

Auf den nächsten Partys trafen wir uns wieder. Ich hatte mich angeboten, Horst nach der Party nach Hause zu fahren. Als ich um 1 Uhr nachts anklingen ließ, dass ich gerne ins Bett wollen würde, fragte er überrascht und leicht enttäuscht klingend: „Ach, gehen wir schon?"

Da war ich Thirtysomething und Horst mehr als 50 Jahre älter. Aber ich machte schlapp, er nicht. Irgendwann rückte ich auch als Patient bei ihm in der Praxis an. Häufig nicht, weil ich krank war, sondern weil wir gemeinsam Experimente machten.

Horst war praktizierender Arzt und auf Allergien spezialisiert. Im Winter machte er Winterpause, schloss die Praxis und schrieb Bücher. Mit der Hand im Schlauchboot am See. Eins der Bücher habe ich ihm abgetippt und er hat es drucken lassen. Ein anderes hat ihm meine Freundin abgetippt und so hatte er einige selbst veröffentlichte Bücher mit praktischen Tipps für seine Patienten.

Horst konnte nicht gehen aufgrund eines Lungenschadens, den er schon seit 50 Jahren hatte. Nach mehr als drei Schritten ging ihm sofort die Luft aus. Aber Rollstühle waren ihm zu groß und unhandlich. Er fuhr daher unbekümmert auf einem sehr stabilen Dreirad mit supergepolstertem Sitz herum.

Meine Freundin berichtete mir, dass der Sitz bis zum Alter von 79 ein schrill buntes Muster gehabt habe. Als er 80 wurde fand er, dass es Zeit würde, etwas seriöser zu wirken und deshalb ließ er ab da den Sitz seines Dreirades grauschwarz beziehen. Ich lernte ihn erst kennen, als er schon über 80 Jahre alt war.

Und ich kann mich erinnern, wie perplex manche Menschen reagierten, als sie einen alten Mann auf einem Dreirad im Glockenbachviertel in München durch die Kneipen fahren sahen. Die Faschingsparty hatte in einer der Kneipen dort stattgefunden. Horst ließ sich da immer gar nicht stören. Ihm war es so bequemer als im Rollstuhl. Was sollte er sich da um die Umwelt kümmern, die das vielleicht seltsam finden könnte.

Horst wohnte am Wörthsee und wenn dieser im Winter zufror, trafen wir uns manchmal zum Schlittschuhlaufen. Das heißt, ich fuhr Schlittschuh und Horst fuhr Schlitten und stieß sich mit Skistöcken ab. Es war wie mit einem Gleichaltrigen unterwegs zu sein. Horst hatte immer lustige Ideen und ich hatte nie das Gefühl, mit einem alten Mann unterwegs zu sein.

Bevor Horst schließlich starb, meine Freundin meinte, er müsste etwa 89 gewesen sein, aber ab 80 wollte er nicht mehr übers Alter sprechen, hat er es jedem von uns wenige Monate zuvor angekündigt. Er fand, es wurde Zeit weiterzureisen. Und das tat er dann auch von jetzt auf sofort durch einen kleinen Schlaganfall während einer Erkältung.

Wenn man im Einklang mit seiner Seele ist und mit den Erfahrungen, die man sich für dieses Leben offensichtlich ausgesucht hat, dann wird der Tod leicht. Dann kann man gehen, wenn man spürt, jetzt reicht es.

Wer gegen sein Leben kämpft, für den kann auch der Tod zum Kampf werden. So ähnlich hatte er mir das mal erklärt.

***

Louise Hay ist genau 80 Jahre alt (2007) und auch bei ihr ist die geistige Klarheit noch so gut wie bei einer Frau in der Blüte ihres Lebens. Ihre Vorträge sind nach wie vor brillant (viele gibt es auf CD in esoterischen Buchhandlungen). Und sie lebt so, wie es ihr gefällt, jettet um die Welt zwischen dem amerikanischen und englischen Verlag hin und her und sagt von sich selbst, dass sie lieber in einem schönen Garten spazieren gehe, als sich Kleidungsstücke zu kaufen. Offenbar tut sie aber beides ganz gerne, da sie bei den zwei Gelegenheiten, zu denen ich ihr begegnet bin, immer sehr hübsch angezogen war.

Das Leben ist zum Feiern da und um die Freude mit anderen zu teilen. Und da ist sie noch mitten drin.

***

Dr. Shiyoya, der Autor des Buches *Der Jungbrunnen,* ist eindeutig autorisiert, ein solches Buch zu schreiben. Denn als sein und mein Verleger ihn in Japan besuchten, war es ein 100. Geburtstag und er erfreute sich allerbester Gesundheit und geistiger Klarheit. Auch er hielt immer noch Vorträge und spielte aktiv Golf. Mit 94, so schreibt er in seinem Buch, gewann er immer noch Golfturniere. Und 30jährige geübte Golfspieler versuchten vergebens, gegen ihn zu gewinnen.

Konrad, der Verleger, lernte auch die 95 Jahre alte Ehefrau kennen. Sie sei genauso fit, meinte Konrad. Man würde sie für eine dynamische 70jährige halten, wenn man sie erlebt. Konrad, der ebenfalls gut trainiert und fit ist, ging außerdem joggen mit einem guten Freund und Geburtstagsparty-Gast:

Einem 89 Jahre alten Mönch. Es war so eine Art greise Energiebündel-Party.

Der Beste an dem 89 Jahre alten Mönch war, dass er vor 30 Jahren von den Ärzten für unheilbar und todkrank erklärt worden war. Zwei Wochen gab man ihm noch. „Na, wenn das so ist, dann kann ich ja essen und trinken, was ich will für die letzten zwei Wochen", dachte er sich. Sprach´s und trank nur noch Bier und aß nur noch Tofu. Davon lebte er nun seit 30 Jahren und war überzeugt, das Geheimnis des Lebens entdeckt zu haben: Bier und Tofu. Jeder, der in sein Kloster kommt, wird versorgt mit gesundem Bier und gesundem Tofu.

Da sieht man, welche Kraft unser Glaube hat. Während der Party gestand jener Mönch Konrad jedoch, dass auch für ihn langsam die Zeit gekommen sei. Er habe alles erlebt und erledigt, was er hatte erleben und erledigen wollen. So ganz allmählich wolle er abtreten. Er esse deshalb jetzt einmal pro Woche Fisch zum gesunden Bier und Tofu dazu, damit er schneller sterbe …

***

Im TV habe ich mal eine Doku über eine 105 Jahre alte Frau gesehen. „Aber ich seh´ doch noch ganz normal aus, oder?" fragte sie den Fernsehreporter.

Als sie 92 Jahre alt war, hatte ihre Tochter sie ins Altersheim verfrachtet. „Aber das war ja furchtbar. Die waren alle so tüttelig dort", berichtete sie. Und so war sie im Alter von 97 Jahren wieder ausgezogen aus dem Altersheim. Mit 105 lebte sie nach wie vor in ihrer eigenen Wohnung, die sie mit 97 mit Möbeln vom Sperrmüll möbliert hatte – Hauptsache selbstständig.

***

Normal Walker verstarb im Alter von 116 Jahren, nachdem er mit 113 sein letztes Buch geschrieben hatte. Übrigens – er starb bei einem Autounfall! Der Titel seines Buches: *Auch Sie können wieder jünger werden!* Er beschreibt darin, dass die letzten 30 Jahre (von 113 aus gerechnet) die fittesten seines Lebens gewesen seien und er führe das auf seinen Umstieg auf Rohkost zurück.

***

Titelseite des Buchs von Schatalova[70]

Die russische Ärztin Galina Schatalova ist ebenfalls überzeugt davon, ihr Alter ihrer Ernährung zu verdanken. Ihr Buch heißt *Wir fressen uns zu Tode.* Galina Schatalova wanderte mit 95 Jahren noch 30 Tage lang durch die Wüste mit einer Gruppe von Patienten.[71]

---

[70] Gezeigt ist hier die Titelseite des erwähnten Buchs.
[71] Der komplette Titel lautet: *Aktiv mit 80: Vorbilder für Freude und körperliche und geistige Fitness im Alter.* Der Artikel ist zu lesen auf der Webseite von Manfred Mohr http://www.baerbelmohr.de/aktiv-mit-80-vorbilder-fuer-freude-und-koerperliche-und-geistige-fitness-im-alter.html. Bärbel Mohr ist am 29.10.2010 verstorben. Siehe dazu auch den folgenden Beitrag.

MANFRED MOHR
WEITERLEBEN OHNE DICH

Wie geht man mit dem Verlust eines geliebten Menschen um? Es gibt wohl kaum ein Ereignis im Leben eines Menschen, das uns mehr an die Grenzen und die Endlichkeit unseres Erdenlebens stoßen lässt. Und doch, es wartet auf jeden von uns. Der Tod ist untrennbarer Teil unseres Daseins. Früher oder später versterben unsere Großeltern, Eltern, Freunde und manchmal auch der Partner, mit dem wir ein Leben lang verbunden waren.

Für mich war es zunächst undenkbar, über meine Erfahrungen mit dem Tod von Bärbel zu schreiben. Natürlich, es war mir einfach zu nah. Mir war schon gleich nach dem Sterben meiner Partnerin bewusst, oh weh, das würde lange dauern, bis ich durch diesen Prozess durch sein würde. Also war ein Buch darüber in weiter Ferne. Es hat nun drei Jahre gedauert, bis ich mich dazu traute. Viele reden ja vom Trauerjahr, und da ist sicherlich etwas dran. Für mich, es sind drei Trauerjahre geworden.

Es brauchte dann aber einen besonderen Anlass, um die Idee eines Buches in die Welt zu bringen. Ein Verlag klopfte bei mir an, und dann ging alles ganz schnell. Kaum vorher habe ich ein Buch einfach so herunter geschrieben. Es war, als wäre der Impuls von außen so etwas wie der Kristallisationskeim geworden, um den herum ich nun in kürzester Zeit alles gruppierte, ohne dass ich viel dazu tun musste. Alles, was benötigt wurde, es war schon da. So wie Michelangelo einmal sagte, die Skulptur sei einfach zu behauen gewesen, er habe nur den überflüssigen Stein beseitigen müssen. Alles ging so leicht und stimmig, es musste einfach richtig sein, darüber zu schreiben.

Es ist meine Geschichte geworden, wie ich mit dem Tod von Bärbel umgegangen bin. Viele Seminarteilnehmer hatten mich in den Jahren danach darauf angesprochen, und ich hatte stückchenweise meine immer neue und sich wandelnde Sicht der Dinge im kleinen Kreis geäußert.

„Ich lebe mein Leben in wachsenden Ringen", so dichtete Rilke einmal so treffend, und durch diese Ringe, diese sich verändernden Sichtweisen der Tatsache des Verlustes, ging auch ich hindurch. Bis ich heute zu einem sicher vorläufigen Ende gefunden habe. Der Prozess der Verarbeitung geht sicher weiter, und der Punkt, den ich mit diesem Buch nun mache, ist vielleicht eher ein Komma, ein Semikolon. Das ist mir sehr bewusst. Und doch hoffe ich, vielen Menschen, denen es ähnlich ergeht wie mir in dieser Zeit, mit diesen Zeilen Mut und Zuversicht schenken zu dürfen. Es gibt ein Weiterleben nach dem Tod. Ganz bestimmt, zumindest für die zurück Gebliebenen.

Eben erst trete ich mit meinen Kindern in eine ganz neue Phase der Verarbeitung des Geschehenen. Meine Tochter ist nun 12 geworden und wird sich bewusster darüber, was das Sterben bedeutet. Die Mama ist nicht mehr da, und auch der Papa ist doch offenbar sterblich. Es wird nun zum Thema, was wäre, wenn auch der Vater einmal nicht mehr da sein könnte. Einige Male habe ich in der Vergangenheit darüber mit alleinerziehenden Eltern sprechen dürfen, die auch den Partner verloren haben. Auch sie berichteten davon, dass die Kinder zum überlebenden Elternteil eine besonders enge Beziehung knüpfen.

Für meine Kinder bin ich nun Papa und Mama, wie mein Sohn es einmal kurz auf den Punkt brachte. So versuche ich, so oft wie möglich gemeinsam mit meinen Kindern auf Reisen zu gehen. Und möglichst viel Zeit mit ihnen zu verbringen. Jeder, der Kinder hat, kennt die kurze Spanne an Zeit, die Eltern mit ihrem Nachwuchs verbringen dürfen. Sie ist so kostbar, dass dahinter die anderen Dinge zurückstehen können. Die Kinder möchten in der Jugend Wurzeln von den Erziehenden bekommen, wie Khalil Gibran sagt, damit sie ein starker Baum werden, der später dem Wind des Lebens standhalten kann. Später, wenn sie älter sind, sollten wir ihnen als Eltern dann Flügel schenken. Und bereit sein, sie ihren Weg gehen zu lassen.

Mein eigener Weg war vor drei Jahren gesäumt vom Verlust meiner Partnerin. Viele stellten mir danach die Frage, wie konnte dies Bärbel passieren? Natürlich haderte auch ich lange mit meinem Schicksal, und habe Antworten gesucht und gefunden, die schließlich aber auch nur Durchgangstationen waren zu meiner jetzigen Sichtweise.

Heute, ich würde einfach sagen: Bärbel war ein Mensch. So wie du und ich. Menschen werden geboren, und Menschen sterben. Leben und Tod hängen untrennbar zusammen. Wer den Tod verstehen möchte, der fragt auch nach dem Leben. Das Leben fragt aber nicht. Das Leben ist einfach. Es geschieht.

So möchte ich meinen heutigen Zustand einfach damit beschreiben, dass ich mich mit dem Verlust meiner Lebensgefährtin ausgesöhnt habe. Ich habe es als Teil meines Schicksals angenommen, und auch als das meiner Kinder. Lange Zeit habe ich dagegen gekämpft, wollte es verstehen. Heute habe ich meinen Frieden damit gefunden. Vielleicht war das Wichtigste bei diesem inneren Prozess, einfach damit aufzuhören, Fragen zu stellen.

Einstein hat einmal gesagt: „Falls Gott die Welt geschaffen hat, war seine Hauptsorge dabei sicher nicht, sie so zu machen, dass wir sie verstehen können." Manchmal scheint es mir, als würde ich mir mit meinem dauernden Kopfzerbrechen immer nur selbst im Weg stehen. Wenn ich immer nur in meinem Verstand unterwegs bin, dann hindert mich dies daran, einfach zu sein. Wenn ich einfach bin und nur fühle, dann komme ich bei mir an. Denke ich stattdessen zu viel, dann kreise ich wie ein Flugzeug in der Warteschleife ewig um den Flugplatz, ohne jemals wirklich anzukommen. Dann vergesse ich manchmal, dass es darum geht, auch mal zu landen. Vielleicht geht es im Leben gar nicht um Bewertungen und Kategorien von gut oder schlecht. Das Leben kümmert sich nicht darum. Das Leben ist einfach. Der von mir sehr verehrte persische Dichter Rumi sagte darum einmal: „Jenseits von falsch und richtig liegt ein Garten. Dort werden wir uns treffen."

Für mich, dieser Garten liegt in uns selbst. Wir finden ihn, wenn wir im besten Sinne wagen, „den Verstand zu verlieren". Viele spirituelle Schulen sind darum der Meinung, der Weg zum Glück und zur Erkenntnis ist nur 30 cm lang: vom Kopf in unser Herz. Heute ist es für mich weniger wichtig zu fragen: „Warum ist das passiert, warum ist meine Frau gestorben?" Denn offenbar, es ist geschehen. Es ist, wie es ist. Und damit Teil von meinem Weg, Teil von meinem Leben.

Wenn ich heute zurückblicke, dann kann ich dankbar sein, für die vielen schönen gemeinsamen Jahre mit meiner Frau, für eine bereichernde, aufregende Gemeinschaft mit ihr. All das, es war nur möglich, auf genau diesem Weg. So wie jeder Mensch ein Gesamtkunstwerk ist, mit Stärken und Schwächen, mit Fertigkeiten und Fehlern, so ist auch das Leben voller Auf und Abs. Das ist so, der Mensch, das Leben, sie werden genauso geliefert. In genau dieser Form, mit dem Licht, und dem Schatten.

Der Garten, von dem Rumi spricht, liegt in dem, was wir als Schöpfung, Vollkommenheit oder Gott bezeichnen können. Bärbel nannte es das Universum. Egal, welchen Namen wir ihm geben möchten, irgendwann, auf der Suche nach dem Sinn, hier klopfen wir an.[72]

---

[72] Quelle: http://www.baerbelmohr.de/fuer-das-engelmagazin-2014-weiterleben-ohne-dich.html..

Sprüche
zu den Weisheiten des Alters

Ernst von Feuchtersleben (1806-1849)
„Das ganze Geheimnis, sein Leben zu verlängern, besteht darin, es nicht zu verkürzen."

Jeanne Moreau (*1928)
„Alternde Menschen sind wie Museen: Nicht auf die Fassade kommt es an, sondern auf die Schätze im Innern."

George Bernard Shaw (1856-1950)
"Nur ein Narr feiert, dass er älter wird."

Johann Wolfgang von Goethe (1749-1832)
„Eben wenn man alt ist, muss man zeigen, dass man noch Lust hat zu leben."

Voltaire (1694-1778)
„Wer nicht den Verstand seines Alters hat, der hat das ganze Unglück seines Alters."

Marie von Ebner-Eschenbach (1830-1916)
„Dass alles vergeht, weiß man schon in der Jugend; aber wie schnell alles vergeht, erfährt man erst im Alter."

Alexander von Humboldt (1769-1859)
„Ich finde das Alter nicht arm an Freuden; Farben und Quellen dieser Freuden sind nur anders."

Ida Ehre (1900-1989)
„Bleibe jung – damit du alt werden kannst."

MARIE-THERES BÖHMANN
SCHÖNES ALTER

In einem Nebensatz erwähnt Moderatorin Pia Bayer im Forum *Altersbilder*, dass die Leiterin der Senior-Modelagentur Christa Höhs am 3. Juli Geburtstag hat. Kurzum wird ein Geburtstagslied für die 72-Jährige angestimmt. Sichtlich gerührt vom improvisierten „Happy Birthday" muss Christa Höhs dreimal schlucken.

Viele der Teilnehmer im Publikum können das Alter von Höhs kaum in ihrem Äußeren wiedererkennen. Die grauen Haare sind vielleicht ein Hinweis. Jedoch ihr Gesicht und ihre Art wirken auf das Publikum frisch und aufmerksam. Viele werden sich gefragt haben: Wie kann diese Frau mit 72 Jahren noch so jung aussehen?

Schon während der Vorstellungsrunde kann man den Stolz von Christa Höhs auf ihre Agentur fühlen. In Deutschland hat sie 1994 etwas gänzlich Neues geschaffen – eine Agentur für Models jenseits der 30. Schon während des Vortrags von Prof. Dr. Caja Thimm von der Universität Bonn über den Zusammenhang von Werbung und Altersbildern, schaut Höhs stolz auf die Leinwand. „In Ihren Beispielen waren drei meiner Models dabei", kommentiert sie.

Auch während der Diskussion im Forum beteiligt sich die 72-Jährige. „Wenn man glaubt, man sei alt, dann ist man alt", antwortet Höhs auf die Frage des Jugendwahns. „Gerade Frauen eifern einem Jugendbild nach. Stellen Sie sich vor den Spiegel und schauen Sie sich genau an."

Die anderen Forumsteilnehmer sind sich einig, dass sich jeder in seinem Körper wohlfühlen sollte. „Ein Lächeln und Neugierde lassen jeden zum Model werden", schlussfolgert Höhs. Dass man so tatsächlich Erfolg haben kann, hat Christa Höhs in einem damaligen Amerika-Urlaub erfahren.

Eigentlich wollte die gebürtige Hamburgerin nur die Vereinigten Staaten besuchen. Doch während dieser zwei Urlaubswochen wurde sie auf New Yorks Straßen angesprochen, ob sie Interesse am Modeln hätte. Obwohl sie anfangs skeptisch war, beschloss Höhs, in den USA zu bleiben. Als damals 50-Jährige ließ sie sich bei einer Modelagentur registrieren. „Nach einem kurzen Rückflug in die Heimat war die Agentur pleite. Da ich aber unbedingt in New York bleiben wollte, suchte ich weiter."
Etwa 150 amerikanische Modelagenturen hat sie sich angeschaut – bei 10 von ihnen bekam sie Aufträge. Erst die deutsche Sprache brachte sie zurück in die alte Heimat. Nach der Rückkehr aber waren die Jobaussichten aussichtslos: Alle Bewerbungen waren erfolglos, erinnert sich die selbstbewusste Frau zurück: „Entweder ich war überqualifiziert, was absolut unsinnig ist, oder ich war zu alt."
Mit 53 Jahren beschloss Höhs, selbst eine Modelagentur zu gründen. „Mein Geschäftspartner hat mich auf die Idee gebracht. Er hatte gerade ein Seniorenmagazin gegründet und brauchte nun Models." So entstand die erste deutsche Modelagentur für ältere Menschen. „Als die Medien auf mich aufmerksam geworden sind, kamen sie in Massen. Die Agentur war in Deutschland etwas Exotisches."
Aktuell stehen 550 Frauen und Männer ab 30 Jahren bei ‚Senior Models' unter Vertrag, das älteste Model ist 97 Jahre alt. „In meine Agentur werden keine geschnippelten Models aufgenommen", lautet Höhs' Credo. Ihr äußeres Erscheinungsbild spiegelt diese Auffassung authentisch wider: Keine Schönheitsoperationen. Und die Haare sind natürlich grau.[73]

---

[73] Quelle: https://www.bpb.de/veranstaltungen/dokumentation/164740/schoenes-alter

JOHANN WOLFGANG VON GOETHE
PARABEL

Jüngst traf ich einen alten Mann
Und hub ihm vorzusingen an,
Doch an den Mienen des Gesichts
Bemerkt´ ich bald, er höre Nichts.

Da dachte ich: der Greis ist taub,
Drum wird dein Lied des Windes Raub,
So tu ihm denn, nicht durch den Mund,
Durch Zeichen Dies und Jenes kund.

Ich tat´s, doch ward mir leider klar,
Dass er auch schon erblindet war,
Denn, wie der Frosch aus seinem Sumpf,
Hervor glotzt, sah er dumpf und stumpf,

Und ungestört in seiner Ruh´,
Der Sprache meiner Finger zu.
Ich rief: mit dem steht´s schlimm genug,
Doch mögt´ ich ihm den letzten Zug

Noch gönnen aus dem Lebensquell!
Da reicht´ ich ihm die Rose schnell,
Die ich für meine Braut gepflückt,
Allein auch das ist schlecht geglückt,

Ihm schien der Duft nicht mehr zu sein,
Wie einem Gartengott von Stein.
Nunmehr verlor ich die Geduld,
Ich dacht´ an meines Mädchens Huld,

Die mir so schmählich jetzt entging,
Da sie die Rose nicht empfing,
Und jagte ihm im ersten Zorn
Ins dicke Fell den scharfen Dorn;

Doch bracht´ auch dies ihm wenig Not,
Er zuckte nicht, er – war wohl tot!

Unterschrift Johann Wolfgang von Goethe[74]

---

[74] Briefmarkenblock der Sowjetischen Besatzungszone, Goethe Festwochen, Weimar

MICHEL DE MONTAIGNE
APHORISMEN

„Unser großes und ruhmreiches Meisterstück ist es, angemessen zu leben. Alles andere – zu herrschen, Schätze zu bewahren, aufzubauen – sind nur Anhängsel und Requisite."

„Die Natur sollte sich damit begnügen, das Alter elend zu machen, ohne es auch noch lächerlich zu machen."

„Das eigentliche Lebensglück, das in geistiger Ruhe und Zufriedenheit und seelischer Geradheit und Sicherheit besteht, darf man nie einem Menschen zusprechen, ehe man nicht gesehen hat, wie er den letzten und zweifellos schwierigsten Akt im Schauspiel seines Lebens spielt."

„Manchmal ergreift das Altern zuerst den Körper, manchmal aber auch den Geist."

„Ich weiß, dass meine Abneigung gegen Ärzte krankhaft ist. Wenn sie mich aber am Leben erhält?"

„Tragt Sorge, dass das Alter euch nicht mehr Runzeln auf die Seele legt, als auf euer Angesicht."

„Was ich nunmehr sein werde, das wird nichts als ein halbes Wesen sein, das werde nicht mehr ich sein. Ich schlüpfe mir täglich durch die Finger und entwische mir selbst."[75]

---

[75] Michel de Montaigne (1533 - 1592), eigentlich Michel Eyquem, Seigneur de Montaigne, französischer Philosoph und Essayist

Bernhard Grom SJ
Vom Jugendwahn zum Altersschock

Manche Prognosen, die früher nur Rürup- und Enquête-Kommissionen beschäftigten, könnten bald zu einem Thema für die breite Öffentlichkeit werden. Die Geburtenrate hat in Deutschland seit Jahren stark abgenommen, während die Lebenserwartung gestiegen ist. Kamen im Jahr 2002 auf 100 Deutsche zwischen 20 und 60 Jahren 44,3 mit über 60 Jahren, so werden es im Jahr 2030 vermutlich 70,9 sein. Die Bevölkerung in Deutschland wird bis dahin von jetzt 82 Millionen auf vermutlich 76,7 Millionen sinken, ohne dass eine verstärkte Zuwanderung dieses Minus voll ausgleichen kann. Die Zahl der Pflegebedürftigen dürfte bis 2040 von derzeit 1,5 Millionen auf 2,9 Millionen steigen.

Was bedeutet dieser demographische Wandel finanziell, sozial und für die Psyche der Bevölkerung? Wird man das Rentenniveau halbieren oder den Beitragssatz verdoppeln? Beides ist undenkbar. Oder wird man die steigenden Gesundheitskosten eindämmen und wie in Schweden bei Patienten über 65 Jahre keine Dialysen und Herzoperationen mehr auf Kosten der Krankenkasse zulassen? Wenn dafür nur noch die Zusatzversicherung aufkommen soll, ist dann eine Benachteiligung der finanziell Schwächeren, letztlich eine Selektion die Folge?

Kann der Mangel an Rente zahlenden Arbeitskräften durch starke Zuwanderung ausgeglichen werden? Doch wie viele Ausländer sind integrierbar? Und wie werden sich schließlich die über 65jährigen fühlen, wenn von „Rentnerschwemme", „Altenlast" und „Zukunftsdieben" gesprochen wird? Die Gruppe der Alten, pardon: Die 60plus-Generation ist zum Kernproblem der Debatte um die Zukunft des Sozialstaats geworden und in den Mittelpunkt publizistischer

Aufmerksamkeit gerückt. Nicht alle Vorhersagen sind gesichert, und die Antworten, die sie provozieren, sind recht unterschiedlich.

Alarmiert äußert sich Frank Schirrmacher, Mitherausgeber der *Frankfurter Allgemeinen Zeitung*, in seinem Buch *Das Methusalem-Komplott*, das rasch zum Bestseller aufstieg. Für ihn steht fest: Es wird zu einem „Krieg der Generationen" kommen. Die Ideologien des Jugendwahns können sich, so seine Befürchtung, wirksam mit der biologisch bedingten Abneigung gegen das Alter verbünden. Die Regierungen setzten in ihren Prognosen die Lebenserwartung zu niedrig an. Und die Bevölkerung sei nicht darauf vorbereitet, dass die demographische Katastrophe zu Verteilungskämpfen um Renten und Altenheimplätze, zur Verlängerung der Lebensarbeitszeit, zu einem Mangel an Enkeln in Familien und Schulen und zu massiver Zuwanderung führe.

Die seit den 60er Jahren betriebene Verherrlichung des Jungseins zerstöre das Selbstbewusstsein der Alternden durch eine „psychologische Kriegsführung", die ihnen undifferenziert einen Abbau der Leistungsfähigkeit einrede und das Selbstvertrauen raube. Sie tendiere zu einer Zivilisation der Euthanasie, die uns den Freitod nahelege. Gegen diese Diffamierung, gegen diesen Altersrassismus gelte es, ein Komplott zu schmieden: „Eliminieren Sie in Ihrem Kopf den Gedanken, dass das Altern einzig ein sich steigernder Verfallsprozess ist. Bauen Sie Ihre Abwehr, Wut und Aggressivität gegen Stereotypen auf, die Sie mürbe machen."

Auch Reimer Gronemeyer, Theologe und Soziologieprofessor in Gießen, prognostiziert eine Verschärfung des Jung-Alt-Konflikts zu einem *Kampf der Generationen*, wie er sein Buch nennt, da Gemeinsinn, Nächstenliebe und Familie zu verschwinden drohen.

Den Gegensatz zwischen Jung und Alt als Lobbygruppen will er dadurch aufheben, dass er beiden den Ausstieg aus der reinen Marktlogik, aus Konsumismus, „Zentralmythos Arbeit", Wachstumsideologie und Gesundheitswahn empfiehlt. Arbeitslose, Kranke und Behinderte sollen eine bescheidene staatliche Versorgung, alte Menschen eine staatliche Grundrente erhalten – und alle sich mit einem sinkenden Lebensstandard begnügen. Die dann erforderliche „neue Ökonomie", so gibt er zu, sei aber erst noch auszuarbeiten. Ganz anders meint der Hamburger Zukunftsforscher Horst W. Opaschowski, der wegen Überalterung reformbedürftige alte Generationenvertrag könne, ohne Krieg und Kampf, durch einen neuen *Generationenpakt* (so der Titel seines jüngsten Buchs) ergänzt werden.

Die Zukunftsvorsorge soll auf drei Säulen ruhen: einer „erarbeiteten", gesetzlichen, umlagefinanzierten Grundversorgung als Existenzminimum, einer privaten Zusatzversorgung und einer „sozialen Altersversorgung" durch familiäre Beziehungen, Freundschaftspflege, ehrenamtliche Arbeit usw.

Innerhalb der Familien würden sich heute mittlere und ältere Generation gegenseitig bereits stark unterstützen. Und die kinderlosen Alten? Die werden sich, so Opaschowski, als Familienersatz soziale Netzwerke schaffen und durch systematische Kontakte zu Familien, Freunden und Vereinen freiwillige Helfer gewinnen. Der Gemeinsinn, die Solidarität sei zwar heute befristeter als früher, aber nicht geringer.

Diese optimistische Vision würde Gronemeyer wahrscheinlich als neoliberales Wunschszenario zurückweisen. Tatsächlich bieten alle drei skizzierten Ansätze keine endgültige Lösung, sondern schärfen nur das Problembewusstsein. Und die Christen? Der biblische Glaube bietet – und erweist sich gerade dadurch als offen für zukünftige Entwicklungen – kein detailliertes spezifisch christliches Konzept für eine Altersspiritualität und eine Ethik für eine alternde Gesellschaft;

diese müssen im Gespräch mit der medizinischen und psychologischen Alternsforschung sowie den Sozialwissenschaften je zeitgerecht erarbeitet werden.

Doch enthält dieser Glaube eine nicht geringe personale und soziale Ressource für Lösungen: Er setzt dem blanken Macht- und Verteilungskampf die Solidarität entgegen, die das vierte Gebot, als Versorgungspflicht gegenüber den alten Eltern, das Liebesgebot und die christliche Soziallehre anmahnen. Er motiviert auch, über eine reine Konsumorientierung hinaus, Menschen im Alter zu sozialer, kultureller und spiritueller Aktivität. Die Altenarbeit der Kirchen wird noch wichtiger werden.[76]

Der barmherzige Samariter[77]

---

[76] Aus der Zeitschrift *Stimmen der Zeit*, 222 (2004), S. 433-434.
Quelle im Internet: http://www.stimmen-der-zeit.de/zeitschrift/archiv/beitrag_details?k_beitrag=1645305&query_start=2&k_produkt=1839026
[77] Hinzugefügt vom Herausgeber. Künstler: Giacomo Conti (1813-1888)

JOSEPH FREIHERR VON EICHENDORFF
DAS ALTER

Hoch mit den Wolken geht der Vögel Reise,
Die Erde schläfert, kaum noch Astern prangen,
Verstummt die Lieder, die so fröhlich klangen.
Und trüber Winter deckt die weiten Kreise.

Die Wanduhr pickt, im Zimmer singet leise
Waldvöglein noch, so du im Herbst gefangen.
Ein Bilderbuch scheint alles, was vergangen,
Du blätterst d´rin, geschützt vor Sturm und Eise.

So mild ist oft das Alter mir erschienen:
Wart´ nur, bald taut es von den Dächern nieder.
Und über Nacht hat sich die Luft gewendet.

Ans Fenster klopft ein Bot´ mit frohen Mienen,
Du trittst erstaunt heraus – und kehrst nicht wieder,
Denn endlich kommt der Lenz, der nimmer endet.

Unterschrift Joseph Freih. von Eichendorff

ANDREAS SPEER
VON DER FREIHEIT DES ALTERS

Kürzlich sagte ich dir, ich befände mich im Angesicht des Alters. Jetzt, fürchte ich, bin ich schon darüber hinaus. Ein anderes Wort passt nun schon für diese Jahre, wenigstens für diesen meinen körperlichen Zustand; denn unter Alter versteht man eine Zeit der ermüdeten, nicht der gebrochenen Lebenskraft. Zähle mich zu den Altersschwachen, die das äußerste Ende berühren. Gleichwohl darf ich es wagen, mir vor dir Glück zu wünschen: Mein Geist fühlt sich frei von der Unbill des Alters, mit der mein Körper zu ringen hat. Nur meine Schwächen und die Werkzeuge meiner Schwächen sind alt geworden. Mein Geist ist frisch und freut sich, dass er nicht mehr viel mit dem Körper zu schaffen hat. Er hat sich eines großen Teils seiner Bürde entledigt. Er frohlockt und beginnt mit mir ein Streitgespräch über das Alter: Das, sagt er, sei seine Blütezeit. Glauben wir ihm; gönnen wir ihm den Genuss seines Glückes.

Das degenerative Modell von Altern ist zum Paradigma geworden.
Dieser Text über das Alter ist selbst alt – gefühlt und auch in Wahrheit. Er stammt aus der Feder Senecas, einem der großen römischen Philosophen aus dem ersten Jahrhundert nach Christus. Senecas Reflexionen über das Alter in einem seiner Briefe an Lucilius (*Epistulae morales XXVI*) mögen dem heutigen Leser wahrscheinlich anachronistisch erscheinen, wenn er zugleich von den Erfolgen der Alternsforschung liest, die inzwischen vollends von der Philosophie hin zur Zellbiologie und zur Sozialpsychologie abgewandert zu sein scheint. Aus der Sicht der Zellbiologie stellt sich Altern als ein degenerativer Prozess dar, der schließlich zum Absterben der Zelle führt.

Soweit würde Seneca sicherlich zustimmen. Jedoch ist dieses degenerative Modell von Altern weit über die Zellbiologie hinaus zum Paradigma geworden: Altern erscheint – körperlich wie geistig – als Verfall, dem man mit allen Mitteln entgegenzuwirken habe. Folgerichtig bestimmt nicht das Alter, sondern die Jugend das gesellschaftliche Leitbild, obwohl doch demographisch die Entwicklung in die Gegenrichtung weist.

Man würde sicherlich zu kurz springen, wenn man Senecas Auffassung vom Alter lediglich mit den Lebensumständen erklärte, die aufgrund der beschränkten medizinischen Möglichkeiten keine andere Wahl gelassen hätten, als sich mit den Folgen körperlichen Verfalls zu arrangieren und eine Ethik zu entwerfen, die diesen Lebensumständen Rechnung trägt. Doch eben das trifft bei genauerem Hinsehen auf Senecas Brief nicht zu. Die dortigen Überlegungen greifen tiefer.

Kehren wir zurück zu dem Streitgespräch, das der Geist mit dem Autor Seneca über das Alter beginnt. Es enthält nämlich zahlreiche Argumente, die unseren heutigen Intuitionen vielfach entgegenstehen: Etwa, dass das Verlassen der körperlichen Kräfte als Chance für die Erweiterung des Geistes angesehen werden kann, der sich nun besser auf das Wesentliche zu konzentrieren vermag; dass dem bewussten und langsamen „Dahinschwinden" der Vorzug einzuräumen sei vor dem plötzlichen Ende; und dass es schließlich „eine großartige Sache ist, den Tod zu lernen", ja, dass man beständig an den Tod denken müsse. „Wer das sagt", so schließt Seneca seinen Brief, „fordert zugleich dazu auf, an die Freiheit zu denken. Denn wer zu sterben gelernt hat, hat verlernt, Sklave zu sein." Damit zitiert Seneca eine der ältesten Definitionen der Philosophie. Eine Frage philosophisch betrachten, heißt sie ein Stück weit der wissenschaftlichen Expertenkultur zu entziehen. Bekanntlich steht am Anfang der Philosophie eine Expertenkritik durch Sokrates, die aus

ihrer bereichsbezogenen Kompetenz den Anspruch ablei-
ten, „auch im Übrigen ganz ungeheuer weise zu sein". (Apo-
logie 22e)

Auch die weitgehendste Aufklärung der Zusammenhänge
zellulärer Alterungsprozesse wird uns nicht unsterblich machen, wird uns nicht von der Notwendigkeit entbinden, uns
mit dem Alter, welches „das äußerste Ende berührt", zu befassen. Philosophische Fragen sind nicht lösbar in dem gleichen Sinn, wie wir bestimmte Probleme wissenschaftlich
oder alltagspraktisch lösen können. Sie fordern uns wie die
Frage des Alters existentiell und ethisch heraus, indem und
sofern wir uns zu ihnen verhalten müssen. Folgerichtig hat
Seneca über das Alter auch in seinen *Briefen über Ethik* nachgedacht. Seine Antworten delegieren die Gestaltung des Alters nicht an eine Instanz des Enhancements mit der kaum
verhüllten Erwartung, mit den biologischen Alternsprozes-
sen die Probleme des Alterns überhaupt lösen zu können.

In der Konzentration darauf, das Altern biologisch und auch
psychologisch immer weiter hinauszuschieben, ist uns eine
andere, die Kulturen über einen langen Zeitraum prägende
Sicht des Alters, die dieses nicht als Defekt, sondern als Er-
füllung, ja als eigentliche Fülle des Lebens begreift, weithin
abhandengekommen. Anders dagegen bei Cicero, der in seiner Schrift über das Alter den alten Cato zum Gewährsmann
macht und ihn das Leitbild eines tätigen Alters entwerfen
lässt: Die „tüchtigsten Waffen des Alters" seien die Wissenschaften und die praktische Übung in der Tugend. „Diese
Übungen tragen, in jedem Alter gepflegt, wenn man viel und
lange gelebt hat, herrliche Früchte, und zwar nicht nur aus
dem Grund, dass sie uns nie, selbst nicht in der letzten Zeit
des Lebens verlassen – und dies allein ist schon ein sehr großer Gewinn –, sondern auch deswegen, weil das Bewusstsein
eines schon vollbrachten Lebens durch die Erinnerung an
viele Handlungen höchst erfreulich ist" (Cato Maior III,9).

So führt das Alter in den Worten Ciceros das Leben wie ein Schauspiel zum Schluss (XXIII, 85). Und während jedes Lebensalter seine bestimmte Grenze hat, so gilt dies vom Alter nicht; man lebt in ihm so lange glücklich, als man seinen Aufgaben und Tätigkeiten noch nachgehen kann, ohne dabei Furcht vor dem Tod zu haben (XX,72). Je weiser aber ein Mensch ist, eine desto größere Ruhe beweist er im Sterben (XXIII, 83). Dass die Freiheit eines Menschen vor allem darin besteht, das eigene Leben zuende denken und es vom Ende her verstehen zu können, ist ein philosophische Einsicht, die anachronistisch bestenfalls im Sinne einer produktiven Widerständigkeit des Unzeitgemäßen ist, das in den Worten Nietzsches am Ende seiner zweiten *Unzeitgemäßen Betrachtung* als „rückwirkende Kraft" das künftige Denken bestimmt.

Die philosophischen Fragen und Antworten der ‚Alten' lenken die Aufmerksamkeit auf die anthropologischen Fragen und Menschenbilder, die auch den Wissenschaften zugrunde liegen. Seneca und Cicero stehen stellvertretend für eine lange Tradition, die auch das Altern von der möglichst umfassenden Realisierung der dem Menschen zumeist eigentümlichen Tätigkeit her begreift: Das ist die Vernunfttätigkeit. Diese Leitvorstellung beweist ungeachtet postulierter Diskontinuitäten auch heute noch ihre Attraktivität und Gültigkeit, indem sie sich gerade in pragmatischer Hinsicht als eine tragfähige Leitidee einer Alterskultur vieler Orten bewährt: als eine integrative und vom Wechsel der gesellschaftlichen Leitbilder in einem hohen Maße unabhängige Idee eines sinnerfüllten Lebens.[78]

---

[78] Der Untertitel lautet: *Unzeitgemäße Betrachtungen aus philosophischer Sicht.* Prof. Dr. Dr. h.c. Andreas Speer ist Geschäftsführender Direktor des Philosophischen Seminars und Direktor des Thomas-Instituts der Universität zu Köln.

LEOPOLD LOEWENFELD
ÜBER DIE DUMMHEIT

Daß im Alter mit den Körperkräften auch die geistigen Fähigkeiten abnehmen, ist eine allbekannte Erfahrung, der auch der Staat durch eine Reihe von Maßnahmen Rechnung trägt. Der durch das Alter bedingte geistige Rückgang ist jedoch in den einzelnen Fällen sehr verschieden, und von denjenigen, welche noch in den 70er oder selbst in den 80er Jahren zu den größten wissenschaftlichen oder künstlerischen Leistungen befähigt sind, bis zu jenen, welche in diesem Alter in höhere Grade geistiger Schwäche verfallen und wie Kinder gepflegt werden müssen, finden wir alle möglichen Übergänge. Begreiflicherweise ist die geistige Einbuße, welche das Alter mit sich bringt, bei dem von Haus aus Beschränkten im allgemeinen mehr hervortretend als bei dem Wohlbegabten. Die psychischen Veränderungen, welche das Alter bedingt, sind, wenn auch in ihrer Stärke in den Einzelfällen außerordentlich wechselnd, doch im allgemeinen gleichartig, soferne es sich im Wesentlichen um Abschwächung der einzelnen seelischen Leistungen handelt. Man spricht vielfach davon, daß die Greise kindisch werden. Allein eine nähere Prüfung zeigt, daß eine Rückkehr zum kindlichen Verhalten im höheren Alter nur in sehr beschränktem Maße stattfindet und im allgemeinen die Psyche des Greises sich von der des Kindes weit mehr entfernt, als derselben sich annähert. Die Denkprozesse werden in den Greisenjahren langsamer und schwerfälliger, die Assoziationen weniger wechselnd und reichhaltig; die Phantasie verliert an Schwung und Lebhaftigkeit. Das Gedächtnis für die Erlebnisse der Gegenwart nimmt mehr und mehr ab, während die Reproduktion von Erinnerungen früherer Zeiten nur wenig beeinträchtigt sein mag. Die Sinne werden stumpfer, die Fähigkeit des Aufmerkens ist verringert, die Aufnahme neuer Gedanken und Eindrücke vollzieht sich langsam und schwer. Auch die Gefühlstätigkeit erfährt eine Abstumpfung. Vieles, was den Mann in mittleren Jahren lebhaft bewegte, läßt den Greis kühl; selbst schwere Schicksalsschläge können ohne nachhaltigen Eindruck bleiben.

Aus dem Angeführten resultiert eine gewisse Einschränkung des geistigen Horizonts und eine Verringerung der intellektuellen Leistungsfähigkeit, die sich in verschiedener Weise kundgibt. Hierher gehört in erster Linie der Konservativismus des Alters, das zähe Festhalten an dem Gewohnten und Hergebrachten und die Ablehnung auch berechtigter Neuerungen. Hiermit verknüpft sich vielfach übermäßige Schätzung und Berücksichtigung von Untergeordnetem und reinen Äußerlichkeiten (Pedanterie, Schrullenhaftigkeit). Die kleinen Vorkommnisse des alltäglichen Lebens besitzen für den Greis eine ganz unverhältnismäßige Bedeutung, und jede Änderung derselben verursacht ihm Unbehagen. Eine Folge der Einengung des geistigen Horizonts und der damit zusammenhängenden Urteilsschwäche ist auch die Schwatzhaftigkeit des Greises, der in endlosen Erzählungen seine Erinnerungen auskramt, unbekümmert, ob dieselben den Zuhörer interessieren oder nicht.

Die Beschränktheit, die das Alter mit sich bringt, ist im Allgemeinen beim weiblichen Geschlecht erheblicher, als beim männlichen und zeitigt beim ersteren manche Früchte wenig anziehender Art…

Auf der anderen Seite muß aber auch zugegeben werden, daß intelligente Frauen nicht selten auch im höheren Alter eine recht bemerkenswerte geistige Regsamkeit und Gemütstiefe bewahren.[79]

---

[79] Untertitel: *Eine Umschau im Gebiete menschlicher Unzulänglichkeit* (1909). Leopold Loewenfeld gilt als Pionier der Sexualpathologie.

ANDREAS HOLLINEK
ZITATE ZUM ALTER

Siddhartha Gautama / Buddha (563-483)
„Laufe nicht der Vergangenheit nach und verliere dich nicht in der Zukunft. Die Vergangenheit ist nicht mehr. Die Zukunft ist noch nicht gekommen. Das Leben ist hier und jetzt."

Sokrates (469-399)
„Das Geheimnis der persönlichen Veränderung ist, dass man sich mit all seiner Energie nicht darauf konzentriert, das Alte zu bekämpfen, sondern darauf, am Neuen zu bauen."

Martin Luther (1483-1546)
„Wenn ich wüsste, dass morgen die Welt unterginge, würde ich heute noch ein Apfelbäumchen pflanzen."

Leo N. Tolstoi (1828-1910)
„Denke immer daran, dass es nur eine einzige wichtige Zeit gibt: heute, hier, jetzt. – Das Glück besteht nicht darin, dass du tun kannst, was du willst, sondern darin, dass du immer willst, was du tust."

William Somerset Maugham (1874-1965)
„Im Alter bereut man vor allem die Sünden, die man nicht begangen hat. [...] Das Alter klopft an die Tür, wenn man irgendwas zur Gewohnheit werden lässt."

Albert Einstein (1879-1955)
„Zuerst gehören alle Gedanken der Liebe, später gehört alle Liebe den Gedanken. [...] Ich sorge mich nicht um die Zukunft. Sie kommt früh genug."

Rainer Maria Rilke (1875-1926)

„Du musst das Leben nicht verstehen, dann wird es werden wie ein Fest. Und lass dir jeden Tag geschehen so wie ein Kind im Weitergehen von jedem Wehen sich viele Blüten schenken lässt."

Albert Schweitzer (1875-1965)

„Du bist so jung wie deine Zuversicht."

Robert Musil (1880-1942)

„Keine Grenze verlockt mehr zum Schmuggeln als die Altersgrenze."

Stefan Zweig (1881-1942)

„Wer einmal sich selbst gefunden hat, kann nichts auf der Welt verlieren."

Franz Kafka (1883-1924)

„Jeder, der sich die Fähigkeit erhält, Schönes zu erkennen, wird nie alt werden."

Reinhold Niebuhr (1892-1971) nach einem Text von Anicius Manlius Severinus Boethius (480-526)

„Gott, gib mir die Gelassenheit, die Dinge hinzunehmen, die ich nicht ändern kann. Verleihe mir Mut, die Dinge zu ändern, die ich ändern kann. Und schenke mir die Weisheit, das eine vom anderen zu unterscheiden."

Simone de Beauvoir (1908-1986)

„Das Wichtigste, das mir widerfahren ist: Ich bin gealtert."

Max Frisch (1911-1991)

„Die Zeit verwandelt uns nicht; sie entfaltet uns nur."

Lew Kopelew (1912-1997)

„Die Lehren, die ich aus meinem Leben ziehen kann, sind zwei schlichte Gebote: Toleranz und Wahrheit."

Robert Lembke (1913-1989)

„Alt werden ist natürlich kein reines Vergnügen. Aber denken wir an die einzige Alternative..."

Yves Montand (1921-1991)

„Humor, Zärtlichkeit und ein kritischer Geist sind die besten Mittel gegen das Altern."

Leonard Cohen (*1934)

„Läute die Glocken, die noch klingen. Vergiss, perfekt sein zu wollen. In allem ist ein Bruch. Aber so kommt Licht herein."

Gilda Radner (1946-1989)

„Es fällt uns kleinen Geschöpfen so schwer, in diesen Handel einzuwilligen: Erst bekommt man das Leben geschenkt, dann müssen wir wieder sterben. Uns bleibt nur das, was wir in jeden Augenblick hineinlegen."

Jostein Gaarder (*1952)

„Wenn Du einfach den Kopf schüttelst und Dich weder als Kind noch als Philosophin fühlst, dann liegt das daran, dass Du Dich in der Welt so gut eingelebt hast, dass sie Dich nicht mehr überrascht. In dem Fall ist Gefahr in Verzug."[80]

---

[80] Wiedergegeben ist hier ein sehr kleiner Ausschnitt der Sammlung von Andreas Hollinek, dem Initiator und Betreiber der Webseite ww.50plus.at.

HENRIKE MÜLLER-MOLL
WIR PFEIFEN AUF DAS ALTER

Jeder kennt das Phänomen: Wenn man in einer schwierigen Situation steckt, hört man um sich herum plötzlich von einem Dutzend ähnlicher Ereignisse. Ebenso erging es mir mit zunehmendem Alter. Freundinnen, Bekannte und Familienmitglieder sprachen immer häufiger über die Tücken des Älterwerdens, und ich war entzückt, mit meinen Ängsten nicht allein dazustehen.

Einmal auf das Thema sensibilisiert, stolperte ich natürlich auch über die sich in den Medien häufenden Debatten und Berichte über den demografischen Wandel. Ich war aufgewacht und angekommen in einer Welt, die ich nun nicht mehr nur von außen betrachten durfte. Ich war mitten im Geschehen gelandet, denn plötzlich ging mich das alles ebenfalls etwas an. Nach dieser Erkenntnis wurde ich neugierig auf das, was nun unweigerlich auf mich zukommen würde, und ich fragte mich, ob man sich – theoretisch oder auch praktisch – auf das Leben als älterer und alter Mensch vorbereiten kann.

So begann ich sehr gezielt zu recherchieren und freute mich über jede Studie, die meine positive und optimistische Grundeinstellung zu meiner Zukunft als neue Alte bestätigte. Gleichzeitig fand ich heraus, dass es durchaus eine Menge zu beachten gibt, wenn das Älterwerden ein schöner, spannender und interessanter Lebensabschnitt werden soll. Mit einer gezielten Vorsorge – und damit ist auch, aber nicht nur der gesundheitliche Aspekt gemeint – kann man sich tatsächlich eine gute Basis für das ‚späte‘ Glück schaffen.

Wer in jüngeren Jahren zu nachlässig ist und glaubt, dass er noch Zeit genug habe, die Weichen für ein zufriedenes Altern zu stellen, wird es, wenn die erste Rente fällig ist, schnell bereuen, sich nicht schon früher und intensiver darum gekümmert zu haben.

Wir pfeifen auf das Alter soll einerseits Mut machen, dass Altern tatsächlich zur feinen Sache werden kann, andererseits ist es mein und im vorliegenden Buch eben Charlottes Anliegen, jüngeren Menschen einen Anstoß zu geben, beizeiten darüber nachzudenken, wie sie in den nächsten Jahren, eventuell Jahrzehnten, leben möchten. Jeder hat es selber in der Hand, den Prozess des Alterns glücklich zu gestalten. Ich habe diese These durch einige Studien belegt, diese aber auf meine sehr persönliche Art und Weise fröhlich, frei und ohne Anspruch auf wissenschaftliche Korrektheit interpretiert.

Das Buch ist zwar in der Ich-Form geschrieben, jedoch stehe nicht ich mit meiner Person im Mittelpunkt, sondern Charlotte und eine Clique von vier Frauen um die sechzig. Sie ist diejenige, die aktuelle Themen mit spitzer Zunge aufs Korn nimmt sowie Anekdoten und Geschichten aus dem Alltag zum Besten gibt. Charlotte ist ebenso wie ihre Freundinnen Pauline und Helene sowie ihre Schwester Theresa eine typische Frau meiner Generation, die sich mit viel Fleiß, Selbstvertrauen und Ausdauer aus der Anonymität einer ‚Nur-Hausfrau' befreit hat. Meine Absicht war es, nicht mich persönlich, sondern facettenreiche Charaktere und sehr unterschiedliche Personen zu Wort kommen zu lassen, die repräsentativ für die heutigen ‚Best Ager' sind. Viele von ihnen sind auch noch jenseits der sechzig berufstätig und stehen mit beiden Füßen mitten im Leben. Sie hinterfragen kritisch, sind fit, schick, selbstbewusst und souverän, aber vor allem sind sie neugierig geblieben und pfeifen demzufolge sehr fröhlich auf ihr Alter.

Wer sich in den einzelnen Figuren wiederfindet, kann davon ausgehen, dass es pure Absicht war.

Michael W. Groh
Die drei Säulen zum gesunden Altern

Das Selbstbild unserer Älteren hat sich in den letzten Jahrzehnten gewaltig geändert. Mit Recht wird die Oma- und Opa-Rolle nicht mehr akzeptiert: Nur noch Enkel betreuen und ansonsten als altes Eisen auf den Tod zu warten, gilt nicht mehr.

Die ‚neuen‘ Alten sind häufig aktiv, reisen gern und lernen fremde Länder kennen. Viele achten durch vernünftiges Verhalten darauf, bis ins hohe Alter gesund zu bleiben. Tatsächlich ist die Mehrzahl der Menschen im Alter noch autonom und selbständig. Pflegebedürftigkeit im Alter ist nicht für jeden die unausweichliche Realität.

Menschen mit sehr hohem Alter werden dagegen häufig pflegebedürftig, die gewonnenen Lebensjahre werden überwiegend in mäßiger oder schlechter Lebensqualität verbracht. Ein wichtiges Ziel für den Einzelnen und für die Gesellschaft insgesamt sollte es daher sein, alten Menschen zu guter Lebensqualität zu verhelfen und die zum Tod führende Krankheitsphase auf einen möglichst kurzen Zeitraum zu verdichten.

Goethe hat es einmal wunderschön beschrieben: „Die Todesstunde ist uns von Gott bestimmt. Doch wie wir dahin kommen, ob als kranke und schwache Hunde oder frisch und fröhlich, da vermag ein guter Arzt viel!" Darin besteht die eigentliche, die schönste und befriedigendste Arbeit des Arztes. Doch ohne Fleiß kein Preis! Wer einfach blauäugig das Alter auf sich zukommen lässt, ohne Vorsorge zu treffen, kann böse überrascht werden. Wer zum Arzt geht nach dem Motto ‚Mach´ Du mal!‘ statt selbst seine Angelegenheiten aktiv in die Hand zu nehmen, kann nicht erwarten, dass er gesund bleibt – es sei denn, er hat ganz ausgezeichnete Erbanlagen, die ihn bis ins hohe Alter gesund erhalten.

Die Erbanlagen können wir uns leider noch nicht aussuchen, wir müssen mit dem zurechtkommen, was uns unsere Vorfahren, Urgroßeltern, Großeltern und Eltern hinterlassen haben. Es ist daher sinnvoll zu erfragen, wie alt unsere Vorfahren geworden sind, an welchen Krankheiten sie gelitten haben und was schließlich zu ihrem Tod geführt hat. So kann man eine Menge über sich selbst, die eigenen Stärken und Schwächen erfahren.

Unabhängig davon gibt es aber drei ganz wesentliche Säulen, die unsere Gesundheit im Alter stützen:

1. Säule:
Die körperliche Bewegung

2. Säule:
Gesundes Essen

3. Säule:
Das Eingebundensein in den Kreis der Familie, der Verwandten und Freunde

1. Säule:
Körperliche Bewegung

Über viele Millionen von Jahren haben unsere Vorfahren im Schweiße ihres Angesichtes ihren Lebensunterhalt verdient: Wer essen wollte, musste sich sein Essen suchen, musste laufen, oft genug um sein Leben rennen!

Vorratshaltung gibt es erst seit wenigen Jahrtausenden. Kühlschrank gab es keinen!

Wir Menschen sind als Lauftiere konstruiert und wenn wir laufen, wenn wir uns bewegen, so wie die Natur uns konstruiert hat, geht es uns blendend. Steinzeitmänner liefen am Tag ca. 18-20 km, Steinzeitfrauen und -kinder etwa 10-12 km, immer auf der Suche nach der täglichen Nahrung, nach

Knollen, Wurzeln, Blättern, Früchten, Beeren, Pilzen, nach Eiern wilder Vögel, Maden, nach Fleisch. Nur an zwei Tagen der Woche gönnte man sich Ruhepausen.

Damals hatten schlappe Muskeln keine Chance, sie mussten tüchtig arbeiten und den Körper aufrecht, schnell und behände sein lassen. Sonst war es gleich mit Leben und Zeugung von Nachkommen vorbei. Starke Muskeln hielten den Körper mühelos aufrecht. In den Gelenken passten alle Teile, Sehnen, Bänder, Knorpel in idealer Weise zueinander, rieben und irritierten sich nicht durch unnatürliche Stellungen infolge schlapper Muskeln wie bei uns heute, sondern blieben intakt und gesund. Was unsere Vorfahren zu schaffen machte, war die allzu schmale Kost, war Eiweiß- und Vitaminmangel, verdorbene Lebensmittel, Hunger, Entbehrung, Fehlen von Hygiene, Infektionskrankheiten. Deshalb wurden sie nicht alt.

Starke Muskeln sind die Hauptenergieverbraucher des Körpers. Haben wir genug Muskeln und verbrauchen sie alles, was wir an Energie aufnehmen, gibt es in der Regel keine Gesundheits- und Gewichtsprobleme. Die entstehen erst, wenn wir mehr zu uns nehmen, als wir verbrauchen.

Unlängst kam eine Studie aus den USA mit einem merkwürdigen Ergebnis: Wer lange schläft, stirbt früher! Ist das wahr? So einfach daher gesagt, ist das natürlich schlichter Blödsinn.

Es wird aber ein Stiefel daraus, wenn man folgendes bedenkt: Jede Nacht baut unser Körper im Schlaf die nun untätige Muskulatur ab. Und jeden Tag baut er sie durch des Tages Mühe und Arbeit wieder auf. Alles in uns ist ja in ständigem Auf- und Abbau.

Schlafen wir nun lange und sind wir im Wachzustand körperlich untätig, dann bauen wir mehr Muskeln ab als wir aufbauen. Geringe Muskelmasse aber ist tatsächlich eng korreliert mit erhöhter Sterblichkeit.

Will heißen: Wer lange schläft und dann arbeitet, lebt nicht kürzer. Die Faulen aber schon!

2. Säule:
Eine gesunde Ernährung

Wie wir früher als Jäger und Sammler lebten, haben Sie oben gelesen. Auch was Jäger und Sammler aßen. Und wie essen wir heute? Wir leben doch nur 100.000 Jahre später und haben praktisch noch dieselben Erbanlagen wie diese Steinzeitmenschen.

Die Forscher fanden Hinweise, dass Getreide in nennenswerter Menge erst seit etwa 25.000 Jahren verzehrt wird, richtige Getreidekulturen gibt es erst seit nur 12.500 Jahren. Zucker sogar erst seit ca. 500 Jahren. Kann also eine hauptsächlich auf Getreideprodukten basierende Kost für uns wirklich bekömmlich sein? Ist das denn eine artgerechte Kost?

Sie können sich die Fragen jetzt selbst beantworten: Natürlich nicht!

Neuere Untersuchungen aus aller Welt haben zudem klar ergeben, dass eine zu kohlenhydratbetonte Kost (Getreideprodukte wie Brot, Nudeln, Süßigkeiten, Kartoffeln etc.) ungünstig ist, zu Fettstoffwechselstörungen, Zuckerkrankheit und starkem Übergewicht führt.

Eine Steinzeitkost dagegen wird empfohlen, bestehend aus genug Gemüse und Obst (Der Slogan heißt 5x am Tag: 3x am Tag Gemüse, 2x am Tag Obst), dazu täglich gesundes, leicht aufschließbares Eiweiß aus Hülsenfrüchten, Nüssen, Fischen, Milchprodukten und Fleisch. Kohlenhydrate wohl täglich, aber nur ein wenig und möglichst nur als Vollkornprodukt: So werden die Zucker ganz allmählich aus dem Darm aufgenommen und belasten dadurch den Stoffwechsel kaum. Schnelle Kohlenhydrate aus Zucker, Süßigkeiten, Weißmehlprodukten und Kartoffeln sollte man nach diesen neuen Empfehlungen nicht mehr täglich essen. Besonders ungünstig scheint die Kombination ‚Süß + Fett' zu sein!

3. Säule:
Das Eingebundensein in den Kreis der Familie, der Verwandten und Freunde

Der liebe Gott hat dem Alten Testament zufolge dem Mann eine Frau erschaffen, da er sich eine bestimmte Art von Leben für den Menschen vorstellte: „Es ist nicht gut, dass der Mensch alleine sei!"

Die Lebenserfahrung weiß das: Wer frisch verliebt ist, strahlt vor Glück und ist voller Lebensgefühl, fühlt sich stark, froh und unbesiegbar. Er fühlt sich nicht nur, er ist auch tatsächlich gesünder.

Wer gute Beziehungen zu den Kindern, zu Freunden und Verwandten pflegt, sitzt im Alter nicht allein da. Wer denkt, er komme auch ohne die andern aus, wer keine Freunde hat, lebt spätestens im Alter unglücklich und versauert.

Platon nennt den Menschen ein „Zoon politicón", ein Gemeinschaftswesen. Denn nur in Gemeinschaft können wir wirklich glücklich sein – selbst wenn die Gemeinschaft uns manchmal auf den Nerv geht.

Haben wir gute Gemeinschaft, sind wir also integriert, dann sind wir auch gesünder, schlafen besser, alles fällt leichter. Wir können sogar Laster wie das schädliche Rauchen oder Trinken leichter aufgeben.

Wer also ein gutes Alter haben will, soll Kinder, Verwandtschaft und Freunde pflegen, soll möglichst nicht allein, sondern in Wohngemeinschaft mit Freunden oder mit Jüngeren leben (z.B. Altenheim neben Kindergarten) und so am Leben teilnehmen.[81]

---

[81] Dr. Michael Groh ist Facharzt für Allgemeinmedizin / Suchtmedizin und hat seine Praxis aus Altersgründen seit dem 1. Juli 2013 geschlossen. Seine Webseite hat die Adresse http://www.drgroh.de/index.html.

LÜBBERT KOK
SCHÖNHEIT UND ALTER

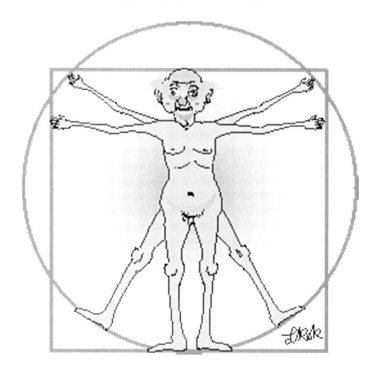

Homo bene figuratis nach Leonardo da Vinci

Zugegeben, mein Interesse an diesem Thema erwächst aus einer gewissen eigenen Betroffenheit. Jawohl, gewisse Altersmerkmale sind einfach nicht zu übersehen. Jedenfalls kann ich in entsprechenden Formularen unter Beruf bereits „Rentner" eintragen und unter Familienstand „Großvater". Das bringt eine betrübliche Erfahrung mit sich: Ein alter Mensch wird einfach nicht mehr so gerne gesehen und gesellschaftlich in die Randgruppe der hässlichen Alten abgeschoben.

Das Alter gilt als das Ende der Schönheit.[82] Das Alter – der alte Körper – wird aus dem allgemeinen Ästhetikverständnis ausgeschlossen, in dem der naturgemäße Verlust von Jugendlichkeit durch den biologischen Alterungsprozess mit dem Verlust von Schönheit gleichgesetzt wird. (www.aesthetik-des-alters.de von Uta Tschirge, 1999)

Die Alterspyramide[83]

Diese Situation wird durch die stattfindende demografische Entwicklung noch verschärft. Erstens leben wir Menschen immer länger, d. h. wir werden immer älter, und zweitens wird der Nachwuchs spärlicher, so dass der Anteil der Alten an der Gesamtbevölkerung dramatisch zunimmt, und die

---

[82] Hinweis des Herausgebers: Siehe dazu auch das Titelbild!
[83] Der Autor fügte diese satirische Grafik aus seinen gesammelten Werken zur gegenwärtigen demografischen Verfassung unserer Gesellschaft bei.

Alten sich von einer problematischen Randgruppe zu einem gesellschaftlichen Kern entwickeln werden. Damit müsste es dieser Gruppe auch möglich sein, mehr Einfluss auszuüben, und die althergebrachte Diskriminierung des Alters abzuschaffen.

Wir müssen zunächst der Diffamierung des Alters den Krieg erklären (Frank Schirrmacher, Das Methusalem-Komplott, S. 33, 2005)

Dazu gehört besonders, das Vorurteil „nur Jugend ist schön" und das darauf basierende Verständnis von Ästhetik zu korrigieren, indem wir auch am Alter etwas Schönes entdecken und bewusst machen. Das ist sicher nicht so leicht, aber durchaus möglich.

Die alltägliche Definition von Ästhetik ist heute stark auf Äußerliches und Körperliches bezogen. Diese Definition gilt es zu erweitern und auch geistige und soziale Aspekte einzubeziehen. Entsprechend zeigt die obenstehende Grafik, dass auch der alte, ‚hässliche' Körper durchaus die Vorstellungen von Wohlproportioniertheit, wie sie von Leonardo dargestellt wurde, erfüllt.[84]

Es sollte keine Frau das Gefühl haben, dass Älterwerden etwas Negatives ist. Ganz im Gegenteil: Es ist an der Zeit, sich schön zu fühlen und stolz auf sich zu sein – in jedem Alter. Diese Philosophie ist der Kern der neuen Dove-Kampagne pro-age, die ein Umdenken in der Gesellschaft forcieren möchte – denn Schönheit kennt kein Alter.

---

[84] Eine Werbekampagne in diesem Sinne führt zurzeit die Firma Unilever für ihre Marke *DOVE* durch. Mit dem Slogan "Schönheit kennt kein Alter" wird dafür geworben, dass zumindest Frauen in jedem Alter schön sind.

Dieser vorbildlichen Kampagne tut es keinen Abbruch, dass dabei auch ein kommerzieller Zweck verfolgt wird, nämlich Werbung für entsprechende Körperpflegeprodukte zu machen.

Unsere Gesellschaft braucht mehr solcher Aktionen. Auch ich möchte dafür plädieren, mehr Schönes und Wertvolles an älteren Menschen zu entdecken und bewusst zu machen. Vielleicht darf ich beginnen mit der Erinnerung an eine Frau, die in meiner Vorstellung der Inbegriff von Güte und Freundlichkeit war – mit meiner Oma. Ich habe als Junge nach dem letzten Krieg einige Jahre in ihrem Hause gelebt. Sie hat bestimmt ein arbeitsreiches Leben gehabt, fünf Kinder großgezogen und ihren kranken Mann, meinen Großvater, gepflegt und ein altes Haus und einen großen Garten versorgt.

Ich kannte sie nur mit einer Kittelschürze gekleidet, mit schon etwas gebeugtem Rücken, auf ihrem Schoß immer Gemüse oder Obst zu putzen oder etwas zu stopfen oder zu flicken, und darüber leuchtete ihr Gesicht, mit in der Mitte gescheiteltem Silberhaar und einem Knoten im Nacken.

Sie hat mir nicht ein einziges Mal ein unfreundliches Wort gesagt oder jemals einen Vorwurf gemacht (obwohl zweifellos des Öfteren dazu Anlässe vorhanden waren). Sie war still und bescheiden, und dabei strahlte sie einfach von innen her – ein mildes Licht wie in einer Vollmondnacht, aber mit einer Wärme wie die Sonne selbst. Für mich ist sie immer noch die liebenswürdigste Frau in meinem Leben.

Hier handelt es sich offensichtlich um einen Fall von gefühlter Schönheit anstatt der üblichen ‚gesehenen‘ Schönheit.

Vielleicht kennen Sie auch jemanden, der Sie ähnlich beeindruckt hat?[85]

---

[85] Quelle: http://www.luebbert-kok.de/alter.php

JOSEPH FREIHERR VON EICHENDORFF
IN DER FREMDE

Aus der Heimat hinter den Blitzen rot
Da kommen die Wolken her,
Aber Vater und Mutter sind lange tot,
Es kennt mich dort keiner mehr.

Wie bald, ach wie bald kommt die stille Zeit,
Da ruhe ich auch, und über mir
Rauscht die schöne Waldeinsamkeit,
Und keiner kennt mich mehr hier.

**Joseph von Eichendorff auf einer
Briefmarke der damaligen DDR.**

N.N.

DAS PERFEKTE HERZ – EINE KLUGE GESCHICHTE

Eines Tages stand ein junger Mann mitten in der Stadt und erklärte, dass er das schönste Herz im ganzen Tal habe. Eine große Menschenmenge versammelte sich und sie alle bewunderten sein Herz, denn es war perfekt. Es gab keinen Fleck oder Fehler in ihm. Ja, sie alle gaben ihm Recht, es war wirklich das schönste Herz, das sie je gesehen hatten. Der junge Mann war sehr stolz und prahlte noch lauter über sein schönes Herz.

Plötzlich tauchte ein alter Mann vor der Menge auf und sagte: „Nun, dein Herz ist nicht annähernd so schön wie meines." Die Menschenmenge und der junge Mann schauten das Herz des alten Mannes an. Es schlug kräftig, aber es war voller Narben, es hatte Stellen, wo Stücke entfernt und durch andere ersetzt worden waren. Aber sie passten nicht richtig und es gab einige ausgefranste Ecken... Genau gesagt, es waren an einigen Stellen tiefe Furchen, in denen ganze Teile fehlten. Die Leute starrten ihn an und dachten: Wie kann er behaupten, sein Herz sei schöner?

Der junge Mann schaute auf des alten Mannes Herz, sah dessen Zustand und lachte: „Du musst scherzen", sagte er, „dein Herz mit meinem zu vergleichen. Meines ist perfekt und deines ist ein Durcheinander aus Narben und Tränen."

„Ja", sagte der alte Mann, „deines sieht perfekt aus, aber ich würde niemals mit dir tauschen. Jede Narbe steht für einen Menschen, dem ich meine Liebe gegeben habe. Ich reiße ein Stück meines Herzens heraus und reiche es ihnen und oft geben sie mir ein Stück ihres Herzens, das in die leere Stelle meines Herzens passt.

Aber weil die Stücke nicht genau passen, habe ich einige raue Kanten, die ich sehr schätze, denn sie erinnern mich an die Liebe, die wir teilten.

Manchmal habe ich auch ein Stück meines Herzens gegeben, ohne dass mir der Andere ein Stück seines Herzens zurückgegeben hat. Das sind die leeren Furchen. Liebe geben heißt manchmal auch ein Risiko einzugehen. Auch wenn diese Furchen schmerzhaft sind, bleiben sie offen und auch sie erinnern mich an die Liebe, die ich für diese Menschen empfinde. Ich hoffe, dass sie eines Tages zurückkehren und den Platz ausfüllen werden. Erkennst du jetzt, was wahre Schönheit ist?"

Der junge Mann stand still da und Tränen rannen über seine Wangen.

Er ging auf den alten Mann zu, griff nach seinem perfekten jungen und schönen Herzen und riss ein Stück heraus. Er bot es dem alten Mann mit zitternden Händen an. Der alte Mann nahm das Angebot an, setzte es in sein Herz. Er nahm dann ein Stück seines alten vernarbten Herzens und füllte damit die Wunde in des jungen Mannes Herzen. Es passte nicht perfekt, da es einige ausgefranste Ränder hatte.

Der junge Mann sah sein Herz an, nicht mehr perfekt, aber schöner als je zuvor, denn er spürte die Liebe des alten Mannes in sein Herz fließen. Sie umarmten sich und gingen fort, Seite an Seite.

DOROTHEE RAGG
JUGENDWAHN – ABGEHAKT?

Die meisten Menschen denken wahrscheinlich, wenn sie den Begriff ‚Jugendwahn' hören, an ein Phänomen, das sich erst in letzter Zeit entwickelt hat. Tatsächlich gab es aber schon in der Antike eine Verehrung junger, sportlicher Körper. Antike Skulpturen und Statuen halten dieses Bild bis heute fest.

Aber nicht nur das: Bei Auftragswerken von älteren Menschen ließen Bildhauer des Öfteren einfach die Falten und andere unschöne Dinge weg und pumpten stattdessen zum Beispiel die Muskeln etwas auf. Der Photo-Shop der Antike! Was hat sich nun in den letzten Jahren getan? Wie nehmen sich heute die Menschen selber wahr?

Neues Selbstbild?

Die Lebenserwartung der Menschen steigt stetig, gleichzeitig sind wir besser medizinisch versorgt und gesünder. Das führt zu folgendem Phänomen: Viele fühlen sich umso jünger, je älter alle werden. Dazu passt eine Umfrage unter über 50-jährigen: 72 % von ihnen glauben, dass sie jünger aussehen, als sie sind. Eine so positive Selbsteinschätzung spricht für sich. Natürlich gibt es auch heute noch Menschen, die ihr Glück mit Antifaltencreme versuchen oder sogar eine Schönheitsoperation in Betracht ziehen. Nun beschränkt sich der Begriff ‚Jugendwahn' nicht nur auf das äußere Erscheinungsbild.

Generation 50+

Peter (64) ist das beste Beispiel für einen jung gebliebenen Mann in den besten Jahren. An seine baldige Rente verschwendet er weniger Gedanken, stattdessen geht er lieber seinen zahlreichen Hobbys nach und hält sich mit regelmäßigem Walken fit. Wichtig ist ihm aber der Hinweis, dass er all das nur für sich macht und nicht um Erwartungen anderer zu entsprechen. Peter fühlt sich so gut wie selten zuvor: er ist gesund, hat keine finanziellen Sorgen und freut sich, bald noch mehr Zeit für seine privaten Interessen zu haben.

Jugendwahn – kein Thema mehr?
Peter ist mit Sicherheit kein Einzelbeispiel. Die meisten Menschen ähnlichen Alters haben ein völlig neues, positives Selbstbild und werden auch anders wahrgenommen. Dies zeigt sich unter anderem in der Werbung. Werbespots, die dem Jugendwahn verfallen sind, existieren zum Glück kaum noch. Die Schönheit des Alters wird anerkannt und mit Überzeugung gezeigt. Der Satz: „Man ist so alt, wie man sich fühlt", mag zwar oft zitiert sein, gilt aber heute mehr denn je. Überwiegend spielt das Alter im Grunde keine Rolle mehr.

Noch vor gar nicht langer Zeit beendeten viele Menschen ihr aktives Leben mit dem Eintritt in die Rente. Für uns heutzutage ist das überhaupt nicht vorstellbar. Stattdessen genießen viele sehr aktiv diesen Lebensabschnitt voller Freiheit und Unabhängigkeit.

Die Antwort auf die Eingangsfrage: „Jugendwahn – abgehakt?" müsste also lauten: Ja, wenn vielleicht auch noch nicht zu 100 %. Wir sind auf einem guten Weg. Das Selbstvertrauen einer ganzen Generation ist erwacht, wenn es auch noch nicht bei allen angekommen ist. Der Anfang ist gemacht![86]

---

[86] Quelle: http://www.platinnetz.de/magazin/gesellschaft/kultur/jugendwahn-abgehakt.
Platinnetz.de nennt sich „Das Portal für Junggebliebene" und ist, wie der Betreiber angibt, ein Portal speziell für jüngere ‚Best Ager' im Alter zwischen 50 und 60 Jahren.

FRIEDRICH NIETZSCHE
DER PHILOSOPH UND DAS ALTER

Man tut nicht klug, den Abend über den Tag urteilen zu lassen: denn allzu oft wird da die Ermüdung zur Richterin über Kraft, Erfolg und guten Willen. Und ebenso sollte die höchste Vorsicht in Absehung auf das *Alter* und seine Beurteilung des Lebens geboten sein, zumal das Alter, wie der Abend, sich in eine neue und reizende Moralität zu verkleiden liebt und durch Abendröte, Dämmerung, friedliche oder sehnsüchtige Stille den Tag zu beschämen weiß. Die Pietät, welche wir dem alten Manne entgegenbringen, zumal wenn es ein alter Denker und Weiser ist, macht uns leicht blind gegen die *Alterung seines Geistes*, und es tut immer not, die *Merkmale* solcher Alterung und Ermüdung aus ihrem Versteck, das heißt: das *physiologische* Phänomen hinter dem moralischen Für- und Vorurteile hervorzuziehen, um nicht die Narren der Pietät und die Schädiger der Erkenntnis zu werden.

Nicht selten nämlich tritt der alte Mann in den Wahn einer großen moralischen Erneuerung und Wiedergeburt und gibt von dieser Empfindung aus Urteile über das Werk und den Gang seines Lebens ab, wie als ob er jetzt erst hellsichtig geworden sei: und doch steht hinter diesem Wohlgefühle und diesem zuversichtlichen Urteilen als Einbläserin nicht die Weisheit, sondern die *Müdigkeit*. Als deren gefährlichstes Kennzeichen mag wohl der *Genieglaube* bezeichnet werden, welcher erst um diese Lebensgrenze große und halbgroße Männer des Geistes zu überfallen pflegt: der Glaube an eine Ausnahmestellung und an Ausnahmerechte.

Der von ihm heimgesuchte Denker hält es nunmehr für erlaubt, *sich es leichter zu machen* und als Genie mehr zu dekretieren, als zu beweisen: wahrscheinlich ist aber eben der Trieb, welchen die Müdigkeit des Geistes nach *Erleichterung* empfindet, die stärkste Quelle jenes Glaubens, er geht ihm der Zeit nach zuvor, wie es auch anders erscheinen möge. Sodann: um diese Zeit will man gemäß der Genusssucht aller Müden und Alten die Resultate seines Denkens *genießen*, anstatt sie wieder zu prüfen und auszusäen, und hat dazu nötig, sie sich mundgerecht und genießbar zu machen und ihre Trockenheit, Kälte und Würzlosigkeit zu beseitigen; und so geschieht es, dass der alte Denker sich scheinbar über das Werk seines Lebens erhebt, in Wahrheit aber dasselbe durch eingemischte Schwärmereien, Süßigkeiten, Würzen, dichterische Nebel und mystische Lichter verdirbt.

So erging es zuletzt Plato, so erging es zuletzt jenem großen rechtschaffenen Franzosen, dem die Deutschen und die Engländer dieses Jahrhunderts, als einem Umschlinger und Bändiger der strengen Wissenschaften, Keinen an die Seite zu stellen vermögen, Auguste Comte. Ein drittes Merkmal der Ermüdung: jener Ehrgeiz, welcher in der Brust des großen Denkers stürmte, als er jung war, und der damals in Nichts sein Genügen fand, ist nun auch alt geworden, er greift, wie Einer, der keine Zeit mehr zu verlieren hat, nach den gröberen und bereiteren Mitteln der Befriedigung, das heißt, nach denen der tätigen, herrschenden, gewaltsamen, erobernden Naturen: von jetzt ab will er Institutionen gründen, die seinen Namen tragen, und nicht mehr Gedanken-Bauten; was sind ihm jetzt noch die ätherhaften Siege und Ehren im Reiche der Beweise und Widerlegungen! was ist ihm eine Verewigung in Büchern, ein zitterndes Frohlocken in der Seele eines Lesers!

Die Institution dagegen ist ein Tempel, – das weiß er wohl, und ein Tempel von Stein und Dauer erhält seinen Gott sicherer am Leben, als die Opfergaben zarter und seltener Seelen. Vielleicht findet er um diese Zeit auch zum ersten Mal jene Liebe, welche mehr einem Gotte gilt, als einem Menschen, und sein ganzes Wesen mildert und versüßt sich unter den Strahlen einer solchen Sonne gleich einer Frucht im Herbste. Ja, er wird göttlicher und Schöner, der große Alte – und trotzdem ist es das Alter und die Müdigkeit, welche ihm *erlauben*, derartig auszureifen, stille zu werden und in der leuchtenden Abgötterei einer Frau auszuruhen.

Nun ist es vorbei mit seinem früheren trotzigen, dem eignen Selbst überlegenen Verlangen nach echten Schülern, nämlich echten Fortdenkern, das heißt, echten Gegnern: jenes Verlangen kam aus der ungeschwächten Kraft, aus dem bewussten Stolze, jederzeit noch selber der Gegner und Todfeind seiner eigenen Lehre werden zu können, – jetzt will er entschlossene Parteigänger, unbedenkliche Kameraden, Hilfstruppen, Herolde, ein pomphaftes Gefolge. Jetzt hält er überhaupt die furchtbare Isolation nicht mehr aus, in der jeder vorwärts- und vorausfliegende Geist lebt, er umstellt sich nunmehr mit Gegenständen der Verehrung, der Gemeinschaft, der Rührung und Liebe, er will es endlich auch einmal so gut haben, wie alle Religiösen, und in der *Gemeinde* feiern, was er hochschätzt, ja, er wird dazu eine Religion erfinden, um nur die Gemeinde zu haben.

So lebt der weise Alte und gerät dabei unvermerkt in eine solche klägliche Nähe zu priesterhaften, dichterischen Ausschweifungen, dass man sich kaum dabei seiner weisen und strengen Jugend, seiner damaligen straffen Moralität des Kopfes, seiner wahrhaft männlichen Scheu vor Einfällen und Schwärmereien erinnern darf. Wenn er sich früher mit anderen, älteren Denkern verglich, so geschah es, um seine Schwäche ernst mit ihrer Kraft zu messen und gegen sich selber kälter und freier zu werden: jetzt tut er es nur, um sich bei der Vergleichung am eigenen Wahne zu berauschen. Früher dachte er mit Zuversicht an die kommenden Denker, ja, mit Wonne sah er sich einstmals in ihrem volleren Lichte untergehen: jetzt quält es ihn, nicht der Letzte sein zu können, er sinnt über Mittel nach, mit seiner Erbschaft, die er den Menschen schenkt, auch eine Beschränkung des souveränen Denkens ihnen aufzuerlegen, er fürchtet und verunglimpft den Stolz und den Freiheitsdurst der individuellen Geister – nach ihm soll keiner mehr seinen Intellekt völlig frei walten lassen, er selber will als das Bollwerk für immer stehen bleiben, an welches die Brandung des Denkens überhaupt schlagen dürfe, – das sind seine geheimen, vielleicht nicht einmal immer geheimen Wünsche!

Die harte Tatsache hinter solchen Wünschen ist aber, dass er selber vor seiner Lehre *Halt gemacht hat* und in ihr seinen Gränzstein, sein „Bis hierher und nicht weiter" aufgerichtet hat. Indem er sich selber *kanonisiert*, hat er auch das Zeugnis des Todes über sich ausgestellt: von jetzt ab *darf* sein Geist sich nicht weiter entwickeln, die Zeit für ihn ist um, der Zeiger fällt. Wenn ein großer Denker aus sich eine bindende Institution für die zukünftige Menschheit machen will, darf man sicherlich annehmen, dass er über den Gipfel seiner Kraft gegangen und sehr müde, sehr nahe seinem Sonnenuntergange ist.[87]

Unterschrift Friedrich Nietzsche

---

[87]Ausschnitt aus: *Morgenröte – Gedanken über die moralischen Vorurteile,* Buch 5, Seiten 521-550 (1881)

HEINZ VON BALLMOOS
DAS ALTER HAT ZUKUNFT!

Wohlverstanden, wir reden hier nicht von körperlich oder psychisch Kranken und Behinderten, obwohl die meisten Fähigkeiten ebenso auf sie zutreffen. Sie sind nur in einigen Bereichen eingeschränkt, können möglicherweise nicht (mehr) so gut rennen oder sprechen. Deswegen sind sie jedoch unabhängig von ihrem Alter vollwertige Persönlichkeiten, welche es zu achten und zu wertschätzen gilt.
... Sondern ich schreibe von den ca. 85% körperlich und geistig völlig gesunden über 65-Jährigen, welche den Großteil der alten Menschen in Wahrheit ausmachen.

Alte Menschen sind klug
Graue Haare bedeuten keineswegs angegraute Gedanken. Viele Künstler, Wissenschaftler, Schriftsteller und Politiker erreichten ihre höchsten Leistungen erst in hohem Alter: Siegmund Freud veröffentlichte sein erstes großes Werk, die Traumdeutung, erst mit 44 Jahren. Golda Meir wurde mit 71 Jahren Ministerpräsidentin des Staates Israel. Diese Beispiele könnten beliebig fortgesetzt werden.

Alte Menschen sind zäh
Die psychologischen Abwehrmechanismen werden mit dem Alter verstärkt und dadurch der Umgang mit komplizierten Gefühlen zuträglicher. Jüngere Menschen neigen dazu, sich vor seelischen Schwierigkeiten durch Verdrängung zu schützen oder impulsiv bis aggressiv zu reagieren.
Ab den mittleren Jahren entscheiden sich Menschen eher für Humor, Großmut und Kreativität. Dieselben Ereignisse sind für ältere Menschen in vielen Fällen weniger belastend als für jüngere. Im Alter kommt man mit den Fährnissen des Lebens besser zurecht.

Dies liegt unter anderem daran, dass man im Leben einiges durchgemacht hat, mit einer Kündigung, mit finanzieller Einschränkung oder mit dem Verlust von geliebten Menschen fertig werden musste – man ist psychisch belastbarer geworden.

Man erträgt in fortgeschrittenem Alter auch die kleinen Ärgernisse des täglichen Lebens besser. Ein älterer Mensch, der in einem überfüllten Lift oder durch eine Zugverspätung durchdreht, ist sehr selten; dies passiert eher den gestressten Jungen.

Möglicherweise hat die Gelassenheit ihren Ursprung in einer Veränderung im Gehirn: Wissenschaftler haben eine Zellenansammlung untersucht, die man als das ‚Alarmsystem des Gehirns‘, als eine Art Auslöser für Gemütsbewegungen – wie Erregung, Angst und Schrecken – bezeichnen könnte. Um die Vierzig fangen diese Zellen an zu schrumpfen und verlieren allmählich ihre Funktion. Deshalb stellen viele Menschen fest, dass sie sich weniger schnell ärgern, ängstigen und erregen.

Alte Menschen sind stark

Frauen und Männer können auch körperlich bis ins hohe Alter kräftig bleiben, wenn sie ihre Muskeln gebrauchen und in der Übung bleiben, ihre Bewegungen zu koordinieren. Allerdings ist das Altersturnen nicht jedermanns Sache und gerade im Pensionsalter sollte niemand zu etwas genötigt werden, was ihm nicht zusagt. Neuere Untersuchungen bezweifeln sogar, dass ein Fitnesstraining die Lebensqualität und Gesundheit auf Dauer verbessert.

Durch die Pensionierung vom Leistungsdruck und von der Existenzangst entlastet können viele ältere Menschen ihre Fähigkeiten erst voll entfalten. Ein großer Vorteil dabei ist die Möglichkeit, vermehrt nur noch die Arbeiten zu übernehmen, welche Spaß machen. Dadurch können Senioren ihre Kräfte auf das konzentrieren, was ihnen wesentlich erscheint.

In der Industrie und z.T. auch in der Wissenschaft können heute kaum mehr Projekte erforscht werden, von welchen nicht von vornherein eine möglichst große Rendite zu erwarten sind. Die größten, bahnbrechendsten Erfindungen (Edison, Benz usw.) dieses Jahrhunderts wurden aber ohne Marktanalyse und ohne institutionell anerkannten ,Nutzen' entdeckt. Das Potential an Wissen, Können und an Kräften von Rentnern, welche sich nicht an die im Wirtschaftsleben geltenden Regeln zu halten brauchen und deshalb Dinge oder Systeme erfinden könnten, an welche bisher noch gar niemand gedacht hat, ist sehr hoch.

Andrerseits ist – besonders für viele Männer – das Ausscheiden aus dem Berufsleben ein großer Einschnitt. Die meisten Menschen in den mittleren Jahren stehen auf dem Höhepunkt ihrer Karriere. Sie sind kompetent in ihrem Beruf und das Wissen, dass sie Anderen etwas zu bieten haben, befriedigt sie und macht sie sicher.

Dies liegt oft daran, dass sie vorher neben ihrem Beruf kaum Interessen hatten und sich nun mit nichts mehr zu beschäftigen wissen. Dadurch entstehen Gefühle wie ,unnütz zu sein' und ,nichts mehr leisten zu können'. Eine aktive Vorbereitung auf das Alter durch das Entdecken außerberuflicher Interessen und Hobbys, sowie die Beschäftigung mit persönlichkeitsbildenden Themen, ist deshalb eine wesentliche Voraussetzung für Zufriedenheit und Erfülltsein bis zum Lebensende.

Bezugspersonen können Wesentliches dazu beitragen, indem sie auch sehr alten Menschen nicht alle Arbeit abnehmen, sondern ihnen stattdessen eher Aufgaben im Rahmen ihrer Fähigkeiten und Kräfte überlassen.

Die Festsetzung des AHV-Alters auf 62/65 Jahre ist eigentlich willkürlich. Ideal wäre ein allmählicher Arbeitsabbau nach individuellen Möglichkeiten und Bedürfnissen. Denkbar und in Modellansätzen schon versucht sind jedoch auch Projekte, in welchen Rentner ihre Fähigkeiten ohne direkten Verdienst einsetzen.

Als eine Voraussetzung für eine nach den Ressourcen der Alten mögliche, regelmäßige und verbindliche Arbeit (auch Sozial- oder Pflege- bzw. Betreuungsarbeit) im größeren Rahmen sehe ich jedoch wenigstens eine ideelle Belohnung und Anerkennung. Wenn die Arbeit eines Menschen belächelt, als Beschäftigungstherapie ohne großen ‚Nutzen' angesehen, oder wenn er nach der heutigen Regelung sogar finanziell bestraft wird (verdienende Rentner müssen AHV bezahlen, erhalten aber nie eine höhere Rente ausbezahlt), dann wird er sich lieber im Sessel zurücklehnen.

Alte Menschen sind sozial kompetent

Nach einer amerikanischen Untersuchung werden 84% der Menschen in den mittleren Jahren mitfühlender für die Probleme Anderer. Sie haben selbst erfahren, dass Menschen Andere brauchen, mit denen sie sich aussprechen und auf die sie sich in Notfällen verlassen können.

Auch wenn die eigenen Kinder erwachsen sind, bleibt der Wunsch bestehen, für jemanden da zu sein. Dies ist eine Aufgabe, die sich auch außerhalb der Familie verwirklichen lässt. Das Potential für soziales Engagement ist groß. Viele ältere Menschen helfen andern ganz spontan und selbstverständlich.

Dies geschieht oft in aller Stille, ohne dass Außenstehende etwas davon erfahren. Jemandem helfen zu können ist sehr befriedigend und lenkt von eigenen Beschwerden ab; man dreht sich nicht nur immer um sich selbst und die eigenen Probleme.

Andrerseits kann unsere Gesellschaft die vielseitigen und zunehmenden sozialen Aufgaben kaum noch bewältigen. Die

‚jungen Alten' mit ihren Fähigkeiten und Kräften sind Ressourcen, welche zunehmend dringend benötigt werden. Deshalb sollten wir solche gegenseitige Hilfe (Senioren für Senioren) fördern, unsere Alten zu Krankenbesuchen, kleinen Hilfen in Haus und Garten Anderer ermutigen. Soziale Institutionen sollten vermehrt mithelfen, diese Hilfe zu professionalisieren und zu koordinieren.

Alte Menschen sind liebesfähig

Ältere Menschen haben es nicht mehr nötig, etwas darzustellen, was sie nicht sind. Dadurch haben sie die Fähigkeit, auch andere Menschen mit ihren Vorteilen und Schwächen zu akzeptieren und so zu lieben, wie sie wirklich sind (kein Sonntags-Verhalten). Mit dem Alter und bei lange dauernder Partnerschaft verstärkt sich das Gefühl der Sicherheit in der Beziehung; je länger man verheiratet ist, desto wahrscheinlicher bleibt man es auch. Wenn eine Ehe gut ist, wird sie möglicherweise sogar noch besser, nachdem die Kinder aus dem Haus sind.

Ältere Menschen können auch neue, sehr schöne Beziehungen eingehen, die unter Umständen noch tiefer und echter sind als in der Jugend, wo Äußerlichkeiten eine größere Rolle spielten.

Neue Partnerschaften von Menschen, welche ihre Lebenspartner verloren, haben nichts ‚Anrüchiges' und sind auch aus religiöser Sicht absolut legitim. Tiefe Liebe befähigt auch zum Sehen der wahren, unvergänglichen Schönheiten. Ein Mensch mit Falten kann sehr schön sein, wenn er liebt und geliebt wird.

Die Sexualität verändert sich mit zunehmendem Alter und entwickelt sich zu neuen Formen, welche vermehrt die Zärtlichkeit und das Spiel betonen. Man steht weniger unter Trieb-, Leistungs- und Erwartungsdruck und kann deshalb mehr genießen.

Körperliche Liebe unter Partnern jeden Alters ist nie unmoralisch und kann aus diesem Grunde bis ins höchste Alter befriedigend, aktivierend und erfüllend sein.

Ältere Menschen sind auch fähig für eine tiefe, rein platonische Liebe (z.B. auch zwischen zwei Freundinnen / Freunden). Auch solche Freundschaften wirken sich in allen Lebensbereichen sehr positiv aus und sind von Angehörigen, Bekannten und Institutionen zu fördern (Alters-Nachmittage, Ausflüge, Altersturnen, Senioren-Tanz).

Alte Menschen sind kontaktfreudig

Älter werdende Menschen haben Angst vor einer wachsenden Isolation. Der Lebensbereich wird aber nur kleiner, wenn wir nichts dagegen tun. Es liegt an uns, ob wir in späteren Jahren vermehrt persönliche Kontakte finden.

Wer seine Beziehungen nicht abreißen lässt, bleibt mit vielen Menschen – mit lebenslangen Freunden, Bekannten, Kollegen – wie in einer erweiterten Familie verbunden. Es ist auch nie zu spät, neue Kontakte zu finden. Durch vielfältige Angebote (Altersturnen, Seniorentanz, Seniorenferien, Kurse usw.) kann man auch im Alter Gleichgesinnten begegnen und Freundschaften knüpfen.

Wenn alte Menschen nicht mehr so mobil sind, kann man ihnen dadurch helfen, dass man sie gelegentlich irgendwohin fährt oder Bekannte einlädt. Man sollte sie dabei bewusst möglichst auch eine Zeitlang unter sich lassen und ihnen Gelegenheit geben, ihre eigenen Interessen und Geschichten auszutauschen.

Alte Menschen sind selbstbewusst

Mit dem Alter entwickelt der Mensch seine Individualität. Man wird sich klarer über seine Gedanken, Vorlieben und Abneigungen. Man weiß, wer man ist, kann auch einmal über sich selbst lachen. Um eine selbständige Persönlichkeit zu werden, braucht man seine Zeit. Wenn einen jemand ablehnt, nimmt man dies nicht mehr so persönlich. Ältere Menschen haben die Erfahrung, dass es Menschen mit ähnlichen und unterschiedlichen ‚Wellenlängen' gibt, woraus sich Sympathien und Antipathien ergeben. Man muss es nicht Allen recht machen und nicht Allen imponieren.

Nur dumme Menschen halten Alte (oder Behinderte) für minderwertig. Ältere Menschen, die das wissen, lassen sich durch ‚dumme Sprüche' nicht so leicht beleidigen.

Alte Menschen sind glücklich

Sie haben gelernt, dass Glück nicht bedeutet, dass alle Wünsche erfüllt sind, sondern sich an dem zu freuen, was man gerade erlebt. Ein Weiser hat gesagt, dass zum wahren Glück eine Anzahl (noch) unerfüllter Wünsche und Träume gehöre. Es ist erstaunlich zu sehen, wie viel Glück und Zufriedenheit alte, auch schwerstkranke und behinderte Menschen ausstrahlen und damit ihren Besuchern und Bezugspersonen sehr viel bedeuten und ‚zurückgeben' können.

Ein ‚altersspezifisches' Glück, welches man erst ab einer gewissen Anzahl von Jahren begreifen und erfahren kann, ist dasjenige der Großeltern. Die ungetrübte Freude an Kindern ist ein sehr schönes Gefühl. Man kann sich herzlich darüber freuen, mit den Großkindern zusammen zu sein – und kann sie auch wieder gehen lassen, wenn sie einem ‚zuviel' werden. Es entsteht eine neue Lust am Leben mit einer neuen Generation und ein wachsendes Gefühl der Verbundenheit und mit dem Kreislauf des Lebens. Auch hierbei können die Jüngeren mithelfen, diese Beziehung zu fördern: Großeltern einladen und besuchen, Kinder in die Ferien oder zum Hüten geben. Großeltern (oder Urgroßeltern) können oft auch sehr gut Geschichten erzählen, basteln usw. und damit den Jüngeren helfen, den Kindern Alternativen zum Konsumdenken anzubieten.

Alte Menschen sind motiviert

Sie können sich zwar ihre Zeit einteilen, wie sie wollen, aber sie wissen auch, dass sie schwindet, und gehen deshalb sorgsamer mit ihr um. Senioren können sehr wertvolle Aufgaben erfüllen und sind dabei sogar finanziell unabhängig. Sie wissen, dass sie mit mehr ausgefüllter Zeit belohnt werden können, wenn sie sie richtig nutzen. Interessen, die vollen Einsatz verlangen, verlängern das Leben.

Alte Menschen sind geistig reif

Man kann nicht mehr so schnell laufen wie früher, aber der Bereich Seele-Geist wird stärker. Ältere Menschen haben Zeit, um nachzudenken und ihre Lebenserfahrungen zu werten. Das kann zu einer Erweiterung des Bewusstseins und zu mehr Weisheit führen. Für viele alte Menschen ist der Glaube ein tiefer Halt in allen Nöten und Mühsalen. Gott als liebender Vater und Christus als verzeihender Helfer bedeuten ihnen eine Geborgenheit und Sicherheit, die sie bis in ihre letzten Stunden durchtragen. Menschen, für welche die Schuldfrage gelöst und das Leben nach dem Tod eine Glaubensgewissheit ist, erwarten auch ihr Lebensende mit Zuversicht und Hoffnung auf eine erfüllte Ewigkeit. Mit Fragen des Lebenssinnes und darüber, woher wir kommen und wohin wir gehen, sollten wir uns besser schon in jüngeren Jahren beschäftigen. Älter werdende Menschen, welche dies versäumt haben geraten oft plötzlich in Panik oder Depression, wenn sie erkennen, dass der Tod eine Realität ist, die zum Leben gehört und ein Weg, den jeder ganz alleine gehen muss.[88] Und nun soll mir jemand das Gegenteil beweisen!

---

[88] Der Autor merkt dazu an: „Ihre erste Anfrage hat mich nicht erreicht, da diese Adresse schon seit Jahren ungültig ist. Auch über diesen Artikel - welchen ich vor schätzungsweise 20 Jahren im Rahmen einer Gerontologie-Weiterbildung schrieb – habe ich mich gewundert."

HELGA AUGUST
ENDSPURT AUF DER ZIELGERADEN

Geburtstage kennen wir viele im Leben,
doch nur einen besonderen kann es geben:
den siebzigsten, eine besondere Zahl.
Im Herbst des Lebens - ein ragendes Mal.

Dieses Denk-Mal, was will es uns eigentlich sagen?
Vielleicht meint jetzt einer, es würde uns fragen:
Wie hast du die Jahre verbracht, die bisher vergangen,
und was hast du mit dieser Zeit so angefangen?

Was war gut und was war schlecht?
Was ist Dir gelungen, was nicht so recht?
Was würdest Du, ging das heut, anders machen:
sind es viele Dinge oder nur ein paar Sachen?

Auf all diese Fragen Antwort zu geben,
gelingt wohl keinem, denn ein dreiviertel Leben,
das ist vorüber, endgültig vorbei.
Nichts mehr zu ändern, was es auch sei.

Und wer glaubt, die Erfahrungen, die er gemacht,
hätten ihm den Stein der Weisen gebracht,
so dass er die kommende Zeit des Lebens
ohne Fehler verbringt, der hofft das vergebens.

Viel sinnvoller ist, statt Gegessenes zu kauen
und kaffeesatzlesend nach vorne zu schauen,
jeden Tag zu leben, so gut man kann:
etwas arbeiten, ausruhen dann und wann,

viel Freundlichkeit schenken. Die Stunden genießen,
dafür sorgen, dass Sorgen uns nicht verdrießen,
sich darüber freuen, gesund zu sein,
zu danken, ist man nicht völlig allein,

Familie und Freunde nicht vergessen,
spazieren gehen und gerne gut essen,
Gespräche führen, sich um andere kümmern,
gute Bücher lesen, bei Wehwehchen nicht wimmern.

Und auch bei Schicksalsschlägen Stärke bewahren:
So wirst du auch in den kommenden Jahren
das Leben meistern, was es auch bringt!
Dass das dem Geburtstagskind stets gut gelingt:

Dieser Wunsch, der soll sich dir ganz erfüllen,
auch wenn wir nicht "Hoch" und "Prösterchen" brüllen,
sondern dir nur leise zu verstehen geben:
Viel Glück, alles Gute, lang sollst du noch leben!!

WILHELM BUSCH (PLAGIAT)
MÜMMELGREISE

Auch werden sie oft zum Mümmelmann,
denn Mümmelmänner, grau und kalt,
sind oft 70 Jahre alt.

Waschen selten sich mit Seife,
rauchen aus ,ner kalten Pfeife,
tragen meistens schäbige Hüte,
schnupfen aus der Tabakstüte.

Oft auch ist die Frau gestorben,
der Geschlechtstrieb ist verdorben,
und zum Wässern lediglich
dient der Schnibbeldiederich.

Zieht er dazu ihn heraus,
geht der Strahl nicht geradeaus,
und auch nicht im hohen Bogen
wirft er seine Wasserwogen.

Nein, ganz langsam, halb im Schlafe,
wie zum Ton der Äolsharfe,
und in größter Seelenruh'
wässert er sich auf die Schuh'.[89]

---

[89] Zu diesem Gedicht schrieb Wilhelm Busch im Juli 1904 in einem Brief an Artur Berent: „Das Wort ‚Mümmelgreis' ist allerdings von mir zuerst gebraucht; ein Gedicht mit diesem Titel ist aber von irgend einem Proleten unter Mißbrauch meines Namens in Umlauf gesetzt, um solche Leute zu täuschen, von denen man zu sagen pflegt, daß sie nicht alle werden."

KATRIN PRIBYL
DIESES PAAR IST SEIT 80 JAHREN VERHEIRATET

Helen und Maurice Kaye, 101 und 102 Jahre alt, feiern in Bournemouth ihre Eichenhochzeit. Der Beginn ihrer Liebe liegt im Jahre 1934 und ‚rumgekriegt' hat er seine Liebste mit etwas damals eher Seltenem. Romantik war es nicht.

In jenem Jahr leitete der ‚Schwarze Freitag' an der New Yorker Börse die Weltwirtschaftskrise ein, Thomas Mann wurde für sein Werk *Buddenbrooks* mit dem Literaturnobelpreis ausgezeichnet und der blutige Kampf zwischen der Gang von Al Capone und der Bande von George Bugs Moran gipfelte im berühmt-berüchtigten Valentinstags-Massaker.

Es war das Jahr 1929. In der britischen Hauptstadt London lebten zwei Teenager, die keinen Sinn für die Weltgeschehnisse hatten.

Etwas für die beiden viel Bedeutenderes geschah: Helen und Maurice Kaye verliebten sich. Sie 16, er 17 Jahre alt. Sie arbeitete im Geschäft ihrer Mutter, als er mit seinem Vater in den Laden spazierte. Am Ende blieb er drei Stunden, bis seine künftige Schwiegermutter ihre Tochter fragte: „Wer wirft ihn heraus, du oder ich?"

Als sie ihn hinausgeleitete, spielte er seinen größten Trumpf aus: sein Auto. „Damals hatten nicht sehr viele Leute einen Wagen, das machte ihn interessant", erinnert sich Helen Kaye.

Es war der Beginn einer Liebe, die bis heute andauert. 1934 gaben sie sich das Jawort, und in der vergangenen Woche feierten sie ihren 80. Hochzeitstag. Wie selten solch ein Ereignis ist, zeigt ein Blick in Stammbücher, in denen die Namen für Hochzeitsjubiläen aufgelistet sind. Die Eichenhochzeit fehlt meistens. Nur wenige Paare schaffen es, acht Jahrzehnte verheiratet zu sein.

Sie sitzen in ihrem Wohnzimmer und spielen Bridge, wie sie das seit Jahren regelmäßig tun. Noch immer leben sie zusammen in einem Apartment im südenglischen Küstenort Bournemouth, können sich selbst versorgen. Wenn die 101 Jahre alte Dame erzählt, hakt sie sich bei ihrem Mann ein, so dass ihre fein manikürten Fingernägel, das Pink abgestimmt auf ihren Lippenstift, gut zur Geltung kommen. Das Geheimnis ihrer glücklichen Ehe? Darauf haben sie viele Antworten:

„Tolerant gegenüber einander sein und gewillt sein, zu vergeben und zu vergessen", sagt Helen Kaye zum Beispiel. Und weiter: „Wir sind sehr geduldig miteinander und wir lieben uns."

Der 102-jährige Maurice Kaye trägt wie schon auf dem schwarz-weißen Hochzeitsfoto einen Schnauzer und zeigt sich gegenüber der BBC pragmatischer: „Solange ich ihr bei allem zustimme, ist alles gut." Sie lacht, als hätte sie diesen Witz schon hundertfach gehört. „Das ist nicht wahr", entgegnet sie dann. „Ich dachte, unsere Ehe hält keine Woche, aber es ist erstaunlich, dass sie schon 80 Jahre währt", sagt er mit einem Augenzwinkern.

Romantik ist eben nicht sein Ding, Blumen gab es beispielsweise nur einmal, wie Helen Kaye erzählt. Gehalten hat die Liebe trotzdem. Auf der Kommode hinter ihnen und auf dem Wohnzimmertisch vor den beiden stehen zahlreiche Fotos, die, liebevoll eingerahmt, von dem langen gemeinsamen Leben erzählen.

Nachdem sie geheiratet hatten, übernahm Maurice die Fabrik seines Vaters sowie zwei Läden in London. Dann brach der Zweite Weltkrieg aus. Er ging zur Armee, sie sprang für ihn ein und leitete die Geschäfte. Doch 1944 nahm der Krieg ihnen alles: Sowohl die Arbeitsstätten als auch ihr Zuhause wurden zerstört. Sie zogen nach Bournemouth, wo sie vier Kinder bekamen.

Mittlerweile sind die Familienfeste Großveranstaltungen: Das Paar hat sieben Enkel und sechs Urenkel. Trotzdem haben Helen und Maurice Kaye schon wieder ein neues Ziel: Sie wollen noch ihre Ururenkel aufwachsen sehen.[90]

„Eichenringe"[91]

Volker Faust
Wie wir uns im Alter verändern

Nicht alles ist negativ, vieles hat auch seinen kräfte-schonenden Sinn
Jeder will es werden, keiner will es sein: alt. Man kennt diesen bekannten Spruch. Und man weiß: Irgendwann gehört man einmal selber dazu. Was heißt das aber, alt werden, altern? Wie verändert man sich seelisch, geistig und körperlich, ohne dass eine ernstere Krankheit das letzte Lebensdrittel zusätzlich erschwert?

Nachfolgend eine kurz gefasste Übersicht zu einem Thema, das immer erst dann diskutiert oder beklagt wird, wenn es sich um hinderliche oder gar belastende Entwicklungen handelt. Warum sich nicht schon einmal zuvor mit den natürlichen Veränderungen des fortschreitenden Lebens vertraut machen?

„Alt werden ohne zu altern" ist ein legitimer Wunschtraum. Aber alles hat seinen Preis: körperlich, seelisch, psychosozial. Zweifellos steht das seelische Gleichgewicht im Alter in enger Beziehung zu der prämorbiden Persönlichkeitsstruktur, also der Wesensart vor der z. B. alters- oder gar krankheitsbedingten Veränderung.

Dazu zählt man nicht nur erbliche, genetisch fixierte Faktoren, sondern den oft als ‚Schicksal' apostrophierten sozialen Werdegang.

Ferner manche Formen von selbst-provoziertem Fehlverhalten (z. B. Missbrauch von Genussmitteln und Medikamenten, stress-intensive Lebensweise ohne Entlastung u. a.).

Vor allem aber die individuelle Einstellung und Lebensart, mit seinem Schicksal fertig zu werden.

Denn vorbestehende neurotische Züge (wie man dies einst nannte) erschweren die psychische Anpassung an die zweite Lebenshälfte. So vermögen früher durchaus kompensierte

Eigenheiten unter der Belastung des Alters wieder stärker Einfluss zu nehmen.

Besonders rigide (starre) und zwanghafte Charaktere können sich schwerer an altersbedingte Veränderungen wie Pensionierung oder Milieu-Wechsel anpassen (früher als Verlustdepression oder gar Umzugsdepression bezeichnet). Das Gleiche gilt für schon zuvor kontaktgestörte und vor allem narzisstische (ich-bezogene, selbstverliebte) Persönlichkeiten, die die Einsamkeit des Alters mit weniger Zuwendung, wenn nicht gar Isolation schlechter ertragen.

Und natürlich sind Menschen mit Neigung zu engem Partnerbezug oder Überabhängigkeit dem Verlust von Ehepartner und anderen Bezugspersonen besonders hilflos ausgesetzt und dekompensieren dadurch rascher. Auch bei depressiven Verstimmungen im Alter scheinen sich rigide-zwanghafte sowie überabhängige und asthenische (kraftlose) Persönlichkeitszüge zu häufen.

Die körperlichen Folgen des Rückbildungsalters sind vor allem ein Nachlassen von Vitalität (Lebensschwung), Kraft, Ausdauer, Antrieb, Leistungs- und Reaktionsfähigkeit, von Libido und Potenz ganz zu schweigen.

Die psychischen Folgen konzentrieren sich besonders auf den Rückgang von Konzentration, Gedächtnis, Lernvermögen und das Nachlassen der intellektuellen Leistungsfähigkeit. Dazu vermehrte seelische Rigidität (der erwähnte Altersstarrsinn) und das Erlahmen der Umstellungsfähigkeit. Auch größere Vorsicht und Ängstlichkeit gilt es einzuplanen. Und eine Abneigung gegen alles Neue mit dadurch drohender Einengung der Lebensweise.

Typisch sind auch ausgeprägtere Ich-Bezogenheit und die Karikierung (also fast lächerliche Verzerrung) gewisser Charakterzüge, die bereits früher auffielen, jedoch weniger störten oder besser kompensiert werden konnten. Und eine erhöhte psychische Labilität (Unsicherheit, Beeinflussbarkeit) mit Tendenz zu Reizbarkeit, zu Verstimmungen, wenn nicht gar deprimiert-hypochondrischen (krankheits-ängstlichen) Zügen.

Auf jeden Fall ist die Alters-Persönlichkeit und ihre spezifischen Reaktionsweisen auf entsprechende Belastungsformen das Ergebnis einer Vielzahl sich gegenseitig beeinflussender Faktoren: Schicksalsschläge, psychische Narben, Rest- und Folgezustände vorangegangener seelischer und körperlicher Leiden. Sie alle tragen zu dem bei, was uns – je nach Einstellung und persönlicher Betroffenheit – beim älteren Menschen stört oder was Bewunderung abverlangt. Und was uns einmal selber droht, und zwar jedem und ohne Ausnahme.

Welches sind nun die wichtigsten Symptome (Krankheitszeichen) oder Syndrome (Symptomenkomplexe) im höheren Lebensalter, ohne dass daraus gleich eine Krankheit erwächst?

Die wichtigsten seelischen und psychosozialen Beeinträchtigungen im höheren Lebensalter

Die meisten seelischen Beeinträchtigungen bis Störungen im höheren Lebensalter gehen auf zerebrale (Gehirn-)Abbauerscheinungen sowohl degenerativer (Zellzerfall) als auch vaskulärer (Gefäß-) Ursachen zurück. Sie ähneln jenen Beschwerdebildern, die man früher als psycho-organisch und damit als hirnorganisches Psychosyndrom bezeichnete, oder kurz:

Körperliche Beeinträchtigungen äußern sich seelisch und geistig.

Dazu zählen wachsende Defizite der intellektuellen Grundleistungen des Gedächtnisses, also der Merkfähigkeit, des Auffassungs- und Konzentrationsvermögens sowie der Aufmerksamkeit, insbesondere auf Dauer und unter Zeitdruck. Mit zunehmendem hirnorganischen Abbau kommt es zur

„progressiven Destrukturierung für so genannte höhere integrative Leistungen" oder allgemeinverständlich: zur Abnahme der Urteils- und Kritikfähigkeit, zur gestörten Orientierung in Raum und Zeit und schließlich gar zur eigenen Person. Peinliche Erinnerungslücken werden durch Konfabulationen ausgefüllt, also mehr oder weniger missglückte sprachliche Situationsangleichungen, die man nicht als ‚Schwindeleien' abtun sollte, weil der Betroffene davon unerschütterlich überzeugt ist. Das Denken erstarrt in Stereotypien und Monoideismus, wie die Fachleute sagen, also dem Überwiegen eines bestimmten Gedankenkomplexes, der alle übrigen Denkabläufe in seine Bahn zwingt oder gar abwürgt. Auf affektivem (Gemüts-) Gebiet finden sich ängstliche Unsicherheit und Labilität bis zur völligen Affektinkontinenz, also Weinerlichkeit.

Unangenehm bis peinlich ist mitunter auch die ‚flache Euphorie', also ein inhaltsloses Wohl-, wenn nicht gar Glücksgefühl mit Witzelsucht und Distanzlosigkeit.

Feinere Störungen des Persönlichkeitsgefüges zielen auf eine gewisse Nivellierung und Entdifferenzierung (also eine Art Vereinheitlichung auf verflachendem Niveau). Oder auf eine Vergröberung bestehender Charakterzüge sowie die überzogene Steigerung früher mehr oder weniger profilierter Eigenarten. Das heißt auf den Alltag übertragen: Der Vorsichtige wird ängstlich-zurückhaltend, der Sparsame geizig, der Extrovertierte schwatzhaft-aufdringlich usw. Dies wird von den Experten, also beispielsweise den Gerontopsychiatern zwar so pauschal nicht akzeptiert, kann aber in verdünnter Form durchaus immer wieder angetroffen werden.

Körperlicher Krisenbereich – seelische Starrheit – groteske Ritualisierungen

Die typische Neigung zur Somatisierung (‚Verkörperlichung') psychischer Störungen führt zu Erweiterung der

Leidenspalette über die bereits bestehenden körperlichen Befindensschwankungen hinaus, die ein jedes Leben begleiten, je nach individuellem Schwachpunkt (genetische Erblast, Unfallfolgen usw.). Da sich das Interesse von der Außenwelt abzuwenden und auf die Intimsphäre einzukreisen beginnt, fällt den ohnehin funktionsgestörten körperlichen Abläufen nun eine verstärkte Beachtung zu. Der Körper wird zum Zentrum, vielleicht sogar zum Krisenbereich, wie dies schon früher während der Pubertät oder später in den Wechseljahren belasten kann.

Was fällt am ehesten auf?
- Vor allem übertriebene Furchtsamkeit, bis hin zur erhöhten bis lähmenden Vorsicht,
- die Neigung zum starren Konservatismus (also auf die Erhaltung von Alt-Hergebrachtem bedacht),
- das Festhalten am Gewohnten (was natürlich auch eine Stabilisierung bei schwindendem Kräfte-Potential bedeutet),
- die Abneigung gegen alles Neue, verbunden mit der Verherrlichung der ‚guten alten Zeiten' (unterstützt durch ein intaktes Altgedächtnis für frühere Geschehnisse bis hin zur Kindheit und gleichzeitig einem oft lückenhaften Frischgedächtnis für aktuelle Ereignisse),
- und schließlich eine mehr oder weniger ausgeprägte Ritualisierung („es muss feste Bräuche geben" in diesem Fall aber allzu unflexibel gehandhabt).

Das alles gehört zu den allgegenwärtigen Altersphänomenen, die die gesamte Lebensweise prägen können.
Vor allem die Ritualisierung des Alltags kann mitunter fast schon grotesk anmuten, dient aber auch dem erwähnten möglichst ökonomischen (kräfte-sparenden) Einsatz der

verbliebenen Reserven und ordnet inhaltlich und rhythmisch den sonst entleerten Tagesablauf. Eine Störung solch starr gefügter Zeitstrukturierungen wird für den älteren Menschen zur erheblichen Mehrbelastung. Hinderlich bis irritierend sind auch

- die Tendenz zur fast zwanghaften Starrheit in den persönlichen Ansichten, zu Immobilismus (seelische, geistige, aber auch psychosoziale Unbeweglichkeit)
- und zu egozentrischem Verhalten (ich – ich – ich, besonders wenn schon früher selbstbezogene oder gar narzisstische Neigungen nicht zu übersehen waren).

Abwehrmechanismen – altersbedingte Persönlichkeitsveränderungen

Bei allem aber spielen neben organischen (körperlichen) Belastungen auch psychodynamische Hintergründe eine Rolle, insbesondere die Abwehrmechanismen. Einzelheiten dazu siehe das Kapitel über die Neurosen – einst und heute.[92] Dabei wird klar, dass Abwehrmechanismen wie Verdrängung, Verleugnung, Projektion auf andere, Rationalisierung, Sublimierung, Ungeschehenmachen und vor allem die alterstypische Regression (Rückschritt in frühere Entwicklungsstufen mit dem Wiederaufleben infantil (kindlich) anmutender Verhaltensweisen) zur neurotischen Entwicklung generell gehören, gerade aber bei eingeschränkter seelisch-körperlicher Leistungsbreite eine Art ‚natürliche Schutzfunktion im Alltag des älteren Menschen‘ darstellen können.

Es werden jedoch nicht nur vorbestehende Schwächen in der Persönlichkeitsstruktur oder seelische Störungen bzw.

---

[92] Siehe dazu auch die zusätzliche Information im Internet: www.psychosoziale-gesundheit.net.

Krankheiten durch das Alter verschärft, es können auch die Intensität und Durchschlagskraft psychopathologischer (seelisch-krankhafter) Erscheinungen im ‚dritten Lebensalter' zurückgchen oder ganz verschwinden. Denn viele Beschwerdebilder werden im Alter blasser, eintöniger, profilloser.

Die Störwirkung – kennzeichnendes Merkmal des populären Krankheitsbegriffes: Seelisch krank ist, wer die anderen belastet, sonst kann nämlich heutzutage jeder weitgehend machen, was er will –, lässt nach. Dies gilt u. a. für ehemals schwer gespannte abnorme Persönlichkeiten (früher auch als Psychopathien, jetzt als Persönlichkeitsstörungen bezeichnet), für hysterische, hypochondrische, für agitiert-depressive Zustandsbilder, für Zwangsleiden, ja sogar für schizophrene Psychosen mit Sinnesstörungen, Wahn u. a.

Ähnliches kennt man ja auch von Epilepsiekranken, geistiger Behinderung (unruhigen ‚Schwachsinnigen'), sowie Alkohol-, Medikamenten- und Rauschdrogenabhängigen, denen häufig „zuletzt eine Krankheits-Beruhigung" attestiert wird.

Man altert, wie man gelebt hat...

Gesamthaft gesehen ist die Psychopathologie (Lehre von den seelischen Krankheitszeichen) des Alterns ein interessantes Phänomen, das – wenn man objektiv und fair vorzugehen gewillt ist – nicht nur negative Konsequenzen hat. Es gilt nämlich mit schwindenden Reserven auszukommen, und das in eigener Regie und ohne wesentliche Hilfe durch andere (was ohnehin immer weniger wird). Und hier entwickelt der Organismus, und zwar seelisch, geistig und körperlich, seine eigenen Strategien, ob das dem Umfeld gefällt – oder nicht.

Dabei stimmt zwar schon der Satz: „Man altert, wie man gelebt hat." Doch es gibt eben auch eine Reihe weiterer Fak-

toren, die diesen Entwicklungsgang maßgeblich beeinflussen. Dazu gehören im Guten wie im Schlechten ein fundier-
ter/unzureichender Bildungs-, Qualifizierungs- und Infor-
mationsstand, die konstruktive oder resignierte Zieleinstel-
lung zum Altern und zum Alter, der sinnvolle oder kräfte-
zehrende Wechsel gewohnter Milieuverhältnisse, ertragbare
oder ungünstige Arbeits- und Lebensbedingungen, ein ange-
passter oder belastender Arbeitseinsatz, hilfreiche oder feh-
lende Ausgleichs- und Erholungsmöglichkeiten, der kon-
trollierte Einsatz von Genussmitteln und Medikamente bzw.
eine gesamthaft ‚gesunde' Lebensführung – oder ein selbst-
zerstörerisches Fehlverhalten in dieser Hinsicht. Und die
Frage, ob man sich auf das ‚dritte Lebensalter' entsprechend
oder nur unzureichend vorbereitet hat. Hier gibt es präven-
tiv (vorsorgend) noch viel zu tun.
Dabei stellt der Satz von Solon dem Weisen, griechischer
Staatsmann und Dichter vor rund 2.500 Jahren die sinn-
vollste Lebensschule in einer einzigen Zeile dar, nämlich:
„Ich altere wohl, doch täglich lerne ich etwas dazu."
Oder die anrührenden, aber auch psychologisch versierten
Zeilen der Theresia von Ávila, der spanischen Mystikerin,
Begründerin des religiösen Ordens der Unbeschuhten Kar-
meliter sowie einflussreichen Kirchenlehrerin, die vor rund
einem halben Jahrtausend betete:
„O Herr, du weißt es besser als ich, dass ich von Tag zu Tag
älter werde – und eines Tages alt. Bewahre mich vor der Ein-
bildung, bei jeder Gelegenheit etwas sagen zu müssen. Er-
löse mich von der großen Leidenschaft, die Angelegenheiten
anderer regeln zu wollen. Lehre mich nachdenklich, aber
nicht grüblerisch und hilfreich, aber nicht aufdrängend zu
sein. Bei meiner ungeheuren Ansammlung von Weisheit erscheint es mir jammerschade, sie nicht weiterzugeben – aber
Du verstehst, o Herr, dass ich mir ein paar Freunde erhalten

möchte. Bewahre mich vor der Aufzählung endloser Einzelheiten und verleihe mir Schwingen, zur Pointe zu kommen. Lehre mich schweigen über meine Krankheiten und Beschwerden. Sie nehmen zu – und die Lust, sie zu beschreiben, wächst von Jahr zu Jahr.

Ich wage nicht, die Gabe zu erflehen, mir die Krankheitsschilderungen anderer mit Freude anzuhören, aber lehre mich, sie geduldig zu ertragen. Lehre mich die wunderbare Weisheit, dass ich irren kann. Erhalte mich so liebenswert wie möglich.

Ich möchte kein Heiliger sein – mit ihnen lebt es sich so schwer – aber ein alter Griesgram ist das Krönungswerk des Teufels. Lehre mich, in anderen Menschen unerwartete Talente zu entdecken. Und verleihe mir, o Herr, die schöne Gabe, sie auch lobend zu erwähnen."[93]

---

[93] Prof. Dr. med. Volker Faust ist Arzt für Neurologie, Psychiatrie und Psychotherapie. Untertitel: *Wie wir uns im Alter verändern – Nicht alles ist negativ, vieles hat auch seinen kräfte-schonenden Sinn.*
Quelle: http://www.psychosoziale-gesundheit.net/index.html
Auf seiner Webseite unter „Wort und Schrift" mit dem Untertitel ‚Entwicklungen, Probleme, Aufgaben bezüglich Wort und Schrift heute aus Forschung, Lehre, Kultur und Gesellschaft' führt der Autor am 09.09.2014 zusätzlich aus:
„Wie höflich ist das Internet? Der Umgangston wird rauer. Das ist schon im realen Alltag spürbar. Und wie steht es mit der digitalen Kommunikation? Nicht viel besser, im Gegenteil. Der Kontakt im Internet wird immer häufiger als unfreundlich, ja unhöflich oder gar unverschämt bezeichnet. Liegt das wirklich an den führenden Diskussions-Formen, an Facebook, YouTube, Twitter u. a.? Oder ist das Online-Verhalten einfach Ausdruck des unerfreulichen Offline-Verhaltens, vor allem der jungen Generation?"

ALTE AUTOREN
SPRÜCHE

Georg Christoph Lichtenberg (1742-1799)

„Altern ist eine unausweichlich physiologische Veränderung des Organismus mit fortschreitendem Verlust der Anpassungsfähigkeit."

Michel de Montaigne (1533-1592)

„Das Altern ist eine heimtückische Krankheit, die sich ganz von selbst und unbemerkt einschleicht."

Lucius Annaeus Seneca (1-65)

„Allein die Frage wäre zu beantworten, ob es sinnvoll ist, an die äußerste Grenze des Alters zu gelangen..., denn es ist ein großer Unterschied, ob jemand sein Leben oder sein Sterben verlängert. Warum sollten wir unseren Geist nicht aus einem zerfallenden Körper hinausführen dürfen?"

Voltaire (1694-1778)

„Ich kenne das Greisenalter mit all seinen Gebrechen und doch sage ich Ihnen, ich habe das Leben erst erträglich gefunden, seit ich altere in meinem stillen Heim."

Marcus Tullius Cicero (106-43)

„Sind Greise mürrisch, grämlich, zanksüchtig, geizig, so sind dies Fehler der Gemütsart, nicht des Alters."

Euripides (480-407)

„O du schwere Last des Alters, wie verhasst bist du!"

Honoré de Balzac (1799-1850)

„Die Liebe älterer Leute ist oft kleinlich und lästig."

Demokrit (460-370)
„Stärke und Schönheit sind die Vorzüge der Jugend, des Alters Blüte ist aber die Besonnenheit."

Benjamin Disraeli (1804-1881)
„Die Weisheit der Weisen und die Erfahrung des Alters werden in Zitaten weitergegeben."

Johann Wolfgang von Goethe (1749-1832)
„Die Summa summarum des Alters ist eigentlich niemals erquicklich."

Jean de La Bruyère (1645-1696)
„Ein Mann, der nicht recht weiß, ob er zu altern beginnt, braucht bei der Begegnung mit einer jungen Frau nur ihre Augen und den Ton ihrer Stimme zu befragen, um sofort Bescheid zu wissen."

Ovid (43-17)
„Die Zeit gleitet dahin, wir altern unmerklich in den Jahren und die Tage entfliehen, da kein Zügel sie zurückhält."

Martin Luther (1483-1546)
„Wenn wir alt werden, so beginnen wir zu disputieren, wollen klug sein und doch sind wir die größten Narren."

Niccolò Tommaseo (1802-1874)
„Gütige Herzen altern nie."

Leonardo da Vinci (1452-1519)
„Die Wissenschaft verjüngt die Seele und vermindert die Bitternis des Alterns. Deshalb sammle die Weisheit wie eine süße Nahrung für das Alter."

WOLLE KRIWANEK
HALBZEIT

Langsam kenn i
Langsam kenne ich
jede Pore in deinem Gsicht
jede Pore in deinem Gesicht
und meine erschte kleine Falte
und meine ersten kleinen Falten
sin mir net entgange
sind mir nicht entgangen

Klar mer sen no jung
Klar sind wir noch jung
un net blos in der Erinnerung
und nicht nur in der Erinnerung
und doch isch onser Halbzeit
und doch ist unsere Halbzeit
scho vorbei
schon vorbei

Henn no nie en
Wir haben noch nie einen
Kriag erlebt
Krieg erlebt
wer woiß, obs so bleibt
wer weiß, ob das so bleibt
un mir henn noch jedes Fieber
und wir haben bisher noch jedes Fieber
gut überstande
gut überstanden

Henn uns häufig gschtritte
Wir haben uns wohl häufig gestritten
doch no nie Hunger glitta
Doch noch nie Hunger gelitten
doch isch onser Halbzeit
doch ist unsere Halbzeit
scho vorbei
schon vorbei

I han no nie oi
Ich habe noch nie einen
sterbe säa - blos im Film
sterben sehen - nur im Film
viel zu oft verschließ i d´Auge
viel zu oft verschließe ich die Augen
ond stell mi blind
und stelle mich blind

Ach was verzähl i dir -
Ach was erzähle ich dir -
dir gohts doch genauso wie mir
dir geht es doch genauso wie mir
und doch isch onser Halbzeit scho vorbei
und doch ist unsere Halbzeit schon vorbei.[94]

---

[94] Songtext von Wolle Kriwanek in schwäbischer Mundart, gefunden auf der Webseite von Michael von Aichinger, der auch die ‚Übersetzung' vornahm: http://www.aichberger.de/19D-alter.htm

KURT TUCHOLSKY
SCHNIPSEL

„Wegen ungünstiger Witterung fand die deutsche Revolution in der Musik statt."

„Deutschland ist eine anatomische Merkwürdigkeit. Es schreibt mit der Linken und tut mit der Rechten."

„Jede Glorifizierung eines Menschen, der im Kriege getötet worden ist, bedeutet drei Tote im nächsten Krieg."

„Es ist ein Unglück, daß die SPD Sozialdemokratische Partei Deutschlands heißt. Hieße sie seit dem August 1914 Reformistische Partei oder Partei des kleinern Übels oder Hier können Familien Kaffee kochen oder so etwas –: vielen Arbeitern hätte der neue Name die Augen geöffnet, und sie wären dahingegangen, wohin sie gehören: zu einer Arbeiterpartei. So aber macht der Laden seine schlechten Geschäfte unter einem ehemals guten Namen."

„Wie rasch altern doch die Leute in der SPD –! Wenn sie dreißig sind, sind sie vierzig; wenn sie vierzig sind, sind sie fünfzig, und im Handumdrehn ist der Realpolitiker fertig."

Unterschrift Tucholsky

PATRICIA HERZBERGER
TODESOMEN ODER VORZEICHEN DES TODES

Heute glaubt kaum mehr jemand an die ehedem so verbreiteten Todesomen, die in ihrer Vielzahl recht unheimlich für viele Menschen waren. Und doch hinterlässt noch heute ein grundlos von der Wand fallendes Bild etwas Bedrückendes. Auch wenn eine Uhr im Haus plötzlich stehen bleibt, kommt bei manch einem ein seltsames Gefühl auf.

Am häufigsten werden Tiere, vor allem Vögel wie Raben, Elstern, Krähen als Todesvorzeichen genannt, wobei die Farben schwarz und weiß eine große Rolle spielen. Wenn im Winter Bäume blühten oder sie bekamen weiße Blätter, das war immer ein ungutes Zeichen.

Ebenso wie ungewöhnliche Geräusche, Fenster, die von selbst aufgehen und Kerzen, die ohne Grund verlöschen, zeigen angeblich den Tod an. Auch eine Warnung über Träume war möglich, wer aber zwischen Weihnachten und Neujahr Wäsche aufhängt, zieht geradezu den Tod ins Haus. Das tatsächliche Ausmaß des ‚Aberglaubens' lässt sich kaum erfassen, keine Zeit, keine soziale Schicht und kein Bildungsstand sind ganz immun dagegen.

Schon das Benennen des Sterbens ist unheilvoll, wirksame Hilfe versprach man sich vom täglichen Anblick eines heiligen Christophorus, der in München von einem anderen Riesen, dem Wüstenheiligen Onuphrius verstärkt wurde.

Jeder wusste von der Wichtigkeit der letzten Stunden, gab es doch schon seit dem 15. Jahrhundert die kleinen Sterbebüchlein, welche die *Ars bene moriendi* lehrten und die Szenen des Endkampfes in zahllosen Andachtsbildchen zeigten. Besonders die Mitgliedszettel jener Bruderschaften, die sich mit Tod und Begräbnis befassten, beeindruckten durch dieses Motiv.

Zurück zu den ‚Todesvorzeichen' im Aberglauben, die wir nun etwas näher betrachten wollen: Wie schon geschrieben kommen Tiere sehr häufig als Vorzeichen vor. Meist ist das Auftreten an einem bestimmten Ort oder zu einer bestimmten Zeit oder auch die Farbe des Tieres entscheidend.

• z.B. Hund: Wenn ein Hund, besonders nachts, ‚weint', heult oder bellt, genauer, wenn er den Kopf gesenkt gegen die Erde hält, bedeutet dies einen Todesfall. Die Richtung, in die er bellt (heult), zeigt an, wo der Tod eintreten wird. Läuft drum ein Hund aus der Stube eines Kranken, so stirbt der Kranke bald.

• Katze: Wenn Katzen sich vor dem Haus beißen, oder wenn man eine schwarze Katze antrifft, bedeutet es einen Todesfall.

• Maulwurf: Wenn ein Maulwurf im Hause unter der Schwelle stößt, wenn er im Garten wühlt und Haufen aufwirft oder unter der Schwelle auswärts wühlt (nach einwärts = Schwangerschaft), bedeutet dies einen Todesfall.

• Pferd: Es sieht wie der Hund den Tod voraus. Das Pferd schwitzt, weil es eine Leiche fahren muss. Pferde wollen nicht an einer Stelle oder einem Haus vorbei, wo es bald eine Leiche gibt.

• Schwarzes Lamm: Wenn im Frühling viele schwarze Lämmer geboren werden, ist dies ein Todesvorzeichen.

• Vögel: Als Todesvögel selten genannt; weißer Sperling, Kuckuck, Taube, Schwalben. Der eigentliche Totenvogel ist die Eule (Kauz, Uhu). Ihr Ruf wird gedeutet als „Komm mit": Es reichte schon der unheimliche Ruf des Nachts. Tod bedeutet es auch, wenn sich eine Elster auf das Dach setzt, wenn sich im Haus ein Kranker befindet.

Der Ruf der Krähe wird „Starb! Starb!" gedeutet. Schreit sie dreimal, bedeutet es Tod eines Mannes, zweimal Tod einer Frau.

- Henne: Es stirbt jemand, wenn die Henne kräht wie ein Hahn, oder wenn die Henne einen Strohhalm unter dem Schweife hat, wenn der Hahn hinter dem Backofen kräht, wenn der Hahn viel um Mitternacht kräht oder eine schwarze Henne stirbt….
- Pflanzen sind auch Todesvorzeichen. Hier gilt, wenn Kohl oder andere Pflanzen weiße Blätter bekommen, wird bald jemand sterben. Auch ein Zeichen: weiße Blumen, weiße Bohnen, weiße Rosen. Wer beim Ansäen ein Stück vergisst, hat einen Sarg gesät, d.h. er selbst oder ein Angehöriger wird in dem Jahr noch sterben. Wenn die Petersilie nicht aufgeht, wenn Krautstöcke schießen, wenn der Holunder unter der Mauer hervor wächst, wenn der gelbe Veigel besonders schön blüht…

Der Mensch

Bestimmte Verhalten oder bestimmte Zeichen deuten beim Menschen meist auf seinen eigenen Tod.
- Wer mit dem Gesicht nach der Türe schläft, wird noch im selben Jahr als Leiche hinausgetragen.
- Sitzen 13 Personen an einem Tisch, muss einer innerhalb eines Jahres sterben, und zwar der, der dem Spiegel gegenüber oder unter der Uhr sitzt.
- Weiße, gelbe, rote oder blaue Flecken am Körper oder an Fingernägeln sind Todesvorzeichen. Wenn jemand im Alter ein Haus baut oder ein Bild von sich malen lässt, wird er bald sterben. Läuten in den Ohren oder beim Niesen bedeutet einen Todesfall.
Es gibt Menschen, die den Tod voraussehen. Solche Leute nannte man ‚Wicker'; diese Gabe des zweiten Gesichtes haben Menschen, die in der Neujahrsnacht (an Lichtmess, Fronfasten, in der Silvesternacht) geboren wurden. Man bekam diese Fähigkeit, wenn man unter dem Sarg durchschlüpfte oder einem heulenden Hund auf den Schwanz trat.

Diese Leute sehen eine bestimmte Zeit vorher einen Lei-
chenzug oder ein anderes Vorzeichen. Aber das Ganze hat
noch kein Ende, eine Menge von Todesvorzeichen können
wir unter der Bezeichnung ‚unerklärliche Vorgänge' zusam-
menfassen. Eigentlich sind unwichtige Ereignisse, wie das
Fallen oder Brechen von Gegenständen oder auch Geräusche, für die scheinbar keine Ursache vorliegt, Todesvorzeichen. Zum Beispiel das Herunterfallen eines Spiegels, Bildes,
Dachziegels, aber auch Messer, Löffel und das Zerreißen einer Kette an einem Wagen. Gerade das Zerreißen und Zer-
springen, Zerbrechen eines Glases (Flasche, Spiegel, Uhren-
gläser) waren unheimliche Vorzeichen.
Das selbstständige Aufgehen einer Tür oder der Fensterlä-
den war sehr verdächtig. Geräusche, wie wenn Bretter fallen
würden, oder etwa das Geräusch, als würde man etwas über
den Boden ziehen (es könnte ein Sarg sein), aber auch drei-
maliges Klopfen, Tröpfeln von der Zimmerdecke, wenn das
Feuer ‚singt', oder wenn Gegenstände sich selbst bewegen
und Licht selbst verlöscht usw…
Ganz wichtig: Nie sollten Menschen eine Leiche spielen, Löcher graben und dabei ans Sterben denken…[95]

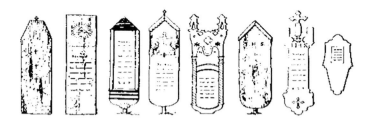

Totenbretter[96]

---

[95] Quelle: Handwörterbuch des deutschen Aberglaubens, Band 8, Seite
994- 1009, http://www.rowane.de/html/todesomen.htm
[96] Hinzugefügt vom Herausgeber: Strichzeichnungen aus: Hein, Wilhelm, *Die Todtenbretter im Böhmerwalde*

Andreas Böttcher
Alt werden

Wenn Menschen alt werden, verändern sie sich. Der Zahn der Zeit hinterlässt seine Spuren. Das frische Aussehen der Jugend ist dahin, die Haut wird faltig, das Haar wird grau oder fällt aus, genau wie die Zähne. Die Leistungskraft lässt mehr und mehr nach. Das, was früher wie selbstverständlich von der Hand ging, ist nicht mehr oder nur noch mit Anstrengung möglich. In jungen Jahren kann man sich nur schwer vorstellen, dass wir einmal ein schwächlicher Greis sein werden.

Aber auch der Intellekt des Menschen verändert sich. Wir häufen im Laufe der Jahre Wissen und Erfahrungen an. Unsere Entscheidungen im Leben werden durch unser Alter beeinflusst. Unsere zunehmende Lebenserfahrung macht uns „weiser" und ruhiger.

Wann ist man eigentlich alt?

Junge und alte Menschen scheinen grundverschieden zu sein. Aber ist dem wirklich so? Nicht ganz, denn da ist etwas, das allen gemeinsam ist und immer gleich bleibt: unser Bewusstsein – unser wahrnehmendes, EIGENTLICHES ICH. Hast du schon mal nach vielen Jahren ein Klassentreffen gehabt? Bei so einem Wiedersehen werden alte Geschichten hervorgeholt, und im Nullkommanix schwelgt man in Erinnerungen. Dann erzählt man sich emotionale Dinge wie: „Weißt du noch, die Jutta? Das war ja auch ein heißer Feger! Die ist doch mit dem oder dem gegangen. Ich war so tierisch eifersüchtig! Oder Gudrun, die war ja auch so süß, mit der hätte ich mich fast mal geküsst." Und so weiter und so weiter und so weiter.

Man unterhält sich dabei wie selbstverständlich über ehemalige Mitschüler und Jugendlieben und ist so in der anderen

Welt vertieft, dass man dabei nicht merkt, dass man – ÜBER KINDER REDET.

Diese Selbstverständlichkeit hat einen Grund: In deinem Innern BIST du das Kind, bist du der gleiche Mensch, der du im Leben immer warst und sein wirst!

Aus deiner Erinnerung weißt du, dass man sich als Kind genauso vollwertig fühlte wie als Erwachsener, man jedoch in der Regel mit seinen Problemen nie ernst genommen wurde. Sieh´ dir deine Eltern an. Sie erscheinen dir alt. Sie waren ja schon immer alt. Wie Eltern eben so sind. Eltern sind Eltern, da denkt man nicht weiter drüber nach.

Doch vor kurzem waren sie so jung wie du jetzt. Meinst du WIRKLICH, dass euer Innerstes so verschieden aussieht? Wenn DU dreißig Jahre älter bist, wirst du dann anders als jetzt sein? Wirst du die Welt anders, als „alte Eltern" wahrnehmen? Natürlich nicht. Dein Erleben dieser Welt mit all seinen Gefühlen oder Empfindungen werden immer gleicher Art sein, sie sind zeitlos. Deine Eltern sind nicht von Geburt an „Vater" oder „Mutter" gewesen, sie sind so wie du.

Gehe noch eine Generation zurück – sieh dir deine Großeltern an, deine Urgroßeltern. Sie sind den gleichen Weg gegangen, waren Kinder und Erwachsene wie du. Bald wirst du so alt wie sie sein. Die jüngeren Menschen werden dich dann vielleicht meiden – weil du ihnen zu alt, zu langsam, zu schwierig, zu altmodisch, zu hässlich bist – und vielleicht nicht gut riechst.

Für dich bist du immer du selbst geblieben. Doch das sehen die Jungen nicht. Deine Erfahrungen und Meinungen sind für sie uninteressant, denn du scheinst aus einer anderen Welt zu kommen, bist Schnee von gestern. Du aber wirst versuchen, ihnen zu erklären, dass du – wenigstens im Innern – der alte geblieben bist. Doch sie werden dich nicht verstehen.

Erkennst du die ewige Tragik der Menschen-Generationen? Erkenne das Kind im Greise, und sieh auch den Greis im Kind. Beide sind eins. Betrachte deine eigene Geschichte, du bist dein bestes Beispiel.

Junge Menschen lästern gerne über Ältere und deren Wehwehchen. Spätestens mit dem 40. Geburtstag ändert sich das. Mit den obligatorischen Spaß-Geschenken wie Kukident, ABC-Pflaster und Hämorrhoiden-Salbe wird ihnen klargemacht, dass es auch für sie von nun an bergab geht. Ich selbst gehe rasant auf die Fünfzig zu. Meine Zähne hab´ ich noch und auch die kleinen blauen Pillen brauche ich noch nicht. Allerdings ist doch einiges im Argen. Wenn ich mich auf den neusten Fotos betrachte, kann ich nicht glauben, dass der alte Mann dort ich sein soll!

Meine Haare wandern langsam aber beständig vom Kopf in Richtung Nase, Ohren und Rücken, ein abendlicher Whisky bedankt sich morgens mit einem dicken Kopf und die meiste Körperkraft am Tag geht für Baucheinziehen drauf. Sport-Versuche à la „ich will´s noch mal wissen" enden prinzipiell mit zwei Wochen Schmerzen, und das heiße Körnerkissen abends im Bett wird immer mehr zu einem galaktischen Inferno der Freude. Auch die Vergesslichkeit ist ein sicheres Prädikat für das Älterwerden. Ab einem gewissen Alter fängt man ein Gespräch vorsichtshalber mit den Worten an: „Ich habe dir ja schon erzählt, dass…" Das hat mir schon manche Peinlichkeit erspart. Die Ratlosigkeit vor dem offenen Kühl- oder Geschirrschrank ist natürlich Standard. Und langsam wird es Zeit, mich mit dem Thema Gleitsichtbrille auseinanderzusetzen.

Mein 13 Jahre jüngerer Bruder genießt es auf Familienfeiern, über die größer werdende Haar-freie Fläche auf meinem Kopf Protokoll zu führen – lautstark, versteht sich. Dass sich auch die Altersflecken dort oben vermehren, freut ihn ganz besonders. Gott sei Dank ist die Natur gnädig mit den

Menschen, denn mit der Anzahl von Altersflecken wächst auch die Weisheit. Man steht über den Dingen, und so lache ich meistens mit. Meinem Bruder ist nicht bewusst, dass er gar nicht über mich, sondern über sich selbst lacht. Er verlacht die Natur, welche ihn unwiderruflich als nächstes im Visier hat. Herrlich, wie gerecht alles geregelt ist.

Älter werden hat jedoch wie gesagt nicht nur Nachteile. Man wird ruhiger, muss sich nicht mehr über alles aufregen. Man lernt, dass man mit Bescheidenheit besser durchs Leben kommt, dass Glück eine Sache des Kopfes ist. Die Dinge von oben zu betrachten, das Wichtige im Leben zu erkennen, das ist das Privileg des Alters. Wenn man jetzt den Körper der Jugend dazu hätte, wäre es kaum auszuhalten.

•

Die durchschnittliche Lebenserwartung von Menschen, die vor 50 Jahren in Deutschland geboren wurden, beträgt 68 Jahre. Ein heute (2012) geborener Säugling darf auf 10 Jahre mehr, d.h. auf 78 Jahre hoffen. Frauen sind noch besser dran, denn sie haben generell einen Bonus von 6 - 8 Jahren. Dies sind natürlich nur Durchschnittswerte, denn wir wissen, dass man heute schon mal 108 werden kann.

Unglücklicherweise wurde ich 1964 geboren und komme nicht in den Genuss der 10+. Wenn ich die Statistik zugrunde lege, habe ich also noch 20 Jahre vor mir. Hmm, ganz schön überschaubar. Nicht gerade ein Grund zum Jubeln. Zumal die Zeit seit einigen Jahren sowieso im Affentempo davongaloppiert.

Wenn ich als Vergleich 20 Glasmurmeln vor mir auf den Tisch lege, wird das Ganze noch dramatischer. 20 Murmeln sind – NICHTS! Wenn ich bedenke, dass jede dieser Murmeln einen Frühling darstellt, kann man schon melancholisch werden.

Ich frage mich oft, was ältere Menschen empfinden, wenn sie sich ihren verbliebenen Lebens-Rest vor Augen führen. Verdrängen sie die Tatsache der immer schneller schrumpfenden Lebenszeit? Wie lebt man, wenn man ein Alter erreicht hat, in dem es jederzeit „passieren" könnte? Ich denke, es gehört eine gehörige Portion Mut dazu, die letzten Jahre unseres Lebens zu bestehen. Allein deswegen zolle ich älteren Menschen meinen vollsten Respekt.

Wenn ich abends auf dem Nachhauseweg an unserem Pflegeheim vorbeikomme, versuche ich meistens einen Blick durch die Glasfronten der oberen Aufenthaltsräume zu erhaschen, wo die Heimbewohner an kleinen Tischen zusammensitzen. Dann frage ich mich, ob ich auch mal dort sitzen werde. Ich hoffe nicht. Ich kann mir denken, wie man ist, wenn man dort lebt. Ich möchte, wenn ich alt bin, nicht hilfsbedürftig sein, möchte mir nicht von fremden Menschen den Allerwertesten abwischen oder die Windel wechseln lassen. Ich möchte mein Essen selbst essen können, und zwar ohne Lätzchen, nicht im Bett liegend. Leider sieht die Wirklichkeit meist anders aus. Ist das der Preis für die verlockende Möglichkeit, heute viel älter werden zu können als früher?[97]

---

[97] Quelle: http://www.der-familienstammbaum.de/mementomori/altwerden/
Weitere Themen des Autors wie sein Familienstammbaum sind auf der Webseite https://plus.google.com/+AndreasB%C3%B6ttcher/about zu lesen. Dort schreibt er zum Beispiel: „Sterben findet heute im Verborgenen statt, im Krankenhaus, im Altenheim. Einzig der Leichenwagen, der uns von Zeit zu Zeit auf der Straße begegnet, erinnert uns schaudernd daran, dass da etwas ist, was wir erfolgreich aus unserem Leben verbannt haben - unser unausweichliches Ende. In jungen Jahren denken wir nicht ans Sterben."
Auf der folgenden Seite schreibt der gleiche Autor über einen alten Mann.

ANDREAS BÖTTCHER
DER ALTE MANN

Feierabend, Wochenende,
überall herrscht reges Leben.
Wo man hinsieht, wimmelt es
von Menschen, die nach Hause streben.

So fahr auch ich, halb wie im Schlafe,
die immer gleiche Strecke heim,
und schau dabei dem Treiben zu –
das Auto kennt den Weg allein.

Da trifft mein Blick eine kleine Gestalt,
auf Höhe der Schule angekommen,
von den heimwärts tobenden Kindern wird
sie jedoch gar nicht wahr genommen.

Den alten Mann, ich kenne ihn,
eigentlich nur vom Vorüberfahren.
Doch ist sein Bild mir so vertraut
geworden in den letzten Jahren.

Die Hose ist zu kurz geraten,
sein Mantel auch schon etwas weit,
der Hut, er ist von gleicher Farbe,
und sah schon eine bess´re Zeit.

Dünn wirkt der Alte und zerbrechlich,
vorsichtig geht sein trippelnder Schritt.
Mit der Hektik dieser lauten Welt
kommt er längst schon nicht mehr mit.

Seine müden, blassen Augen scheinen
stumm nur vor sich hin zu blicken.
Nichts verraten sie dem Betrachter,
was er erlebt, was er gelitten.

Seine Zeit, die war eine andere,
und scheint ihm ewig schon entfernt,
jetzt ist des Lebens er so müde,
denn Freude hat er längst verlernt.

So viele hat er sterben sehen,
die Frau, die ging ihm längst voraus,
er lebt in der Erinnerung,
und Heute ist ihm nur noch Graus.

Er rührt mich an, der alte Mann,
und dass wohl niemand an ihn denkt,
drum hab ich ihm so oft im Geiste
schon manches freundlich Wort geschenkt.

Im Spiegel wird er immer kleiner,
bald ist von ihm nichts mehr zu sehen.
So hab ich es auch heut verpasst,
mit ihm ein Stück des Wegs zu gehen.

Wohin er geht und wer er ist,
das werd´ ich wohl nie wissen.
Doch ist er eines Tages fort, ich weiß –
ich werde ihn vermissen.

JEAN DE LA FONTAINE
DER MANN ZWISCHEN ZWEI LEBENSALTERN

Einer in dem unbequemen
Alter, wo vom Lebensherbst,
dunkles Haupt, du grau dich färbst,
dachte dran, ein Weib zu nehmen.
Sein Geldsack war sehr schwer
und daher auch manche Frau bemüht, ihm zu gefallen.
Doch eben darum eilt´ es unserm Freund nicht sehr;
gut wählen ist das Wichtigste von allem.
Zwei Witwen freuten sich am meisten seiner Gunst,
´ne Junge und ´ne mehr Betagte,
doch die verbesserte durch Kunst,
was ihr der Zahn der Zeit benagte.
Es schwatzt und lacht das Witwenpaar,
ist stets bemüht, ihn zu ergötzen;
sie kämmen manchmal ihn sogar,
um ihm den Kopf zurechtzusetzen.
Die Ältere raubt dann stets ihm etwas dunkles Haar,
so viel davon noch übrig war –
denn gleicher dünkt sie sich dadurch dem alten Schatze.
Die Junge zieht mit Fleiß ihm aus das weiße Haar;
und beide treiben´s so, dass unser Graukopf ein Glatze
beinah bekam – da wird ihm erst sein Standpunkt klar:
„Habt Dank!" spricht er. „Ich dank´ euch sehr,
dass ihr mich habt so gut geschoren.
Gewonnen habe ich dabei, und nicht verloren,
denn an die Heirat denke ich nicht mehr.
Welche von euch ich nähm´ – entweder gäb´ es Zank
oder es ginge alles stets nach ihrem Kopf.
Den Kahlkopf nimmt man nicht beim Schopf!
Für diese Lehre nehmt, ihr Schönen, meinen Dank."

JOHANN GOTTFRIED HERDER
IM HOHEN ALTER

Ach, ich Armer, wenn ich an die Jahre
Meines Lebens nun zurück gedenke,
Ach, von allen nicht ein Tag, der mein war!
Eitles Hoffen, trügendes Verlangen,
Wünsche, Seufzer, Gram und Stolz und Liebe
(Was ein menschlich Herze je gefühlt hat,
Ist nicht neu mir!), Alles zog – wohin mich?
Ach, wie fern vom Guten und der Wahrheit!
Und ich gehe nach und nach zum Grabe,
Und der Schatte wächset, und die Sonne
Wird mir trüber; bald ersink´ ich kraftlos.

Schwache Seele, da der Jahre Feile
Deinen müden Körper stündlich abnagt,
Ja, vielleicht in Kurzem Deine Bürde
Gar Dir abfällt, und Du Dich in anderm,
Deinem wahren Vaterlande findest –
Kannst Du immer noch den alten Trieben,
Die Dich Schwächern, Ältern immer mehr ja
Drücken, geißeln, peinigen – noch dienen?
Ach, Du mußt! – O Gott, so leih mir Kräfte!
(Dir verhehl´ ich´s nicht: kleinmüthig neid´ ich
Die entseelten Todten; also zittert
Vor mir meine Seele!) reiche Du mir,
Du aus fernem, mir in fernem Lande
Deine milden Arme und entreiße
Mich mir selbst und mache mich – was Du willst![98]

---

[98] Aus dem Italienischen des Michael Angelo.

DIETER WUNDERLICH
ZUM FILM *LIEBE* VON MICHAEL HANEKE

Inhaltsangabe

Polizei und Feuerwehr brechen in einem großbürgerlichen Altbau in Paris die Wohnung eines alten Ehepaars auf. Im Treppenhaus sagen Nachbarn, sie hätten schon seit längerer Zeit nichts mehr von den beiden Mitbewohnern gehört. Es riecht so schrecklich, dass sich einer der Polizisten ein Taschentuch vor die Nase hält und als Erstes zwei Fenster aufreißt.

Auf der einen Hälfte eines Ehebettes liegt eine Tote im schwarzen Kleid mit gefalteten Händen auf dem Rücken. Bett und Leiche sind mit Blüten geschmückt.

Rückblende.

Die Klavierlehrerin Anne (Emmanuelle Riva) und ihr Ehemann Georges (Jean-Louis Trintignant), ein Musikwissenschaftler, besuchen im Théâtre des Champs-Élysées ein Konzert des von Anne ausgebildeten Pianisten Alexandre (Alexandre Tharaud). Als sie hört, wie gut er spielt, freut sie sich und ist stolz auf ihn. Glücklich fahren die beiden über 80 Jahre alten Menschen nach Hause in ihre kultivierte Altbauwohnung.

Jemand hat mit einem Schraubenzieher versucht, die Türe aufzubrechen, aber Anne und Georges haben nicht vor, die Polizei zu rufen. Sie nehmen sich nur vor, den Schaden vom Hausmeister reparieren zu lassen.

Während sie am nächsten Morgen in der Küche frühstücken, stellt Georges fest, dass der Salzstreuer leer ist. Anne reagiert nicht auf seine Bemerkung. Er steht auf und holt Salz, aber sie starrt vor sich hin, ohne sich zu bewegen. Nachdem Georges mehrmals vergeblich etwas zu ihr gesagt hat, tränkt er ein Tuch mit Wasser und drückt es ihr auf die Stirn und in den Nacken, aber sie verbleibt in dem katatonischen Zustand. Besorgt geht er ins Schlafzimmer, um sich anzuziehen und Hilfe zu holen. Da hört er, wie in der Küche das Wasser abgedreht wird. Daraufhin kehrt er zurück. Anne sitzt am Tisch, als ob nichts geschehen wäre und tadelt ihn, weil er das Wasser laufen ließ. Zunächst meint Georges, Anne habe sich einen schlechten Scherz erlaubt, aber er merkt schnell, dass sie sich an die Starre nicht erinnern kann. Ein paar Minuten später möchte sie sich Kaffee einschenken, hat jedoch Schwierigkeiten, die Kanne zu halten.

Durch ein Gespräch von Georges mit seiner Tochter Eva (Isabelle Huppert) erfahren wir, dass bei der medizinischen Untersuchung ein Schlaganfall aufgrund einer verstopften Halsarterie diagnostiziert wurde. Anne wird operiert, aber der Eingriff schlägt fehl, und sie kehrt rechtsseitig gelähmt im Rollstuhl nach Hause zurück. Nachdem Georges sie hochgehoben und in einen Sessel gesetzt hat, nimmt sie ihm das Versprechen ab, sie nie wieder in ein Krankenhaus bringen zu lassen.

Georges kümmert sich liebevoll um sie. Er hilft ihr ins Bett und bei der Krankengymnastik, wäscht ihr die Haare, zieht ihr nach dem Toilettengang die Unterhose hoch und holt sie aus dem WC. Die Concierge (Rita Blanco) und ihr Mann (Ramón Agirre) erledigen Besorgungen für das alte Ehepaar. Georges stellt zwei Krankenschwestern ein (Carole Franck, Dinara Drukarova), aber als er beobachtet, wie grob eine der beiden Anne das Haar bürstet, wirft er sie gleich wieder hinaus. Die andere duscht Anne, die dabei nackt auf einem Stuhl sitzt.

Als Georges vorzeitig von einer Beerdigung nach Hause kommt, kauert Anne unter dem weit geöffneten Fenster zum Lichtschacht. Offenbar wollte sie sich hinausstürzen. Er hebt sie in den Rollstuhl, und sie sagt ihm, dass sie nicht mehr weiterleben wolle.

An einem anderen Tag lässt Anne sich von Georges die Fotoalben bringen. Sie blättert darin und meint, das lange Leben sei schön gewesen. Und den neuen motorisierten Rollstuhl probiert sie eifrig aus, indem sie in der Diele damit herumkurvt.

Eve und ihr Ehemann Geoff (William Shimell), die in England leben und viel beschäftigt sind, kommen zu Besuch. Anne ist es gar nicht recht, dass die beiden sie in ihrer Gebrechlichkeit sehen. Im Wohnzimmer wird Georges von Eve und Geoff gedrängt, Anne in einem Heim unterzubringen, aber er will sie zu Hause pflegen.

Georges und Anne freuen sich, als Alexandre einen Aufenthalt in Paris dazu nutzt, sie zu besuchen. Der junge Pianist erschrickt, als er seine frühere Klavierlehrerin erblickt, die mit verkrümmter Hand im Rollstuhl sitzt. Vorsichtig fragt er, was geschehen sei, aber Anne sagt nur: „Ich bin halbseitig gelähmt. Das ist alles." Mehr möchte sie darüber nicht reden. Stattdessen bittet sie ihn, eine Bagatelle von Ludwig van Beethoven zu spielen.

Das Paar ist längst wieder allein, als Georges eine CD mit einer Aufnahme von Alexandre einlegt. Nach ein paar Takten fordert Anne ihn jedoch auf, das Gerät abzuschalten.

Während Anne einige Zeit später im Bett liegt, hört Georges sich im Wohnzimmer eine CD mit einem Klavierkonzert an. Dabei stellt er sich vor, dass Anne am Flügel sitzt und spielt. In einem Albtraum erlebt er, wie er in einem überfluteten Korridor steht. Von hinten presst sich eine Hand auf seinen Mund, um ihn zu ersticken.

Eines Morgens ist Annes Bett nass. Georges zieht ihr die Schlafanzughose aus, legt ein trockenes Handtuch in den Rollstuhl und setzt sie darauf. Beschämt und zornig fährt sie zur Toilette.

Die Inkontinenz ist die Folge eines weiteren Schlaganfalls. Anne benötigt Windeln. Sie kann nicht mehr sprechen. Eve ist entsetzt, als sie am Bett der Mutter sitzt und nicht versteht, was diese zu sagen versucht.

Als Anne stundenlang „Hilfe!" ruft, beruhigt die Krankenschwester Georges. Das sei nur ein Mechanismus, erklärt sie, und habe nichts zu bedeuten.

Georges füttert Anne. Manchmal lässt sie es zu, dann wieder nicht. Schließlich weigert sie sich sogar, zu trinken und presst die Lippen fest zu, wenn er ihr den Schnabelbecher an den Mund hält. Verzweifelt droht Georges damit, sie ins Krankenhaus bringen zu lassen, wenn sie nichts trinke. Dann flößt er ihr mit Gewalt etwas Wasser ein, aber statt es zu schlucken, spuckt Anne es aus. Georges ohrfeigt sie. Daraufhin blicken sie sich erschrocken an.

Um Anne zu beruhigen, erzählt Georges ihr eine Geschichte aus seiner Jugend. Nachdem sie eingedöst ist, ergreift er ein Kopfkissen, legt es ihr übers Gesicht und wirft sich mit seinem Oberkörper darüber, bis sie sich nicht mehr bewegt.

Sorgfältig wählt er ein schwarzes Kleid aus ihrem Schrank aus. Dann kauft er Blumen und Dichtungsmaterial, mit dem er die Türritzen verklebt.

Während er einen Brief schreibt, bemerkt er eine Taube, die offenbar durch das Fenster im Lichtschacht hereinkam, möglicherweise dasselbe Tier, das er schon einmal verscheuchte. Diesmal schließt er das Fenster und fängt die Taube mit einer Decke. Dann schreibt er weiter, berichtet von der Taube. Es sei ganz einfach gewesen, sie zu fangen, meint er, und am Ende habe er sie doch freigelassen.

Plötzlich hört er Geräusche aus der Küche. Anne spült das Geschirr, sagt, sie sei gleich fertig und fordert ihn auf, schon mal in seine Schuhe zu schlüpfen.

Dann lässt sie sich von ihm in den Mantel helfen und geht zur Wohnungstür. Sie meint, er solle auch besser noch etwas überziehen. Georges nimmt seinen Mantel und verlässt mit ihr die Wohnung.

In der letzten Einstellung sehen wir Eve. Sie sperrt die Türe zur Wohnung ihrer Eltern auf und geht durch die verwaisten Räume.[99]

Michael Haneke mit seinen Hauptdarstellern Emmanuelle Riva und Jean-Louis Trintignant[100]

---

[99] Dieter Wunderlich bezeichnet sich als Buchautor und Webmaster. Über sich selbst schreibt er u.a.: „Außergewöhnliche Menschen faszinieren mich, und ich erfahre gern in der Auseinandersetzung mit ihren Biografien auch etwas über die jeweiligen historischen bzw. zeitgeschichtlichen Zusammenhänge." Unter der Adresse www.dieterwunderlich.de ist seine Webseite aufzurufen.

[100] Der österreichische Regisseur Michael Haneke (oben links im Bild) ist der große Gewinner des 25. Europäischen Filmpreises. Der 70-Jährige ist für sein Drama *Liebe* mit dem Hauptpreis für den Besten Film ausgezeichnet worden.

Das Foto wurde aufgenommen von Denis Manin. Seine Webseite hat die Adresse http://www.denismanin-photographe.com/Denis_Manin_Photographe/Accueil.html

HENNING SUSSEBACH
WIE FÜHLT SICH DAS ALTER AN?

Greta ist 79 und Hans 81. So alt wie dieses Paar wollen wir alle werden, aber bloß nicht sein. Grund genug, die beiden zu fragen, was uns erwartet, ob man mit den Jahren weiser wird, wie das ist mit der Liebe – und mit dem Sex.[101]
Es ist unvorstellbar und doch offensichtlich. Es ist unfassbar und doch unabänderlich. Es ist lange leicht zu ignorieren, aber eines Tages nicht mehr zu bestreiten: Jeder Mensch wird älter – und plötzlich ist er alt. So wie Greta, 79, und Hans, 81. Sie leben irgendwo in Hamburg, Hannover oder Bremen, in einer Wohnung mit Balkon, erster Stock links, vielleicht auch rechts. Womöglich heißen sie sogar anders. Wichtig ist nur: Sie heirateten vor fünfzig Jahren und wurden dann gemeinsam alt. Auf der Expedition Leben sind sie ziemlich weit vorangekommen: *zwei Menschen, die nicht nur vom Gestern berichten können, sondern auch von unser aller Morgen.* Sie kennen die Antwort auf die Frage: Wie ist das, wenn *man so alt ist, wie jeder werden will und doch keiner sein mag?*
„Och", sagt er, „so schlimm ist das nicht. Wir beide haben unsere Leben ja gelebt. Wir beide haben uns ja gehabt. Nicht wahr?"
„Das stimmt", sagt sie. „Aber man wird im Bus so hin und her geworfen, wenn man alt ist."
„Und ich hatte früher viel mehr Muskeln", sagt er, „hier oben um die Schultern. Das ist alles in den Bauch gerutscht." Sie lacht.
„Ich denk ja immer, ich bin kein alter Mann, und merke dann, ich bin es doch", sagt er.

---

[101] Dieser Beitrag wurde erstmals veröffentlicht in:
DIE ZEIT, 1. Oktober 2014

„Wir sind auch vergesslicher geworden", sagt sie. „Immerzu hat man irgendetwas irgendwo abgelegt und sucht und sucht und sucht: Wo ist der Kamm? Wo war noch mal meine Brille?"

„Hab ich auch mal unseren Hochzeitstag vergessen, Greta?", fragt er.

„Ich weiß es."

„Also ja."

„Ist aber nur ein Mal vorgekommen."

Sie, das ist Greta, geboren 1934 in Hamburg, früher Kontoristin. Er, das ist Hans, geboren 1933 in Hannover, einstmals Drucker. 26 Treppenstufen sind es hinauf in ihre Wohnung. Zwei Zimmer, Küche, Bad. In der Garderobe die Regenschirme. Auf der Kommode Telefon, Adressbuch und Tablettendose. Auf dem Tisch Kaffee, Kekse, das gute Geschirr. Im Wohnzimmerregal ein Bild der Tochter, Jahrgang 1966, also bald auch schon 50. In Gretas Gesicht Erstaunen, dass sich eine Zeitung für ihr Leben interessiert.

„Ich wache jetzt immer zwischen vier und fünf Uhr auf", sagt sie. „Dann liege ich still in meinem Bett und höre den Vögeln zu."

„Sie müssen wissen, wir haben schon seit langer Zeit getrennte Schlafzimmer", sagt er. „Ich schnarch wie eine Dampfmaschine."

„Dein Schnarchen, Hans! Ich wusste anfangs nicht, wohin mit mir. Ich habe versucht, abends eine ganze Flasche Bier zu trinken, nur damit ich vor dir einschlafe. Heute, wenn ich's doch mal höre, denke ich: Lass ihn schnarchen, du weißt ja gar nicht, wie lang du ihn noch hast."

An ihrem Bett: ein kleines Radio mit Frequenzrad, eingestellt auf UKW 92,3 – NDR Info.

„Um sechs Uhr früh höre ich immer Nachrichten", sagt sie.

„Dann stehe ich auf, gehe ins Bad, mache mich frisch und ziehe mich an. Dass ich nur in den Morgenmantel schlüpfe und bis mittags so herumlaufe, das gibt es nicht."

„Man gammelt nicht so rum", sagt er.

„Wenn ich mit allem fertig bin, gucke ich auf die Uhr", sagt sie.

„Um sieben weckt sie mich", sagt er.

„Dann mache ich meinem Mann ein Müsli mit Obst und Nüssen. Ich esse meist ein Brot. Zum Schluss gibt es noch einen Haps mit Honig."

„Dann sind wir gesättigt", sagt er.

„Und haben den ganzen Tag noch vor uns", sagt sie.

„Aber nie Zeit", sagt er. „Das hätte ich früher nie gedacht: Auch Rentner müssen nach der Uhr leben. Weil alles einen Termin hat. Die Fernsehsendung. Der Bus. Der Arzt. Je abhängiger du von anderen bist, desto wichtiger wird die Uhr."

„Mit unserer Tochter machen wir ja auch Termine", sagt sie.

„Den ersten Termin hab ich morgens um fünf allerdings mit meiner Blase", sagt er.

Sie lacht.

„Und mittwochs und samstags fahren wir zum Wochenmarkt", sagt er.

„Mit dem Fahrrad", sagt sie. „Wir haben ja kein Auto. Wir kaufen immer nur den Fahrradkorb voll."

„Deshalb haben wir auch immer frische Sachen."

Der jüngste Einkaufszettel:

Matjes (2 Filets)

Schinken

Erdb.

Kart., Wurzelsalat

Petersilie

Brot

Äpfel

„Dass wir da morgens früh aufbrechen, ist auch wichtig, weil die Zeit ja so rast", sagt er. „Wie oft sagen wir: Mein Gott, schon wieder Weihnachten!"

„Als Kind hätte ich das nie geglaubt", sagt sie.

„Als Kind hatte ich Langeweile", sagt er. „Ewig hab ich gewartet, bis die Spielkameraden rauskamen. Obwohl ewig nur 'ne halbe Stunde war! Ich war immer nur am Warten."

„Dabei rast die Zeit gar nicht", sagt sie, „wir sind nur langsamer geworden. Viel, viel langsamer. Früher ging mir alles ruck, zuck von der Hand. Wie lange ich jetzt brauche, um mir die Haare zu waschen. Oder den Frühstückstisch abzuräumen.

Und wenn ich denke, dass ich fertig bin, liegt da immer noch was."

„Die Grünphasen an der Ampel schaffen wir aber noch", sagt er.

„Ich bin neulich sogar mal wieder über Rot gelaufen, Hans."

„Ich soll ja nicht mehr rennen seit meiner Hirnoperation."

Seine Krankheitsgeschichte:

1954 Schädelbruch (Motorradunfall)

1984 Gehirntumor

2002 Prostata-Schälung

2011 Herzinfarkt (im Bergurlaub)

2013 Leistenbruch

Ihre Krankheitsgeschichte:

1958 ein Eierstock entfernt

2003 Unterleibs-Totaloperation

„Manchmal schaue ich an mir herunter, und mein Kopf denkt: Wie alt mein Körper doch geworden ist", sagt sie. „Überall Orangenhaut. Meine Hände! So faltig waren die vor zwanzig Jahren nicht."

„Ich find's nicht schlimm", sagt er.

„Aber meine Haare. Früher war ich so stolz auf meine Naturkrause.

Seit ich grau bin, sieht die aus wie eine Alt-Omi-Dauerwelle – obwohl's gar keine Dauerwelle ist! Mein Mann sagt immer, von hinten erkennt er mich inzwischen am besten am Gang. Wir Alten sehen ja alle gleich aus."

„Die jungen Leute werden's später leichter haben, sich zu unterscheiden", sagt er. „Die sind ja tätowiert wie die Maoris. Das gab's früher nur im Zirkus."

Sie lacht.

„Je älter unsere Körper werden, desto kindlicher werden wir im Kopf", sagt er.

„Ja, seltsam. In meinen Träumen bin ich nicht mehr bei dir, Hans. Da bin ich wieder Kind. Da bin ich das Mädchen vor dem kleinen Haus, wo wir noch den Brunnen und das Plumpsklo hatten. Von diesem Plumpsklo träume ich jetzt wieder!"

„Die letzten Jahre fing das an", sagt er, „dass die Kindheit in der Erinnerung immer größer wird. Und der Krieg. Dafür werden die Berufsjahre zusammengepresst, weil sie sich ja ähneln."

„Du hast auch diese jungenhafte Begeisterung für alles Mechanische, Fahrräder und so", sagt sie.

„Und du rettest jeden Regenwurm von der Straße, Greta. Wie ein junges Mädchen! Jeden verletzten Frosch trägst du an einen sicheren Platz. In der Mitte des Lebens hat man keine Zeit für dieses Kleine, da kommt es auf das Große an. Jetzt ist es wieder andersrum."

„Als ich Kind war, wurde mir immer gesagt: Wenn man alt ist, wird man weise", sagt sie. „Aber ich fühle mich kein bisschen weise. Dass ich was besser begreife. Ich verstehe die Welt doch immer weniger."

„Ich hab jetzt zum Beispiel das Fotografieren aufgegeben", sagt er.

„Ad acta gelegt", sagt sie.

„Wir erleben ja auch nicht mehr so viel Neues", sagt er.

„Früher! Wenn man die Kinder aufnahm, wie sie so versunken spielten", sagt sie.

„Fotografieren ist auch so umständlich geworden", sagt er.

„Ich hab ja immer Lichtbilder gemacht, Dias. Aber ich find

kaum noch Diafilme. Als Digital jetzt kam, hab ich da nicht mehr mit angefangen. Weil ich das nicht versteh. Bei einer richtigen Maschine, bei meiner Leica, hör ich ja am Klang, was kaputt ist. Wo was schleift. Ob sich was festgefressen hat."

Dia-Schubkästen in der Kommode (Auswahl):
Italien 1956
Jugoslawien 1957
Fahrradtour Hannover–Istanbul 1958
Travemünde 1975
Kleinwalsertal 1985
Radtour Rhön 1986
Radtour Ostfriesland 1988
Corvara 1990
Radtour Eifel + Mosel 1991

„Vor sechs Jahren habe ich meine letzten Bilder gemacht", sagt er.

„Die ganze Elektronik heute ist mir ein Buch mit sieben Siegeln", sagt sie. „Ich hoffe so, dass ich nie was mit Computern zu tun haben muss. Ich sage meinem Mann so oft: Was machen wir, wenn wir noch erleben, dass man mit den Banken nur noch online verkehren kann?"

„Dann wären wir hilflos", sagt er.

„Wir wollen auch keine ec-Karte."

„Und nicht dieses Internet."

„Neulich habe ich gestaunt", sagt sie. „Im Bus, in der Bahn, unterwegs, überall steht einer und guckt in seine Hand. Ich dachte lange: Die gucken auf ihren Zettel, was sie einkaufen wollen. Dann sehe ich: Nee, die gucken alle auf dieses ... Ding."

„Smartphone."

„Sogar im Restaurant. Die gucken gar nicht mehr auf ihre Teller. Die sehen gar nicht, was sie essen."

„Wenn ich früher mit der Bahn gefahren bin", sagt er, „dann dauerte das gar nicht lange, da hatte ich im Abteil Freundschaften geschlossen. Oder ein Mädchen kennengelernt, wo ich dachte: Mensch, geh da mal ran! Gerade junge Leute müssen ja Bekanntschaften schließen. Ist doch schade, wenn man gar nicht mehr hochguckt."

„Wir haben jetzt aber auch ein Handy", sagt sie, „von unserer Tochter."

„Zum Telefonieren", sagt er, „mit Tasten. Damit kann ich die 112 rufen, beim nächsten Herzinfarkt. Wenn ich dann noch einigermaßen beieinander bin und weiß, wo ich bin, kommt vielleicht einer und holt mich ab."

Vergangene Woche im Briefkasten: ein Rentenbescheid für sie, ein Rentenbescheid für ihn, der Gemeindebrief.

„Bestimmt finden Sie uns antiquiert", sagt sie.

„Wir werden nicht weiser, wir werden gerührter", sagt er.

„Wir freuen uns, wenn die Bäume wieder grün werden."

„Und wenn es wieder Spargel gibt. Und über jeden Tag, an dem wir auf dem Balkon frühstücken können. Dann sage ich zu meinem Mann: ‚Hans, zieh dir eine Jacke an, ich habe draußen den Frühstückstisch gedeckt.' Dann steht sein Stuhl hier drin, an der Tür, damit er ein bisschen geschützt sitzt, und ich kann draußen sein."

„Wir freuen uns auch über jede Amsel, die auf dem Geländer Pause macht."

„Ihr Männer werdet allerdings nicht nur gerührter, sondern auch rechthaberischer", sagt sie.

„Wann denn?"

„Wenn wir mit der Wandergruppe unterwegs sind, Hans, streitet ihr euch schon Kilometer vor der nächsten Kreuzung, ob links oder rechts."

„Weil die Karten ungenau sind, Greta."

Sie lacht.

Er auch.

„Wenn Sie hören, wie wir uns kennengelernt haben, kriegen Sie bestimmt einen Schock", sagt sie.

„Das war nämlich ungewöhnlich", sagt er.

„Ich hatte eine Annonce in der Zeitung aufgegeben", sagt sie.

„In der Sonnabend-Ausgabe", sagt er. „Die hab ich immer am Kiosk gekauft."

„Ich habe die Annonce noch", sagt sie.

„Hamburger Abendblatt" vom 9. September 1962:
Naturfreundin (Wandern und Radfahren), ev., 27, 1,65, sucht gleich-
gesinnten, humorvollen „Auto- und Fernsehfeind". Bildzuschr. u. PS
7421 Abl.

„Ich wohnte noch zu Hause", sagt sie. „Ziemlich abgelegen, und mein Vater hat mich sehr kurz angebunden: Wenn ich zehn Minuten zu spät nach Hause kam, gab es Ärger."

„Und ich war mit einem Koffer aus Hannover hergekommen, hatte 'ne Bude und sonst nichts", sagt er.

„Kurz vorher hatte ich einen Verlobten", sagt sie. „Aber alles, was mich interessierte, lag nicht auf seiner Linie. Er mochte nicht laufen. Ob er jemals Rad gefahren ist, weiß ich nicht. Und was er von Büchern hielt, auch nicht. Ich wollte lieber jemanden, mit dem ich meine Interessen teilen konnte."

„Und ich hatte ein bisschen Zeit", sagt er. „Da hab ich mir gedacht: Musste wohl mal wieder mit einem Mädchen tanzen gehen. Damals ging man sonntags ja zum Tanztee. Da spielten noch normale Kapellen."

„Du tanzt doch gar nicht so gerne!", sagt sie.

„Aber ich hatte keinen Fernseher und kein Auto. Und ich war 1,67. Passte! Ich glaub aber, du warst damals größer, Greta."

„Ich habe mit Absicht 1,65 hingeschrieben, weil ich niemanden abschrecken wollte."

„So verrückt war das damals", sagt er.

„Ich war 1,68", sagt sie. „Es haben sich zwölf Männer gemeldet. Der dritte warst du. Ich habe mir die flachsten Schuhe angezogen, die ich finden konnte."

„Jetzt bin ich größer als du, Greta."

„Weil ich schneller schrumpfe, Hans."

„Wir haben uns am Kriegerdenkmal getroffen", sagt er.

„Am 9. September war die Annonce in der Zeitung, am 12. hast du mir geschrieben", sagt sie. „Da habe ich gleich geantwortet, dann hast du mir wieder geschrieben und das Treffen am 22. vorgeschlagen. Telefon hatte man damals ja noch nicht."

„Ich trug einen Trenchcoat. Wie Columbo. War schon kalt."

„Und Handschuhe hattest du an. Sogar einen Hut!"

„Einen Hut?"

„Ja. Und ich habe ein leichtes, braunes Kostüm getragen und flache Schuhe."

„Das weißt du alles noch", sagt er.

„Als Erstes habe ich erzählt, dass ich begeisterte Pilzsucherin bin", sagt sie.

„Das fand ich langweilig."

„Du hast gedacht, ich wäre eine Lehrerin – so viel habe ich von Pilzen erzählt."

„Aber mir hat deine Natürlichkeit gefallen, Greta. Die Mädchen waren damals alle affektiert, wie in den alten Filmen: wie die sich in ihren Röcken drehen!"

„Wir sind dann stundenlang durch Hamburg spaziert. Mir hat imponiert, wie du laufen konntest, Hans, richtig schön marschieren."

„14 Tage später haben wir uns zum ersten Mal geküsst", sagt er.

„Das wüsste ich jetzt nicht mehr so genau", sagt sie.

„Drittes Treffen. In der Straßenbahn", sagt er.

„Das klingt, als hättest du mich geküsst und nicht ich dich."

„So war das wohl."

„Mein Mann ist entzückend", sagt sie. „Wir küssen uns noch jeden Tag. Ich gehe abends früh ins Bett, weil ich morgens so früh wach bin. Und mein Mann kommt immer noch zu mir ins Zimmer und sagt mir Gute Nacht."

„Ich setze mich an ihre Bettkante und gebe ihr einen Kuss."

„Während ich daliege."

„Wie ein junges Mädchen. Wir küssen uns dann immer auf den Mund!", sagt er.

„Und wenn ich ihn morgens wecke, kriegt er von mir einen Kuss auf die Stirn", sagt sie.

„Eine Romantik, was?", sagt er.

„Ich sehe meinen Mann jeden Morgen nackt. Wenn er aus dem Bad kommt."

„Ich muss mich da ja wiegen."

„Und ich finde, mein Mann sieht noch genauso aus wie früher. Meistens gehe ich dann hin und ärgere ihn mit meinen kalten Händen."

„Am Hintern fasst sie mich an!"

„Und er ruft: Huuuuh, das ist ja viel zu kalt!"

„Leider ist das Sexuelle jetzt sehr schlecht bei mir", sagt er.

„So ziemlich vorbei, seit ich an der Prostata operiert bin."

„Ich weiß nicht mal, ob ich das jetzt noch sehr vermisse", sagt sie.

„Ich schon", sagt er. „Wenn wir früher ... ja ... hab ich an ihre Zimmertür geklopft und gefragt: Hast du mich gerufen?"

Sie lächelt.

„Heute kitzle ich ihn an den Füßen", sagt sie. „Das habe ich bei meinem Vater schon so gern gemacht. Und wenn jetzt deine Füße unten aus der Decke gucken, denke ich immer: Muss ich's doch noch mal versuchen!"

Er lacht.

„Wenn mein Mann mich nackt sieht, sagt er manchmal: Du kriegst ja auch einen Bauch."

„Aber nicht, um dich zu ärgern."

„Nee. Weil du dich freust, mit deinem Bauch nicht mehr allein zu sein."

„Wir sprechen ehrlich miteinander", sagt er. „Komplimente mach ich meist anderen Frauen."

„Ab und zu sagen wir uns natürlich auch was Nettes", sagt sie. „Etwas, von dem wir meinen, dass es nett ist. Und zu besonderen Tagen, ob das unser Kennenlerntag ist oder unser Hochzeitstag, schreiben wir uns Karten."

„Die legen wir auf unsere Plätze auf dem Frühstückstisch", sagt er.

„Es kommt uns leichter aus der Feder als über die Lippen", sagt sie.

„Wo hab ich deine Karten nur liegen, Greta?"

„Ich habe sie doch hier im Karton, Hans."

Ihre Karte zum 46. Hochzeitstag:

Das Glück ist da, wo man es hinträgt ... und wir tragen es nun schon 46 Jahre zusammen.

Deine Greta

Seine Karte zum 50. Hochzeitstag:

Liebe Greta, ich möchte mich bei Dir ganz herzlich für die vergangenen 50 Jahre bedanken. Eine lange Zeit mit Höhen und Tiefen, eine schöne Zeit, da es unser Leben war, das wir gemeinsam gemeistert haben. Einen schönen Tag wünsche ich Dir/uns.

Dein Hans

„Liebe ist ja ein großes Wort", sagt er.

„Mit dreißig kommt es einem doch sehr darauf an, dass man äußerlich akzeptiert wird", sagt sie. „Dem anderen zu gefallen."

„Das schleift sich ab", sagt er.

„Und wenn ein Kind kommt, tritt die Liebe in den Hintergrund. Dann kommt die Fürsorge. Und man ist, wie man ist", sagt sie.

„Und der andere akzeptiert einen so", sagt er.

„Vielleicht ist erst das wirklich Liebe", sagt sie.

„Da hat man dann auch was dafür getan", sagt er.

„Neulich hatte ich einen schlimmen Traum: dass ich ganz allein bin", sagt sie. „Dann bin ich aufgewacht und habe gedacht: Gott sei Dank, ich hab ja Hans. Das empfinde ich als Liebe. Diese Geborgenheit über so viele Jahrzehnte. Dass man auch Krankheiten miteinander durchsteht."

„Du hast nie groß gemeckert, Greta. Immer fröhlich, immer nett. Früher sagte man: Ein Hund ist besser als 'ne Ehefrau – der freut sich auch, wenn man betrunken nach Hause kommt. Aber du hast nie geschimpft."

„Ich war auch nie eifersüchtig, oder?"

„Nein."

„Wenn er zur Kur fährt, sind da ja gewisse Damen, die sich um ihn kümmern wollen. Alles alte Schachteln. Allerdings zehn Jahre jünger als ich."

„Aber sie weiß schon: Ich mach eh nichts."

„Und wenn schon! Daran würde ich doch unsere Ehe nicht scheitern lassen."

„Am Fremdgehen wär mir ja schon die ganze Lügerei zu kompliziert", sagt er.

„So war er immer", sagt sie. „Verlässlich. Pünktlich. Fürsorglich. Früher, wenn mein Mann freitags von der Arbeit kam, habe ich immer Blumen gekriegt, jede Woche."

„Es sei denn, ich hab's vergessen."

„Heute kommst du mir manchmal ein bisschen überfürsorglich vor", sagt sie. „Immer: Pass gut auf dich auf. Oder: Sieh zu, dass dir nicht wieder dein Portemonnaie geklaut wird. Beim Einkaufen haben sie mir jetzt nämlich schon zum dritten Mal das Portemonnaie gestohlen."

„Ich möcht nun mal nicht, dass dir was passiert", sagt er.

„Auch, damit du nicht auf dich allein gestellt bist", sagt sie.

„Das stimmt wohl", sagt er.

„Neulich, zur goldenen Hochzeit, hat mein Mann von seinen Kollegen einen Gutschein von Karstadt gekriegt. Also ist er los und hat Unterhosen gekauft. Kommt freudestrahlend nach Hause – und ich sag: Hans, du hast ja Größe 5 genommen! Du hast seit zehn Jahren Größe 6."

„So was kann ich mir nicht merken."

„Er braust auch schnell auf, wenn er was nicht findet. Ein geflügeltes Wort aus unserer Ehe lautet: Greta, wo haben wir denn ...?"

„Ich find so schlecht was."

„Also muss ich hingehen und suchen. Ich glaube, Männer finden nur das, was sie suchen wollen. Nicht, was sie suchen müssen."

„Aber du meckerst nicht mit mir."

„Man muss auch mal schweigen. Vielleicht ist das als Ratschlag interessant. Schon meine Mutter hat gesagt: Eine Frau darf ihrem Mann nicht alles erzählen. Er darf alles essen, aber nicht alles wissen. Männer ärgern sich ja so schnell, auch über Kleinigkeiten."

„Stimmt leider", sagt er.

„Zu viel Nähe ist auch nicht gut", sagt sie. „Oft sage ich zu meinem Mann: Du kannst gerne mal was alleine machen. Ich mache in der Zeit was anderes. Montags geht er ja zur Rückenschule und trinkt mit seinen Turnkameraden nachher einen Kaffee. Wenn wir uns dann wiedersehen, hat jeder etwas zu erzählen, Grüße auszurichten."

„Zu viel allein machen ist aber auch nicht gut", sagt er.

„Wenn man allein eine Tour macht, kann man sich mit keinem unterhalten. Da müsste man schon Philosoph sein."

„Wir wandern ja noch viel", sagt sie. „Und es ist manchmal harmonischer, wenn wir nicht zu zweit, sondern mit anderen gehen."

„Wir beide kennen uns ja schon", sagt er.

„Das ist mal so nach 52 Jahren", sagt sie. „Ich weiß immer, was du als Nächstes sagst."

„Ich auch", sagt er.

„Eben", sagt sie.

Er lacht.

„Manchmal ärgert man sich übereinander", sagt sie. „Aber wenn du weg bist, Hans, und es geht über die Zeit, zwei Stunden drüber, dann frage ich mich bang: Ist das jetzt das Ende? Ich bin immer so froh, wenn der Schlüssel im Schloss geht."

„Die jungen Leute heute", sagt er, „die haben es eigentlich einfacher als wir, weil sie so offen reden. Die sind frei raus. Aber sie machen es sich so schwer mit der Liebe."

„Sowie Probleme kommen, laufen sie auseinander", sagt sie.

„Die leben in einer Wegwerfgesellschaft", sagt er, „die kriegen zu Weihnachten jeden Wunsch erfüllt und zum Abitur ein Auto. Und wenn es irgendwie nicht hinhaut, kaufen sie sich was Neues oder nehmen sich einen neuen Mann oder eine neue Frau. Glaub ich."

„Unsere Tochter sagt ja auch: Heiraten? Kommt nicht infrage", sagt sie.

„Ein Kind hat sie auch nicht", sagt er.

„Aber sie hat einen festen Freund", sagt sie. „Wir nennen ihn unseren Schwiegerfreund."

„Früher kriegte man ja nur eine Wohnung, wenn man verheiratet war", sagt er. „Heute muss man sich nichts mehr gemeinsam aufbauen. Da hat jeder für sich schon alles."

„Ich glaube, dass die jungen Leute heute allem zu sehr nachrennen", sagt sie.

„Die haben Angst, was zu versäumen", sagt er, „die tun mir richtig leid."

„Wenn wir unsere Tochter und unseren Schwiegerfreund und die Freunde der beiden sehen, haben die immer Freizeitstress", sagt sie. „Heute 'ne Party und morgen Kino und übermorgen ein Fest und dann schon wieder der nächste Urlaub. Wir haben unsere Urlaube viel besser geplant."

„Man muss sich auf einen Punkt konzentrieren und den richtig ausfüllen, statt hundert Sachen auf einmal zu machen", sagt er. „Für meine Radtour nach Istanbul musste ich kündigen, ich hätte ja nie drei Monate Urlaub gekriegt. Und dann war das genau so, wie Karl May geschrieben hat! Wenn wir Fremden ins Dorf kamen, haben die Frauen sich den Schleier vorgehalten, und die Männer haben uns einen Hammel gebraten."

„Mein Mann hat von seinen wenigen weiten Reisen mehr als unsere Tochter heute von dem ganzen Hin und Her."

„Wenn ich sehe, dass sie vier Mal im Jahr in den Urlaub fliegt, für 14 Tage nach Panama, dann finde ich das Wahnsinn."

„Wir sind in unseren Ansichten vielleicht stehen geblieben", sagt sie, „aber wir bereuen das nicht."

„Es wird zu viel konsumiert", sagt er. „Früher ist jeder mit weniger ausgekommen. Da waren auch die Wohnungen kleiner, die Decken niedriger, das musste ja alles beheizt werden."

Raumtemperatur in der Wohnung: 18 Grad Celsius.

„Wenn es eine Zeitmaschine gäbe, würde ich noch mal zurück ins Jahr 1950 reisen", sagt er. „Da haben wir uns über jede Kleinigkeit gefreut."

„Dabei war früher auch nicht alles besser. Wir waren da nur jünger, Hans."

„Hast recht."

„Wenn Sie mich heute nach dem schwärzesten Tag meines Lebens fragen", sagt sie, „dann war das nämlich 1951. Da musste ich nach der zehnten Klasse von der Schule gehen, weil meine Eltern das Schulgeld nicht bezahlen konnten — oder wollten. Es ging um zehn Mark im Monat, aber die brauchten sie für einen Anbau. Wir waren ausgebombt und wohnten in einem winzigen Haus ohne Bad. Ich habe für ein Badezimmer auf das Abitur verzichtet. Ich weiß noch, wie ich nach meinem letzten Schultag nach Hause ging und diese Operette in mich hineingesungen habe: ‚Glücklich ist, wer vergisst, was nicht mehr zu ändern ist ...' Früher hat man sich danach gerichtet, was die Eltern sagten."

„Dabei waren ihre Eltern gar nicht ihre Eltern", sagt er.

„Ich bin unehelich geboren", sagt sie. „Mein Vater war verheiratet, und meine Mutter war erst 17. Und ihr Vater war ein Lehrer, und ein Lehrer war eine Respektsperson. Ein Drama wäre das gewesen, wenn eine seiner Töchter mit einem unehelichen Kind dasteht! Also wurde sie schwanger zu Verwandten nach Hamburg gebracht und kam ohne mich zurück."

„Meine Mutter ist gestorben, als ich elf war", sagt er, „verschüttet nach einem Bombenangriff auf Hannover, da soll nur noch ein Lehmklumpen gewesen sein. Ich war in der Kinderlandverschickung damals, im Harz, und zwei Monate mit der Nachricht allein."

Ihre Pflegeeltern:
Mutter: Anna, * 1887, † 1980, Altersschwäche
Vater: Otto, * 1890, † 1967, Blasenkrebs
Seine Eltern:
Mutter: Mary, * 1897, † 1944, Bombenangriff
Vater: Wilhelm, * 1896, † 1983, Herzinfarkt

„Ich denke jetzt wieder öfter an meine Mutter", sagt er. „Wie traurig es ist, dass sie die lange Friedenszeit nicht mehr erlebt hat."

„Unseren Eltern kam ja andauernd ein Krieg dazwischen", sagt sie.

„Und wir zwei hatten sechzig Jahre Frieden. Aber jetzt geht es wieder bergab. Überall gehen wieder Kriege und Revolutionen los."

„Und die Ressourcen werden knapp. Ich bin froh, dass ich tot bin, bevor alles zusammenbricht."

„Andererseits hat der Mensch immer was Neues erfunden, wenn das Alte kaputtging", sagt er, „wenn kein Öl mehr da ist, wird der Mensch sich etwas Neues ausdenken. Nur wenn das Wasser knapp wird, kann er nichts mehr erfinden. Davor hab ich Angst, Greta."

„Ich bin einigermaßen stolz darauf, dass wir ohne Auto ausgekommen sind", sagt sie.

„Aber mit unserer Generation hat es begonnen", sagt er. „Als der Krieg aus war, haben die Leute erst gesoffen, dann gefressen und geraucht. Und jeder brauchte ein Auto oder zwei. Die Reklame hat ja gesagt: Haste was, biste was. So fing das ja an."

„Wir kennen Achtzigjährige, die erzählen ihre Leben in Autos und Karriereschritten", sagt sie.

„Dabei sind das vergängliche Dinge. Unvergänglich sind nur Erlebnisse", sagt er.

„Die kann man auch nicht verzocken", sagt sie.

„Ich würd so ums Jahr 2100 trotzdem gern mal auf die Erde runtergucken", sagt er.

„Ich nicht", sagt sie. „Ich bin gar nicht mehr so neugierig. Ich lese auch meine Bücher schon zum zweiten oder dritten Mal."

Bücher in ihrem Zimmer (Auswahl):
Siegfried Lenz: „Deutschstunde"
Arno Surminski: „Vaterland ohne Väter"
Tiziano Terzani: „Noch eine Runde auf dem Karussell"
Wolfgang Borchert: „Das Gesamtwerk"
„Knaurs Opernführer"
„Unvergängliche deutsche Balladen"
Bücher in seinem Zimmer (Auswahl):
Ernest Hemingway: „In einem andern Land"
Günter Grass: „Der Butt"

Boris Pasternak: „Doktor Schiwago"
Reinhold Messner: „Everest"
Josef Immler: „Herrliches Karwendel"
Thilo Sarrazin: „Deutschland schafft sich ab"
„Wir haben natürlich auch Fehler gemacht", sagt er, „ich
hätte zum Beispiel meinen Vater öfter anrufen sollen, als der
alt war. Das merk ich jetzt."
„Mir tut so leid, dass ich unserer Tochter manchmal einen
Klaps gegeben habe", sagt sie. „Wenn ich morgen die Augen
schließen müsste, wäre es gut, wenn ich ihr vorher noch sa-
gen könnte: Das war nicht richtig, bitte verzeih. Als Eltern
wünscht man sich ja, dass die Kinder von einem überneh-
men, was gut ist. Nicht das, was wir falsch gemacht haben."
„Jeden Morgen um halb neun ruft sie bei uns an", sagt er.
„Von der Arbeit."
„Das ist sehr lieb", sagt sie.
„Manchmal schafft sie es aber nicht. Dann hat sie Stress",
sagt er.
„Und ich schaffe es nicht, mich zu entschuldigen. Es ist so
schwer, das über die Lippen zu bringen", sagt sie.
„Aber sie hat ja auch nie Zeit."
„Oder sie hat Zeit, kriegt dann aber einen Anruf von ihrem
Freund."
„Was auch ein Fehler war: dass wir meinen Bruder in Neu-
seeland nie besucht haben", sagt er.
„Dahin war er ausgewandert", sagt sie. „Wir hätten fliegen
müssen."
„Jetzt ist er tot", sagt er.
„In unserer Wandergruppe waren wir mal 25", sagt sie. „Jetzt
sind wir nur noch zehn."
„Ich mach in meinem Adressbuch immer Kreuze", sagt er.
„Damit ich keinem Toten gratuliere."
„Dieses Begräbnis deines Bruders", sagt sie. „Ich habe eine
Woche vorher angefangen, Baldrian zu nehmen. Und ich

habe mir gedacht: Wie soll ich das durchstehen, wenn mein Mann stirbt? So viel Baldrian kann ich gar nicht nehmen."
Medikamente, die er täglich nimmt:
ASS 100
Bisoprolol 5
Losartan 100
Simvastatin 80
Medikamente, die sie täglich nimmt:
—

„Wir haben fast alles vorbereitet", sagt sie. „Wir sind uns einig, wo wir beigesetzt werden wollen."
„In einem Urnengemeinschaftsgrab", sagt er.
„Wir haben es auch schon angezahlt, um unserer Tochter möglichst viel zu ersparen."
„Ich hoffe nur, dass keiner von uns noch Krebs kriegt oder irgendwo allein in einem Heim festgeschnallt wird."
„Abends einschlafen und morgens nicht mehr aufwachen", sagt sie.
„Umkippen und tot", sagt er.
„Ich glaube ja – oder hoffe –, da ist dann irgendjemand, der uns geschaffen hat. Die ganze Natur, die Erde, alles", sagt sie. „Wir sind nicht aus uns selber entstanden. Ich finde, wir sollten da ein bisschen demütig sein."
„Vielleicht wartet ja ein Abenteuer", sagt er. „Da bin ich direkt gespannt drauf."
„Hans", sagt sie, „ich wünsche mir, dass wir uns dann wiedersehen."
„Hoffentlich erkennen wir uns dann auch", sagt er.

GERHARD JOSTEN
SCHLUSSWORT

Indem ich mich der ungewohnten Herausforderung stelle, mich über selbstbestimmtes Älterwerden zu äußern, verirre ich mich auf unvertrautes und unheimliches Gelände. Die Frage nach der menschenwürdigen Bewältigung des Alters ist, wird sie jenseits der Medizin, der Ökonomie und der Gesellschaftspolitik, also der bloßen Praxis, gestellt, eine Frage der Philosophie, der Ethik, also von Disziplinen, die über das richtige Leben, die rechte Lebensweise nachsinnen… Die Formel vom puer senex, vom Knaben als Greis, ist heute nur noch wenigen Studierten geläufig. Sie lässt sich allerdings auch umdrehen in senex puer, der Greis als Knabe. Daher habe ich als Überschrift für meinen Essay ‚Das Verschwinden des Alters' gewählt.[102]

Soweit ein Zitat zur Einstimmung auf das Schlusswort. Nun kann sich der Herausgeber dieses Buchs nicht als einen Philosophen oder als einen Ethiker vorstellen. Die Beiträge der vielen Co-Autoren befassen sich auch überwiegend mit den Bereichen der Medizin, der Ökonomie und der Gesellschaftspolitik. Damit verirrt sich, um bei der obigen Wortwahl von Willibald Sauerländer zu bleiben, diese Anthologie auch vorrangig auf die drei Bereiche Selektion, Optimierung und Kompensation zum Altern.

Dazu gehört es also, sich seiner Stärken und Schwächen bewusst zu sein, die Stärken durch Übung zu optimieren und die Schwächen durch neue Strategien zu kompensieren, wenn man das Altern sehr ernst nimmt. Jedenfalls hat mir

---

[102] Dieses Zitat stammt von Prof. Willibald Sauerländer unter der Überschrift ‚Das Verschwinden des Alters' in der Anthologie von Friedrich Wilhelm Graf mit dem Titel *Über Glück und Unglück des Alters*. Weitere aktuelle Literatur zum Altern ist ohne einen Anspruch auf Vollständigkeit im Anhang 2 aufgeführt.

selbst die Beschäftigung mit dem Thema des Alterns viele neue Erkenntnisse gebracht.

Seit mehr als vier Jahrzehnten bin ich Bürger der Stadt Köln und ich habe mich mit der rheinischen Lebensart angefreundet, die die Kölner zum überwiegenden Teil wahrscheinlich der einstigen französischen Besatzungszeit zu verdanken haben. Dazu gehört auch „Et kölsche Jrundjesetz", eine Zusammenstellung elf mundartlicher Redensarten aus dem Rheinland. Die Autoren des kölnischen Grundgesetzes sind unbekannt geblieben. Zwei überaus wichtige Artikel dieses Gesetzes seien hier erwähnt:

„Et kütt wie et kütt" („Es kommt, wie es kommt."). Dieses Gesetz gefällt mir überhaupt nicht, weil es den Menschen seiner Aktivität beraubt. Es erinnert an Karaseks lustige Geschichte im Geleitwort: „Bis jetzt ist ja alles gut gegangen!" Da halte ich es lieber mit dem Gesetz: „Wat fott es, es fott" („Was fort ist, ist fort."). Es fordert uns mit vier einfachen Worten dazu auf, der Vergangenheit nicht nachzutrauern und die Hände nicht in den Schoß zu legen.

Überrascht hat mich bei meinen Vorbereitungen zu diesem Buch der gewaltige Umfang der Abfassungen zum Thema des Alterns. Eine wahre Flut von Veröffentlichungen begegnete mir während der Recherchen im Internet und der folgenden Kontakte. Meine ursprüngliche Auffassung, mit dem Altern ein relativ neues Thema anzufassen oder zumindest die große Vielfalt des Umgangs mit dem Altern aufzuzeigen, erwies sich dabei als ein Hirngespinst.

Es kam aber noch viel schlimmer: Zu der ursprünglichen Freude, meinen nicht ganz so grauen Alltag mit einer interessanten Frage und Aufgabe bereichern zu können, gesellte sich – peu à peu – eine stets wachsende Nachdenklichkeit. Die gewohnte Leichtigkeit des Lebens war allmählich dahin. Mein Gott, wie hatte ich bis dahin den Alltag und mein Glück einfach nur genossen!

So fragte ich mich beispielsweise, welche Konsequenzen die eines Tages vielleicht mögliche erhebliche Verlängerung der Lebensdauer des Menschen nach sich zöge. Wenn heute eine mittlere Lebenserwartung von 100 Jahren in Aussicht steht, dann ist eines Tages gedanklich auch eine Verdoppelung dieser Zahl möglich. Das Schreckgespenst einer sehr hohen Alterung des Menschen überfiel mich geradezu.

Man stelle sich vor, was alles ein vor zweihundert Jahren geborener Mensch bis heute hätte erleben und verarbeiten müssen. Man stelle sich vor, wie einige wenige junge Leute ein Heer von alten Leuten zu versorgen hätten. Man stelle sich vor, dass eine große Masse von Senioren sich um die Nachkommenschaft kümmerte. Die gewohnten Bilder von Alt und Jung begännen zu verblassen.

Gemälde des Malers Tomhu Huron Roberts, der von 1859 bis 1938 lebte.

Gemälde des Malers Eugene de Blaas, der von 1842 bis 1932 lebte.

Ja, man schaue noch einmal vorn in das Buch, wo das Märchen der Brüder Grimm um den Großvater und die Enkel wiedergegeben ist. Ja, dort steht die gegenseitige Hinwendung von Jung und Alt im Mittelpunkt. Ja, ich muss reuig gestehen, mit meinen einleitenden Worten dem Hang zur Selbstdarstellung selbst erlegen zu sein. Nun aber ist es leider viel zu spät, eine Umkehr zu vollziehen, weil die investierte Zeit nicht nutzlos bleiben soll und die Mitwirkenden dieser Anthologie ein Recht auf Vollendung haben.

Die überwiegende Anzahl der verschiedenen Beiträge dieses Buchs zum Umgang mit dem Altern scheint keinen tieferen Sinn zu haben als die Suche nach sich selbst, den Durst nach Unsterblichkeit, die Sucht nach möglichst großer Anerkennung, die panische Angst vor dem bevorstehenden Altern, die Erteilung von Ratschlägen aus eigener Weisheit oder auch einen ausgeprägten wissenschaftlichen Geltungsdrang. Damit stehen sie – und stehe natürlich auch ich selbst – im Gegensatz zu den vorn gezeigten Gemälden, die uns die aufmerksame und liebevolle Zuwendung der Alten zu den Jungen – et vice versa – demonstrieren.

Und immer intensiver wurde ich nachdenklich und allmählich an eine Passage aus der Bibel erinnert, die uns mahnt:

> *Ein Schriftgelehrter hatte ihrem Streit zugehört; und da er bemerkt hatte, wie treffend Jesus ihnen antwortete, ging er zu ihm hin und fragte ihn: Welches Gebot ist das erste von allen? Jesus antwortete: Das erste ist: Höre, Israel, der Herr, unser Gott, ist der einzige Herr. Darum sollst du den Herrn, deinen Gott, lieben mit ganzem Herzen und ganzer Seele, mit all deinen Gedanken und all deiner Kraft. Als zweites kommt hinzu: Du sollst deinen Nächsten lieben wie dich selbst. Kein anderes Gebot ist größer als diese beiden.*[103]

Mit meinen eigenen Zweifeln werde ich fortan wohl leben müssen. Vielleicht kann ich der Leserschaft hier oder dort aber doch eine gewisse Genugtuung bereiten, indem sie hier Lust- oder Leidensgenossen entdecken oder einfach ihren

---

[103] Ausschnitt aus dem Neuen Testament der Bibel, Markus - Kapitel 12

Alltag lesend bereichern können. Es scheint mir darüber hinaus ziemlich sicher zu sein, dass die Leserinnen und Leser dieses Buchs sich und ihre eigenen Gedanken zum Altern irgendwo in den verschiedenen Beiträgen wiederfinden können. Damit hätte ich halbwegs auch der biblischen Mahnung entsprochen, die uns zur Nächstenliebe aufruft. Wer sich mit der Bibel nicht so recht anfreunden kann oder will, dem sei an dieser Stelle alternativ Simone de Beauvoir mit einem Ausschnitt aus ihrer Abhandlung über das Alter ein abschließender Platz gegeben:

> *Wollen wir vermeiden, dass das Alter zu einer spöttischen Parodie unserer früheren Existenz wird, so gibt es nur eine einzige Lösung, nämlich weiterhin Ziele zu verfolgen, die unserem Leben einen Sinn verleihen: das hingebungsvolle Tätigsein für einzelne, für Gruppen oder für eine Sache, Sozialarbeit, politische, geistige oder schöpferische Arbeit. Im Gegensatz zu den Empfehlungen der Moralisten muss man sich wünschen, auch im hohen Alter noch starke Leidenschaften zu haben, die es uns ersparen, dass wir uns nur mit uns selbst beschäftigen. Das Leben behält einen Wert, solange man durch Liebe, Freundschaft, Empörung oder Mitgefühl am Leben der anderen teilnimmt. Dann bleiben auch Gründe, zu handeln oder zu sprechen.*
>
> *Es wird den Menschen oft geraten, sich auf das Alter vorzubereiten. Wenn es sich aber nur darum handelt, Geld auf die Seite zu legen, einen Alterssitz zu wählen oder Hobbys anzufangen, dann wird einem, wenn es soweit ist, wenig geholfen sein. Besser ist es, nicht zu viel ans Alter zu denken, sondern ein möglichst engagiertes und möglichst gerechtfertigtes Menschenleben zu leben, an dem man auch dann noch hängt, wenn jede Illusion verloren und die Lebenskraft geschwächt ist.[104]*

---

[104] Ausschnitt aus *La Force de l'âge*, veröffentlicht 1960. Beauvoir (*1908, †1986) war eine französische Schriftstellerin, Philosophin und Feministin.

Während der Beendigung des Manuskripts zu diesem Buch starb am 11. September 2014 die Fernsehlegende Joachim ‚Blacky' Fuchsberger im Alter von 87 Jahren. Eines seiner Bücher trägt den herausfordernden Titel *Altwerden ist nichts für Feiglinge*. Noch während der Präsentation seines letzten Buchs *Zielgerade* im Jahr 2014, in dem er auch über das Leiden und den Tod schreibt, drehte er dann diese Aussage fast in das Gegenteil um: „Altwerden ist scheiße", sagte er während der Buchvorstellung. „Wie lange es noch geht, keine Ahnung. Es kann jede Sekunde aus sein", ergänzte Fuchsberger, der im vergangenen Jahr einen Schlaganfall erlitt und viel Zeit im Krankenhaus verbrachte.

Paul B. Baltes (* 1939, † 2006), ein deutscher Psychologe und einer der führenden Gerontologen weltweit, der weiter vorn im Buch mehrfach erwähnt ist, erreichte nur ein Lebensalter von 67 Jahren. Böswillige Zungen würden sogar behaupten, dass seine ausschließliche Beschäftigung mit dem Thema des Alterns einer der wesentlichen Gründe für seinen zu frühen Tod gewesen wäre. Vielleicht spielte neben seiner genetischen Veranlagung auch ein anderer Grund eine bedeutende Rolle.

Fotoarbeit von Josef Fischnaller (1927-2006)

Es gibt allerdings neben den vielen gutgemeinten Ratschlägen zum Altern aus mehr oder weniger berufenem Munde einige sehr verschlungene Wege, dem Prozess des Alterns doch ein raffiniertes Schnippchen zu schlagen und sogar eine Verjüngung zu realisieren

Diesen zunächst ganz unmöglich aussehenden Versuch beschritt der bekannte österreichische Künstler

Josef Fischnaller durch seine wunderschön gelungene Rena-
turierung der Mona Lisa (auf Italienisch: La Gioconda, auf
Deutsch: Die Heitere) mit einem Foto. Auf diesem unge-
wöhnlichen Bild sehen wir vor einem hypermodernen Hintergrund eine junge Frau, die uns unwillkürlich an das welt-
berühmte Ölgemälde von Leonardo da Vinci erinnert.
Wenn ich der Leserschaft zum Abschluss etwas von Herzen
wünschen darf, dann möchte ich es mit dem Bild einer
Waage veranschaulichen, die der Lust am Altern etwas mehr
Gewicht und Bedeutung verleiht als der Last:

Altern ist mehr

Lust   als   Last

PS: Wenn meine Gesprächspartner übermäßig klagen – erst
recht die mir nicht sehr nahe stehenden – und mir allmählich
der Geduldskragen zu platzen droht, dann frage ich schon
einmal etwas listig nach, zu welchem früheren Zeitpunkt sie
unsere eigentlich so schöne Welt hätten endgültig verlassen
wollen. Dennoch respektiere ich diese Klagelieder, wenn sie
lediglich der Anbahnung eines Gesprächs dienen und dann
in die eher positiven Elemente unseres Daseins münden.

ANHANG 1
Liste unserer Radtouren

Die Vollständigkeit der Aufzählung mag lückenhaft sein.

1988	Längs des Rheins von Köln nach Koblenz
1989	Von Rosenheim über die Alpen nach Florenz
1990	Über Geesthacht nach Ratzeburg
1991	Rund um den Plöner See
1991	Von Arezzo nach Florenz
1992	Entlang von Mosel, Saar und Ruwer
1993	Von Krimml nach Passau
1994	Längs der Weser von Karlshafen nach Minden
1996	Von Bregenz nach Bozen
1997	Rundfahrt Werne - Haltern
1999	An der Lahn von Marburg nach Koblenz
2001	Von Bozen nach Venedig. Bella Italia!
2002	Rund um den Müritzsee
2004	An der Pegnitz von Amberg nach Nürnberg
2005	Am Main von Bamberg nach Aschaffenburg
2005	Moseltour von Trier nach Cochem
2006	Radtour rund um Berlin
2006	Von Köln zur Ahr und zurück an der Erft
2007	An der Lippe von Wesel nach Haltern
2008	An Elbe und Moldau von Dresden nach Prag
2009	Von Gerolstein nach Traben-Trarbach
2009	Rundfahrt durch Kärnten
2010	Mit Enkeln von Andernach nach Köln
2010	Entlang der Ruhr von Winterberg nach Duisburg
2011	Von Heidelberg nach Koblenz
2013	An der Ostseeküste von Lübeck nach Stralsund

Und nun neigen sich die ganz großen Radtouren allmählich dem Ende entgegen...

ANHANG 2
Beispiele zeitgenössischer Literatur
zu Philosophie/Lebenskunst[105]

Margot Käßmann: In der Mitte des Lebens. Freiburg im Breisgau 2013
Ilja Richter: Du kannst nicht immer 60 sein. Mit einem Lächeln älter werden. München 2013
Helke Sander: Der letzte Geschlechtsverkehr und andere Geschichten über das Altern. München 2011
Rudolf Steiner: Vom Alt-Werden. Studienmaterial aus dem Gesamtwerk. Basel 2009
Peter Sloterdijk: Du mußt dein Leben ändern. Über Anthropotechnik. Frankfurt am Main 2009
Joachim Fuchsberger: Altwerden ist nichts für Feiglinge. Gütersloh 2011
Ursula Richter: Ab Sechzig lebe ich anders, als ihr denkt. München 2008
Ulrike Herrmann /Martina Wittneben: Älter werden, Neues wagen. Zwölf Portraits. Hamburg 2008
Klaus-Peter Hertzsch: Chancen des Alters. Sieben Thesen. Stuttgart 2008
Elisabeth Moltmann-Wendel: Gib die Dinge der Jugend mit Grazie auf. Texte zur Lebenskunst. Stuttgart 2013
Anselm Grün: Die hohe Kunst des Älterwerdens. Münsterschwarzach 2007
Anselm Grün: Leben ist Jetzt. Die Kunst des Älterwerdens. Freiburg im Breisgau 2011

---

[105] Wiedergegeben ist hier ein Ausschnitt aus der Webseite http://www.aging-alive.de/lebenskunst.html von Dr. Dietmar Höhne. Eine komplette Liste der Veröffentlichungen zum Thema des Alterns ist in dem hier vorgegebenen Rahmen völlig unmöglich.

Klaus Möllering (Hrsg.): Die Kunst des Alterns. Eine Lebensaufgabe. Leipzig 2005

Fritz Riemann/Wolfgang Kleespies: Die Kunst des Alterns. Reifen und Loslassen. München 2005

Hannelore Schlaffer: Das Alter. Ein Traum von Jugend. Frankfurt am Main 2003

Hannelore Krollpfeiffer: Älter werden ist ganz anders. München 1992

Mihály Hoppál: Das Buch der Schamanen. Europa und Asien. München 2002

Ingrid Ryssel/Doris Westheuser (Hrsg.): Älter werden mit Gott. Gütersloh 2002

Elisabeth Heinemann/Dorothea Iser/ Marcus Waselewski: Alte Liebe. Hannover 2004

Eva Zeltner: Und plötzlich fühl ich mich alt. Vom Blues der mittleren Jahre. Oberhofen am Thunersee 2004

Patricia Tudor-Sandahl: Das Leben ist ein langer Fluß. Über das Älterwerden. Freiburg im Breisgau 2003

Christine Swientek: Mit 40 depressiv, mit 70 um die Welt. Wie Frauen älter werden. Freiburg im Breisgau 2003

Sybil Schönfeldt: Die Jahre, die uns bleiben. Gedanken einer Alten über das Alter. München 1998

Elisabeth Schlumpf: Wenn ich einst alt bin, trage ich Mohnrot. Neue Freiheiten genießen. München 2003

Simone Rethel: Schönheit des Alters. Johannes Heesters, fotografiert von Simone Rethel. Nürnberg 1998

Julia Onken: Altweibersommer. Ein Bericht über die Zeit nach den Wechseljahren. München 2002

Ulfilas Meyer: Happy Aging. Den Rhythmus des Lebens finden. Freiburg im Breisgau 2004

Thomas Druyen: Olymp des Lebens. Das neue Bild des Alters. Neuwied 2003

Judith Giovannelli-Blocher: Das Glück der späten Jahre. Mein Plädoyer für das Alter. Zürich 2004

Wilhelm Schmid: Mit sich selbst befreundet sein. Von der Lebenskunst im Umgang mit sich selbst. Frankfurt am Main 2004

Norberto Bobbio: Vom Alter - De senectute. Berlin 2004

Rita Levi Montalcini: Ich bin ein Baum mit vielen Ästen. Das Alter als Chance. München 2002

Arno Gruen: Verratene Liebe - Falsche Götter. Stuttgart 2003

Wilhelm Schmid: Philosophie der Lebenskunst. Eine Grundlegung. Frankfurt am Main 1998

John Cowper Powys: Kultur als Lebenskunst. Das essayistische Werk. Frankfurt am Main 2001

John Cowper Powys: Die Verteidigung der Sinnlichkeit. Das essayistische Werk. Frankfurt am Main 2005

John Cowper Powys: Die Philosophie des Trotzdem. Frankfurt am Main 2001

Herbert Riehl-Heyse: Jugendwahn und Altersstarrsinn. München 2003

Otto Penz: Metamorphosen der Schönheit. Eine Kulturgeschichte der modernen Körperlichkeit. Wien 2001

Jean Améry: Über das Altern. Revolte und Resignation. Stuttgart 2010

Christa Geissler/Monika Held: Generation Plus. Von der Lüge, daß Altwerden Spaß macht. Berlin 2003

Uta Tschirge/Anett Grüber-Hrcan: Ästhetik des Alters. Stuttgart 2000

Wenda Focke (Hrsg.): Unterwegs zu neuen Räumen. Die Veränderung des Selbstbildes im Alter. Graal-Müritz 1995

Elisabeth Lukas: Alles fügt sich und erfüllt sich. Logotherapie in der späten Lebensphase. München 2010

Richard Boeckler: Im Alter Neues beginnen. Verwirklichungen einer Alterskultur. Göttingen 1999

Simone de Beauvoir: Das Alter. Essay. Reinbek 2000

ANHANG 3
Drei Fotos zum Altern

Ziemlich alt und recht jung

Sehr alt und ziemlich rüstig

Nicht nur sehr alt, sondern schon nicht mehr lebendig

ANHANG 4

Sechs Wege zum Friedhof…

Der Friedhof lauert fast überall…

Vorsicht ist geboten!

Ruhesitz und Unruhesitz…

… und vier nicht ganz alltägliche Grabsteine

Christ steh still und bet a bissl,
hier liegt der Bauer Jakob Issl.
Zu schwer mußte er büßen hier,
er starb an selbstgebrautem Bier.

In diesem Grab liegt Ulrich Peter.
Die Frau begrub man hier erst später.
Man hat sie neben ihm begraben.
Wird er die ewige Ruh nun haben?

Hier schweigt Johanna Vogelsang.
Sie zwitscherte ihr Leben lang.

Fing im Wald das Fällen an,
liebe Arbeit, die ich hat getan.
Da trifft mich auch ein schneller Tod,
ein stürzender Baum schlug mich gleich tot.

ANHANG 5
Erfahrungen mit dem deutschen Urheberrecht

Der Abschnitt 7 zur Dauer des deutschen Urheberrechts besagt in § 64 unter Allgemeines: „Das Urheberrecht erlischt siebzig Jahre nach dem Tode des Urhebers." Fünf Beispiele zu den entsprechenden Erfahrungen für dieses Buch seien der Vollständigkeit halber vermerkt. Erinnert sei vorweg an die letzten Worte der Einleitung zu diesem Buch mit dem so berühmten Ruf eines Königs nach einem Pferd. Vergeblich versucht, etwas ganz Wichtiges aus besonderem Anlass zu erreichen, wurde auch bereits in der Bibel von einem König – nämlich nach ferngebliebenen Gästen zur Hochzeit seines Sohnes – mit diesem Ergebnis: „Geht also hinaus auf die Straßen und ladet alle, die ihr trefft, zur Hochzeit ein... Die Diener gingen auf die Straßen hinaus und holten alle zusammen, die sie trafen, Böse und Gute, und der Festsaal füllte sich mit Gästen."[106]
Nun handelt es sich beim Herausgeber dieses Buchs nicht um einen wahrhaftigen König und daher ist ein Vergleich überhaupt nicht statthaft, obwohl er ähnliche Erfahrungen machen musste, als er verschiedene, noch lebende Prominenzen nach einem Copyright fragte und Absagen erhielt. Vorsorglich aber entschuldigt sich der Herausgeber an dieser Stelle dafür, angesichts der hohen Anzahl von Co-Autoren hier oder dort ein Urheberrecht übersehen zu haben. Es geschah jedenfalls nicht in böser Absicht.

1. Eine schlichte Absage zu Loriot (1923-2011)
Allein schon die folgenden wenigen Worte aus einem ganz ausführlichen Interview verdeutlichen den charmanten Witz von Vicco von Bülow – alias Loriot:

---

[106] Aus dem Evangelium nach Matthäus, Mt 22,1-14

Ist es nicht eine Gnade, sich nicht verstellen zu müssen? Keiner erwartet von Ihnen, dass Sie jünger auftreten oder gar eine junge Freundin haben.

Loriot: *Ich bemerke sehr wohl, mit welchem Geschick Sie versuchen, mich bei Laune zu halten.*

Kann man lernen, mit dem Altern umzugehen?

Loriot: *Notgedrungen. Ein gewisser Fleiß ist angebracht...*

Gibt es am Altwerden denn gar nichts Schönes?

Loriot: *Man weiß endlich das Notwendige vom Überflüssigen zu unterscheiden. Auch das globale, gemeinsame Altern hat was sehr Beruhigendes.*

Gibt es Momente, wo Sie aufwachen und nicht mehr wollen?

Loriot: *Sie meinen diese zeitgemäße, weit verbreitete Morgenmelancholie? Die ist nach zehn Minuten vorbei.*

Denken Sie dann über den Tod nach?

Loriot: *Na, das ist vielleicht ein heiteres Interview!*

Der angefragte, zuständige Diogenes Verlag aus Zürich antwortete auf eine Nachfrage zu einem Copyright des kompletten Interviews so: „Wir müssen Sie jedoch bitten, von diesem Zitat Abstand zu nehmen, da wir noch mit Loriot selbst übereingekommen sind, keine Abdruckgenehmigungen an Dritte zu erteilen."

Daher sollen an dieser Stelle einige Anmerkungen von Birgit Böllinger zum Lieblingstier von Loriot unter dem Stichwort ‚Von Möpsen und Menschen' wiedergegeben werden:

> *Es ist mir ein Rätsel, warum so viele Literaten auf den Hund kommen. Und wenn schon Hund, warum dann auf den Mops? Potzblitz, motz.*
>
> *Die Reihe seiner dichtenden Anhänger ist legendär: Heinrich Heine, Rainer Maria Rilke und Gregor von Rezzori waren Freunde dieses „anhänglichen Begleithundes", Goethe, Ernst Jandl, Wilhelm Busch und andere setzten ihm literarische Denkmäler.*

Die Anzahl der Mops-Gedichte und -Geschichten ist so hoch wie die Häufchen-Dichte in manchem Stadtpark. Der Mops stammt ursprünglich aus China. Es war das Privileg des Kaisers, ihn zu berühren und anzufassen. Für Hinz und Kunz gab es nur zweite Wahl – sprich Möpslinge, die nicht den kaiserlichen Standards entsprachen. Später schrieb der Mops in Europa Geschichte – so das Brettener Hundle, das 1504 in der Melanchthon-Stadt eine Belagerung beendete. Melanchthon ist der zweitnächstberühmte Sohn der Stadt. Nach dem Mops.

Herrchen und Möpse nach Loriot[107]

Loriot kommentierte diese seine Karikatur mit dem Bekenntnis: „Ein Leben ohne Mops ist möglich, aber sinnlos.“

---

[107] Quelle: http://saetzeundschaetze1.files.wordpress.com/2013/09/loriot-1024x781.jpg

2. Böse Erfahrungen zu Erich Kästner (1899-1974)

Ursprünglich war es vom Herausgeber beabsichtigt, das ziemlich pessimistische Gedicht von Erich Kästner mit dem Titel *Ein alter Mann geht vorüber* hier in vollem Umfang wiederzugeben, so wie es der *Spiegel* im Internet exerzierte.[108] Dies ist die letzte Strophe:

Ja, ich sah manches Stück im Welttheater.
Ums Eintrittsgeld tut's mir noch heute leid.
Ich war ein Kind. Ein Mann. Ein Freund. Ein Vater.
Und meistens war es schade um die Zeit...

Schlecht erging es aber einem Pädagogen, dem eines Tages der Brief einer Münchner Anwaltskanzlei ins Haus flatterte. Thomas Kästner, Alleinerbe von Erich Kästner, forderte die Zahlung von 1.196 Euro Schadenersatz und Anwaltskosten sowie eine Unterlassungserklärung. Vorerst dürfen Werke dieses Autors ohne Einverständnis des Rechteinhabers nicht verwendet werden.

3. Die Erbschaft um Hermann Hesse (1877-1962)

Mit den folgenden Worten beginnt das Gedicht *Stufen* von Hermann Hesse:

Wie jede Blüte welkt und jede Jugend
Dem Alter weicht, blüht jede Lebensstufe,
Blüht jede Weisheit auch und jede Tugend
Zu ihrer Zeit und darf nicht ewig dauern.

Erst siebzig Jahre nach dem Tode von Hermann Hesse, am 9. August 2032, genauer am Ende des Jahres 2032, werden seine Werke also allgemeinfrei werden. Bis dahin verdienen der Suhrkamp Verlag und Hesses Erben gut am Missionarssohn aus dem Württembergischen. Wer beispielsweise sein berühmtestes Gedicht *Stufen* öffentlich aufsagen will, der muss dafür zahlen.

---

[108] http://www.spiegel.de/forum/treffpunkt/lyrik-thread-64-444.html

Und so hingen auch in Calw zum Jubiläumsjahr überall
Hesse-Gedichte mit dem Vermerk ‚© Suhrkamp Verlag'.
Wer den Verlag kennt, der weiß vielleicht auch, dass man
dort illegale Verwendungen recht konsequent abmahnt.
Hesse gehört nicht der Allgemeinheit, Hesse gehört dem
Unternehmen. Ähnlich verhält es sich im folgenden Fall mit
dem gleichen Haus.[109]

4. Das Erben-Sekretariat Bertolt-Brecht (1898-1956)

Beginnen wir mit einem Zitat aus der Arbeit *Die unwürdige
Greisin,* weil damit die ganz ungewöhnliche Beschreibung einer alten Frau erfolgt:

> *Das nächste, was berichtet wurde, war, daß sie eine Bregg[110]
> bestellt hatte und nach einem Ausflugsort gefahren war, an
> einem gewöhnlichen Donnerstag. Eine Bregg war ein großes,
> hochrädriges Pferdegefährt mit Plätzen für ganze Familien.
> Einige wenige Male, wenn wir Enkelkinder zu Besuch ge-
> kommen waren, hatte Großvater die Bregg gemietet. Großmut-
> ter war immer zu Hause geblieben. Sie hatte es mit einer weg-
> werfenden Handbewegung abgelehnt, mitzukommen.*

Die beschriebene Greisin wäre gerade auch in diesem Buch
sehr gut platziert gewesen, weil es hier um die erhebliche
Vielfalt des Umgangs mit dem Altern geht. Eine telefonische
Rücksprache mit Frau Maria Barbara Brecht-Schall, die
Haupterbin Bertolt Brechts und Verwalterin der Brecht-Er-
ben GmbH ist, ergab, dass alle Rechte beim Suhrkamp Verlag lägen.
Und dort verlangte man neben der vorsorglichen Ankündi-
gung, dass auf jeden Fall Lizenzgebühren für einen Abdruck
erhoben werden müssten, einen Fragebogen auszufüllen, der

---

[109] Siehe die Webseite http://www.literaturcafe.de/hermann-hesse-ist-
tot-ein-videobeweis-aus-calw-im-schwarzwald/
[110] Eine Bregg ist ein gefedertes Fuhrwerk, also ein gefederter von Zug-
tieren gezogener gedeckter Wagen.

sich über zwei Seiten erstreckt hätte. Aus diesem Grund fehlt diese so unwürdige Greisin leider in dieser Anthologie.

5. Eine sehr weit vorausschauende Liebeserklärung von Julia Engelmann (*1992)

Es ist jammerschade, dass Julia Engelmann, die auch eine Poetry-Slammerin genannt wird, als Schöpferin eines fast einmaligen Gedichts unter dem Titel *Eines Tages werden wir alt sein* zur Erlangung eines Wiedergaberechts an dieser Stelle nicht kontaktiert werden konnte, denn es wäre sehr lohnenswert gewesen, den Lesern einen Abdruck des kompletten und ziemlich einmaligen Vortrags zeigen zu können. Hier ist zum Verständnis des Inhalts ein kleiner Ausschnitt aus ihrer Arbeit wiedergegeben:

> *Lass uns möglichst viele Fehler machen und möglichst viel aus ihnen lernen. Lass uns jetzt schon Gutes säen, damit wir später Gutes ernten. Lass uns das alles tun, weil wir können und nicht müssen. Weil jetzt sind wir jung und lebendig und das soll ruhig jeder wissen.*
> *Und unsere Zeit, die geht vorbei – das wird sowieso passieren. Und bis dahin sind wir frei und es gibt nichts zu verlieren. Lass uns, uns mal demaskieren und dann sehen, wir sind die Gleichen. Und dann können wir uns ruhig sagen, dass wir uns viel bedeuten, denn das Leben, das wir führen wollen, das können wir selber wählen.*[111]Neben sehr vielen positiven Stimmen gab es in der Presse allerdings auch Kritik an diesem Vortrag wie beispielweise die Erhebung der Orientierungslosigkeit zur Maxime.

---

[111] Der Vortrag ist im Internet vielfach veröffentlicht, so zum Beispiel auch unter: http://anti-uni.com/eines-tages-baby-werden-wir-alt-sein/